改訂新版

まるごと授業 国語 4年(上)

喜楽研の
QRコードつき授業シリーズ

板書と授業展開がよくわかる

著者：中村 幸成・南山 拓也・安野 雄一
寄稿文著者：菊池 省三・岡 篤
企画・編集：原田 善造

わかる喜び学ぶ楽しさを創造する教育研究所　略称 喜楽研

はじめに

書店の教育書コーナーを見渡すと，様々なタイトルの教育書が目に入ります。「自由進度学習」「個別最適化」「主体的で対話的な…」「教育 DX」「STEAM 教育」「教師が教えない授業」「指導と評価の一体化」「時短」など，多種多様なジャンルの教育書が発行されています。また，ネットで多くの先生方が，自分の実践や理論を配信されています。いろんな教育書やネット情報の中で，どれを選択すればよいのか迷ってしまうことでしょう。

また，忙しい教師の仕事内容が新聞やテレビなどで大きなニュースになっています。そして，それに対する「働き方改革」などが叫ばれています。しかし，教師が子どもたちのためにしなくてはいけないことは，日を追うごとに増えているのが現状です。

そんな多忙な中にあっても，「日々の授業」を大切に，より充実したものにしたいという先生方のご期待に応えて，本書を作り上げました。

執筆者の願いは，

本書１冊あれば，「豊かな授業ができる！」

「楽しい授業ができる！」

「子どもと先生の笑顔があふれる！」というものです。

今回の「喜楽研の QR コードつき授業シリーズ　改訂新版　板書と授業展開がよくわかるまるごと授業　国語」の特徴は以下の３つです。

① 板書がすごい！

見開き２ページで，明日の授業の流れやポイントがすぐにわかります。今回の改訂新版では，先生方にとって，より板書をわかりやすく，そして，自分が工夫をする余地があるようにしました。時間がないときは，そのまま活用してください。時間に余裕があるときは，自分なりに工夫を付け加えてもよいでしょう。

② QR コードの資料がすごい！

以前は，DVD で各単元の資料データを閲覧することができました。この改訂新版からは，QR コードで効率的に全ての資料を入手し，簡単に工夫を加えて使用することができます。

③ ICT がすごい！

各時間に，ICT の活用について紹介しています。今や ICT なしでは授業は成立しません。まずは，書いていることをやってみましょう。

日々の授業や，その他の教育活動に全力で取り組まれている先生方に敬意を表し，この本が，全ての先生と子どもたちの幸せにつながることを願っています。

本書の特色

全ての単元・全ての授業の指導の流れがわかる

学習する全単元・全授業の進め方を掲載しています。学級での日々の授業や参観日の授業，研究授業や指導計画作成等の参考にしてください。

本書の各単元の授業案の時数は，ほぼ教科書の配当時数にしてあります。

1 時間の授業展開例を，大きな板書例を使って見開き 2 ページで説明

実際の板書がイメージできるように，板書例を 2 色刷りで大きく掲載しています。また，細かい指導の流れについては，詳しい展開例で説明しています。

どのような発問や指示をすればよいかが具体的にわかります。先生方の発問や指示の参考にしてください。

QR コンテンツの 利用で，わかりやすく楽しい授業，きれいな板書づくりができる

各授業展開のページの QR コードに，それぞれの授業で活用できる画像やイラスト，ワークシートなどの QR コンテンツを収録しています。印刷して配布するか，タブレットなどのデジタル端末に配信することで，より楽しくわかりやすい授業づくりをサポートします。画像やイラストは大きく掲示すれば，きれいな板書づくりにも役立ちます。

ICT 活用のアイデアも掲載

それぞれの授業展開に応じて，ICT で表現したり発展させたりする場合のヒントを掲載しています。学校やクラスの実態にあう ICT 活用実践の参考にしてください。

菊池 省三・岡 篤の授業実践の特別映像を収録

菊池 省三の「対話・話し合いのある授業」についての解説付き授業映像と，岡 篤の各学年に応じた「指導のコツ」の講義映像を収録しています。映像による解説はわかりやすく，日々の授業実践のヒントにしていただけます。また，特別映像に寄せて，解説文を巻頭ページに掲載しています。

4年上（目次）

QR コンテンツについて

授業内容を充実させるコンテンツを多数ご用意しました。右の QR コードを読み取るか下記 URL よりご利用ください。

URL : https://d-kiraku.com/4620/4620index.html
ユーザー名 : kirakuken
パスワード : Y5eGfz

※各解説や授業展開ページの QR コードからも，それぞれの時間で活用できる QR コンテンツを読み取ることができます。
※上記 URL は，学習指導要領の次回改訂が実施されるまで有効です。

4年（上）の授業（指導計画／授業展開・板書例）

本書の使い方

◆板書例について

大きな「板書例」欄で，授業内容や授業の流れを視覚的に確認できるよう工夫しています。板書に示されている❶～❹のマークは，下段の授業展開の **1** ～ **4** の数字に対応しています。実際の板書に近づけるため，特に目立たせたいところは赤字で示したり，傍線を引いたりしています。QR コンテンツのイラストやカード等を利用すると，手軽に，きれいな板書ができあがります。

◆POINTについて

この授業の指導において，特に必要な視点や留意点について掲載しています。

◆授業の展開について

① 1時間の授業の中身を4コマの場面に切り分け，およその授業内容を表示しています。

②本文中のT表示は，教師の発問です。

③本文中のC表示は，教師の発問に対する児童の反応等です。

④TやCがない文は，教師への指示や留意点などが書かれています。

⑤その他，児童のイラスト，吹き出し，授業風景イラスト等を使って各展開の主な活動内容やポイントなどを表し，授業の進め方をイメージしやすいように工夫しています。

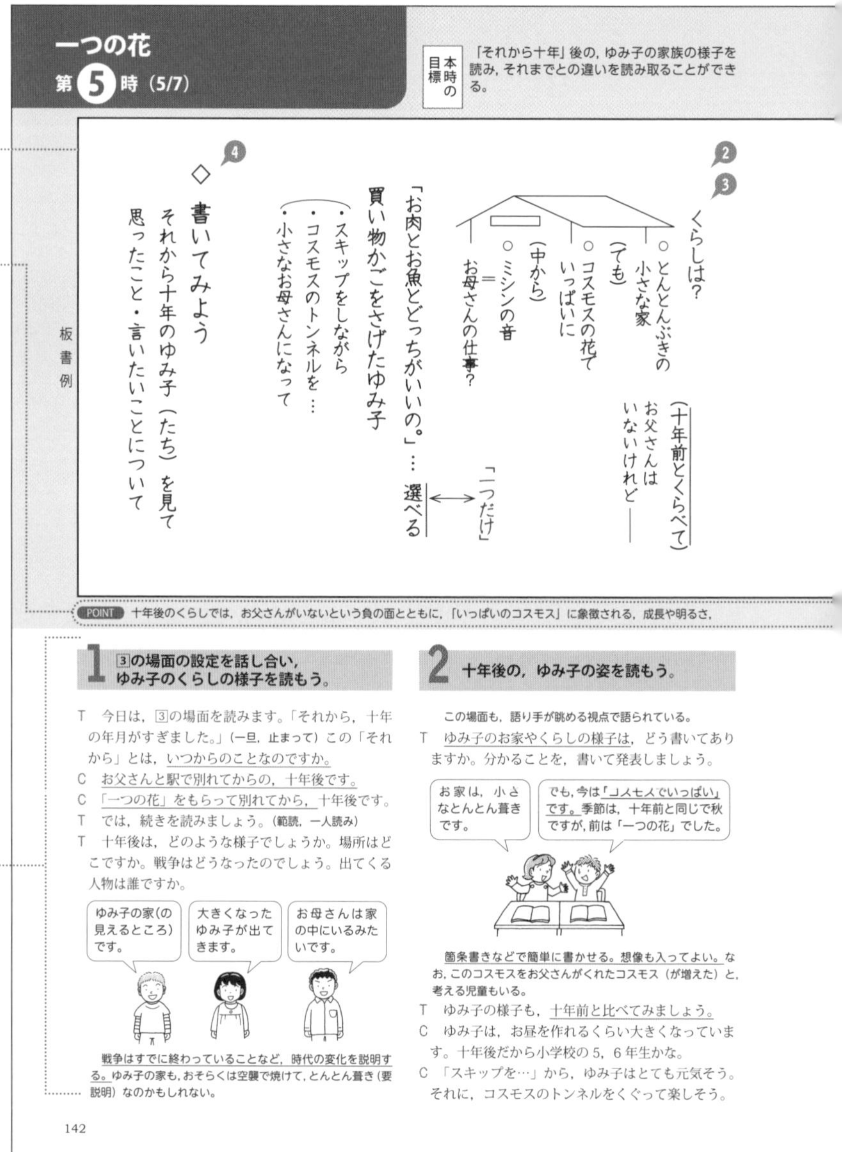

一つの花
第5時（5/7）

本時の目標　「それから十年」後の，ゆみ子の家族の様子を読み，それまでとの違いを読み取ることができる。

板書例

❷❸ くらしは？
○とんとんぶきの小さな家
（でも）
○コスモスの花でいっぱいに
（中から）
○ミシンの音
＝
お母さんの仕事？
（十年前とくらべて）
お父さんはいないけれど――
「お肉とお魚とどっちがいいの。」…選べる ←→ 「一つだけ」
買い物かごをさげたゆみ子
・スキップをしながら
・コスモスのトンネルを…
・小さなお母さんになって
❹ ◇書いてみよう
それから十年のゆみ子（たち）を見て
思ったこと・言いたいことについて

POINT 十年後のくらしでは，お父さんがいないという負の面とともに，「いっぱいのコスモス」に象徴される，成長や明るさ，

1 ③の場面の設定を話し合い，ゆみ子のくらしの様子を読もう。

T　今日は，③の場面を読みます。「それから，十年の年月がすぎました。」（一旦，止まって）この「それから」とは，いつからのことなのですか。
C　お父さんと駅で別れてからの，十年後です。
C　「一つの花」をもらって別れてから，十年後です。
T　では，続きを読みましょう。（範読，一人読み）
T　十年後は，どのような様子でしょうか。場所はどこですか。戦争はどうなったのでしょう。出てくる人物は誰ですか。

ゆみ子の家(の見えるところ)です。
大きくなったゆみ子が出てきます。
お母さんは家の中にいるみたいです。

戦争はすでに終わっていることなど，時代の変化を説明する。ゆみ子の家も，おそらくは空襲で焼けて，とんとん葺き（要説明）なのかもしれない。

2 十年後の，ゆみ子の姿を読もう。

この場面も，語り手が眺める視点で語られている。
T　ゆみ子のお家やくらしの様子は，どう書いてありますか。分かることを，書いて発表しましょう。

お家は，小さなとんとん葺きです。
でも，今は「コスモスでいっぱい」です。季節は，十年前と同じで秋ですが，前は「一つの花」でした。

箇条書きなどで簡単に書かせる。想像も入ってよい。なお，このコスモスをお父さんがくれたコスモス（が増えた）と，考える児童もいる。
T　ゆみ子の様子も，十年前と比べてみましょう。
C　ゆみ子は，お昼を作れるくらい大きくなっています。十年後だから小学校の5，6年生かな。
C　「スキップを…」から，ゆみ子はとても元気そう。それに，コスモスのトンネルをくぐって楽しそう。

142

◆準備物について

1時間の授業で使用する準備物が書かれています。準備物の一部は，QR コンテンツ（QR マークが付いたもの）として収録されています。準備物の数や量は，児童の人数やグループ数などでも異なってきますので，確認して準備してください。

◆ ICT について

ICT 活用の参考となるように，この授業展開，または授業内容に応じて，ICT で表現したり発展させたりする場合のヒントを掲載しています。

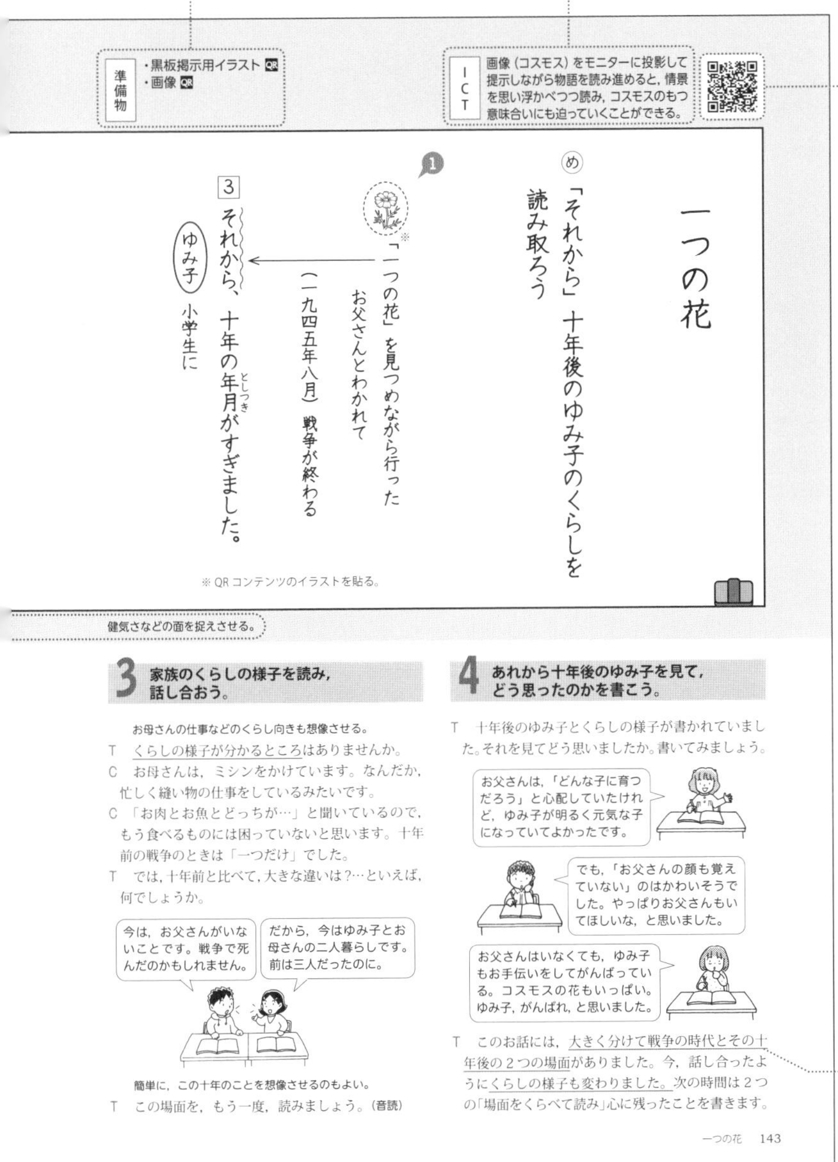

準備物
・黒板掲示用イラスト QR
・画像 QR

ICT
画像（コスモス）をモニターに投影して提示しながら物語を読み進めると，情景を思い浮かべつつ読み，コスモスのもつ意味合いにも迫っていくことができる。

一つの花

め 「それから」十年後のゆみ子のくらしを読み取ろう

1
※「一つの花」を見つめながら行った
お父さんとわかれて
（一九四五年八月）戦争が終わる

3
それから、十年の年月（としつき）がすぎました。
ゆみ子 小学生に

※ QR コンテンツのイラストを貼る。

健気さなどの面を捉えさせる。

3 家族のくらしの様子を読み，話し合おう。

お母さんの仕事などのくらし向きも想像させる。

T　くらしの様子が分かるところはありませんか。

C　お母さんは，ミシンをかけています。なんだか，忙しく縫い物の仕事をしているみたいです。

C　「お肉とお魚とどっちが…」と聞いているので，もう食べるものには困っていないと思います。十年前の戦争のときは「一つだけ」でした。

T　では，十年前と比べて，大きな違いは？…といえば，何でしょうか。

今は，お父さんがいないことです。戦争で死んだのかもしれません。

だから，今はゆみ子とお母さんの二人暮らしです。前は三人だったのに。

簡単に，この十年のことを想像させるのもよい。

T　この場面を，もう一度，読みましょう。（音読）

4 あれから十年後のゆみ子を見て，どう思ったのかを書こう。

T　十年後のゆみ子とくらしの様子が書かれていました。それを見てどう思いましたか。書いてみましょう。

お父さんは，「どんな子に育つだろう」と心配していたけれど，ゆみ子が明るく元気な子になっていてよかったです。

でも，「お父さんの顔も覚えていない」のはかわいそうでした。やっぱりお父さんもいてほしいな，と思いました。

お父さんはいなくても，ゆみ子もお手伝いをしてがんばっている。コスモスの花もいっぱい。ゆみ子，がんばれ，と思いました。

T　このお話には，大きく分けて戦争の時代とその十年後の２つの場面がありました。今，話し合ったようにくらしの様子も変わりました。次の時間は２つの「場面をくらべて読み」心に残ったことを書きます。

一つの花　143

◆ QR コード・QR コンテンツについて

QR コードからは，この授業展開に活用できる QR コンテンツを読み取ることができます。必要に応じて，ダウンロードしてください。

「準備物」欄の QR マークが付いている資料には，授業のための画像，ワークシート，黒板掲示用イラスト，板書作りに役立つカード等があります。実態にあわせて，印刷したり，タブレットに配信するなど活用してください。

（QR コンテンツの内容については，本書 P8，9 で詳しく紹介しています）

※ QR コンテンツがない時間には，QR コードは記載されていません。
※ QR コンテンツを読み取る際には，パスワードが必要です。パスワードは本書 P4 に記載されています。

◆赤のアンダーラインについて

本時の展開で特に大切な発問や留意点にアンダーラインを引いています。

ＱＲコンテンツの利用で，楽しい授業・わかる授業ができる

菊池 省三・岡 篤の教育実践の「特別映像」収録

菊池 省三の「対話・話し合いのある授業」についての解説付き映像と，岡 篤の各学年に応じた「指導のコツ」の講義映像を収録しています。動画による解説はわかりやすく，日々の授業実践のヒントにもなります。

参考になる「ワークシート見本」「資料」の収録

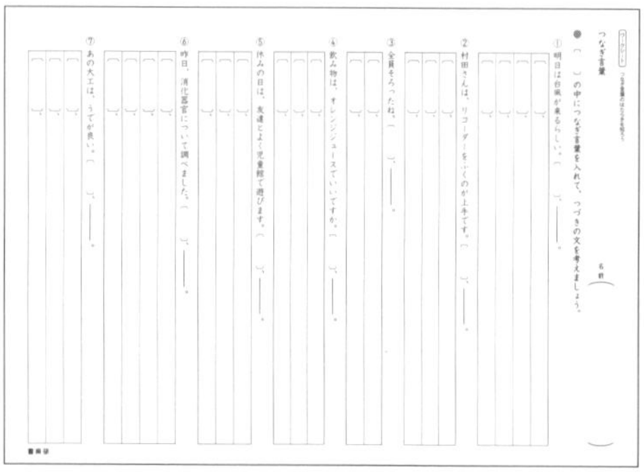

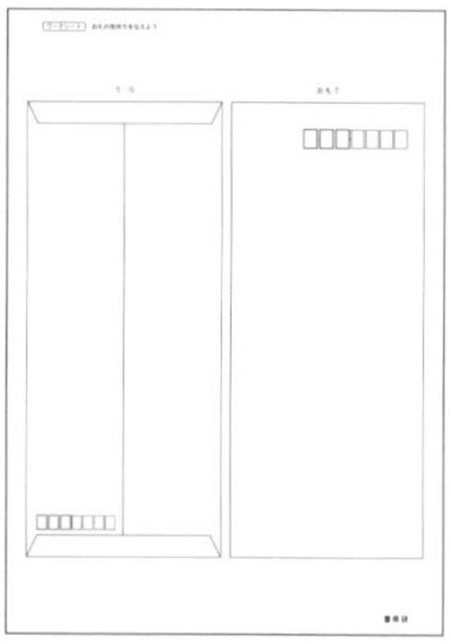

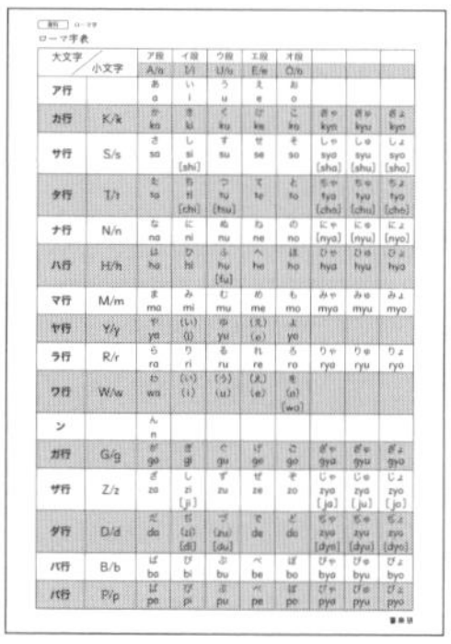

授業の展開で使えるワークシート見本を収録しています。（全ての時間には収録されていません）また，教材や授業展開の内容に沿った資料が収録されている単元もあります。クラスの実態や授業内容に応じて，印刷して配布するかタブレットなどのデジタル端末に配信するなどして，活用してください。

授業で使える「画像」「掲示用イラスト」「カード」収録

◇ 画像

◇ 掲示用イラスト

◇ 言葉（漢字）カード

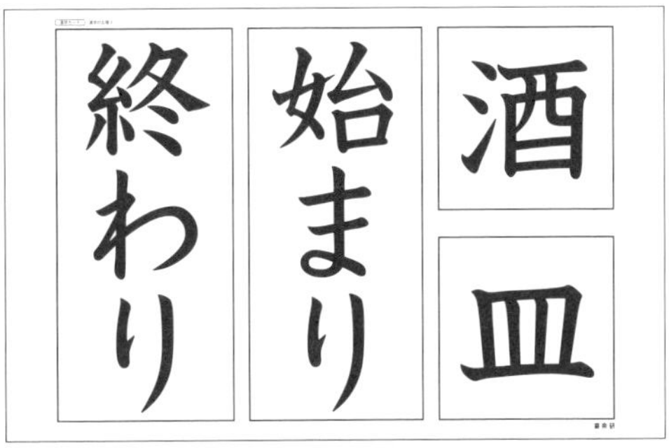

文章や口頭では説明の難しい内容は，画像やイラストで見せるとわかりやすく説明できます。視覚にうったえかけることで，授業の理解を深めます。

また，板書をするときにイラストやカードを使うと，見栄えがします。チョークでかいた文字だけの板書よりも，簡単に楽しくきれいな板書ができあがります。

※ QR コードから QR コンテンツを読み取る際には，パスワードが必要です。パスワードは本書 P4 に記載されています。

対話・話し合いのある授業に，一歩踏み出そう

菊池　省三

教育の世界は，「多忙」「ブラック」と言われています。不祥事も後を絶ちません。

しかし，多くの先生方は，子どもたちと毎日向き合い，その中で輝いています。やりがいや生きがいを感じながら，がんばっています。

このことは，全国の学校を訪問して，私が強く感じていることです。

先日，関西のある中学校に行きました。明るい笑顔あふれる素敵な学校でした。

3年生と授業をした後に，

「気持ちのいい中学生ですね。いい学校ですね」

と話した私に，校長先生は，

「私は，子どもたちに支えられています。子どもたちから元気をもらっているのです。
　我々教師は，子どもたちと支え合っている，そんな感じでしょうか」

と話されました。なるほどと思いました。

四国のある小学校で，授業参観後に，

「とてもいい学級でしたね。どうして，あんないい学級が育つのだろうか」

ということが，参観された先生方の話題になりました。担任の先生は，

「あの子たち，とてもかわいいんです。かわいくて仕方ないんです」

と，幸せそうな笑顔で何度も何度も話されていました。

教師は，子どもたちと一緒に生きているのです。担任した1年間は，少なくとも教室で一緒に生きているのです。

このことは，とても尊いことだと思います。「お互いに人として，共に生きている」……こう思えることが，教師としての生きがいであり，最高の喜びだと思います。

私自身の体験です。数年前の出来事です。30年以上前に担任した教え子から，素敵なプレゼントをもらいました。ライターになっている彼から，「恩師」である私の本を書いてもらったのです。たった1年間しか担任していない彼からの，思いがけないプレゼントでした。

教師という仕事は，仮にどんなに辛いことがあっても，最後には「幸せ」が待っているものだと実感しています。

私は，「対話・話し合い」の指導を重視し，大切にしてきました。

ここでは，悪しき一斉指導からの脱却を図るために，ポイントとなる6つの取り組みについて説明します。

特別映像

1.　価値語の指導

荒れた学校に勤務していた20数年前のことです。私の教室に参観者が増え始めたころです。ある先生が，

「菊池先生のよく使う言葉をまとめてみました。菊池語録です」

と，私が子どもたちによく話す言葉の一覧を見せてくれました。

子どもたちを言葉で正す，ということを意識せざるを得なかった私は，どちらかといえば父性的な言葉を使っていました。

・私，します。
・やる気のある人だけでします。
・心の芯をビシッとしなさい。
・何のために小学生をしているのですか。
・さぼる人の2倍働くのです。
・恥ずかしいと言って何もしない。
　それを恥ずかしいというんです。

といった言葉です。

このような言葉を，私だけではなく子どもたちも使うようになりました。

価値語の誕生です。

全国の学校，学級を訪れると，価値語に出合うことが多くなりました。その学校，学級独自の価値語も増えています。子どもたちの素敵な姿の写真とともに，価値語が書かれている「価値語モデルのシャワー」も一般的になりつつあります。

知的な言葉が生まれ育つ教室が，全国に広がっているのです。対話・話し合いが成立する教室では，知的な言葉が子どもたちの中に植林されています。だから，深い学びが展開されるのです。

教師になったころに出合った言葉があります。大村はま先生の「ことばが育つとこころが育つ　人が育つ　教育そのものである」というお言葉です。忘れてはいけない言葉です。

「言葉で人間を育てる」という菊池実践の根幹にあたる指導が，この価値語の指導です。

2. スピーチ指導

私は，スピーチ指導からコミュニケーション教育に入りました。自己紹介もできない6年生に出会ったことがきっかけです。

お師匠さんでもある桑田泰助先生から，

「スピーチができない子どもたちと出会ったんだから，1年かけてスピーチができる子どもに育てなさい。走って痛くなった足は，走ってでしか治せない。挑戦しなさい」

という言葉をいただいたことを，30年近くたった今でも思い出します。

私が，スピーチという言葉を平仮名と漢字で表すとしたら，

『人前で，ひとまとまりの話を，筋道を立てて話すこと』

とします。

そして，スピーチ力を次のような公式で表しています。

『スピーチ力＝（内容＋声＋表情・態度）×思いやり』

このように考えると，スピーチ力は，やり方を一度教えたからすぐに伸びるという単純なものではないと言えます。たくさんの要素が複雑に入っているのです。ですから，意図的計画的な指導が求められるのです。そもそも，コミュニケーションの力は，経験しないと伸びない力ですからなおさらです。

私が，スピーチ指導で大切にしていることは，「失敗感を与えない」ということです。学年が上がるにつれて，表現したがらない子どもが増えるのは，過去に「失敗」した経験があるからです。ですから，

「ちょうどよい声で聞きやすかったですよ。安心して聞ける声ですね」

「話すときの表情が柔らかくて素敵でした。聞き手に優しいですね」

「笑顔が聞き手を引きつけていました。あなたらしさが出ていました」

「身ぶり手ぶりで伝えようとしていました。思いが伝わりましたよ」

などと，内容面ばかりの評価ではなく，非言語の部分にも目を向け，プラスの評価を繰り返すことが重要です。適切な指導を継続すれば必ず伸びます。

3. コミュニケーションゲーム

私が教職に就いた昭和50年代は，コミュニケーションという言葉は，教育界の中ではほとんど聞くことがありませんでした。「話し言葉教育」とか「独話指導」といったものでした。

平成になり，「音声言語指導」と呼ばれるようになりましたが，その多くの実践は音読や朗読の指導でした。

そのような時代から，私はコミュニケーションの指導に力を入れようとしていました。しかし，そのための教材や先行実践はあまりありませんでした。私は，多くの書店を回り，「会議の仕方」「スピーチ事例集」といった一般ビジネス書を買いあさりました。指導のポイントを探すためです。

しかし，教室で実践しましたが，大人向けのそれらをストレートに指導しても，小学生には上手くいきませんでした。楽しい活動を行いながら，その中で子どもたち自らが気づき発見していくことが指導のポイントだと気がついていきました。子どもたちが喜ぶように，活動をゲーム化させる中で，コミュニケーションの力は育っていくことに気づいたのです。

例えば，対決型の音声言語コミュニケーションでは，

・問答ゲーム（根拠を整理して話す）

・友だち紹介質問ゲーム（質問への抵抗感をなくす）

・でもでもボクシング（反対意見のポイントを知る）

といった，対話の基本となるゲームです。朝の会や帰りの会，ちょっとした隙間時間に行いました。コミュニケーション量が，「圧倒的」に増えました。

ゆるやかな勝ち負けのあるコミュニケーションゲームを，子どもたちは大変喜びます。教室の雰囲気がガラリと変わり，笑顔があふれます。

コミュニケーション力は，学級のインフラです。自分らしさを発揮して友だちとつながる楽しさは，対話・話し合い活動の基盤です。継続した取り組みを通して育てたい力です。

4. ほめ言葉のシャワー

菊池実践の代名詞ともいわれている実践です。30年以上前から行っている実践です。

2012年にNHK「プロフェッショナル仕事の流儀」で取り上げていただいたことをきっかけに，全国の多くの教室で行われているようです。

「本年度は，全校で取り組んでいます」

「教室の雰囲気が温かいものに変わりました」

「子どもたちも大好きな取り組みです」

といった，うれしい言葉も多く耳にします。

また，実際に訪れた教室で，ほめ言葉のシャワーを見せていただく機会もたくさんあります。どの教室も笑顔があふれていて，参観させていただく私も幸せな気持ちになります。

最近では，「ほめ言葉のシャワーのレベルアップ」の授業をお願いされることが増えました。

下の写真がその授業の板書です。内容面，声の面，表情や態度面のポイントを子どもたちと考え出し合って，挑戦したい項目を自分で決め，子どもたち自らがレベルを上げていくという授業です。

どんな指導も同じですが，ほめ言葉のシャワーも子どもたちのいいところを取り上げ，なぜいいのかを価値づけて，子どもたちと一緒にそれらを喜び合うことが大切です。

どの子も主人公になれ，自信と安心感が広がり，絆の強い学級を生み出すほめ言葉のシャワーが，もっと多くの教室で行われることを願っています。

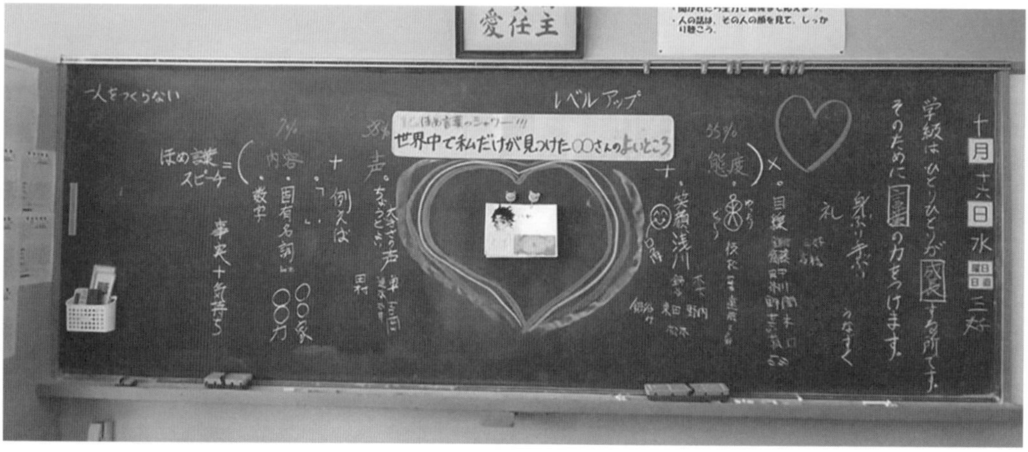

5. 対話のある授業

菊池実践の授業の主流は，対話のある授業です。具体的には，

・自由な立ち歩きのある少人数の話し合いが行われ

・黒板が子どもたちにも開放され

・教師が子どもたちの視界から消えていく

授業です。教師主導の一斉指導と対極にある，子ども主体の授業です。

私は，対話の態度目標を次の３つだと考えています。

① しゃべる

② 質問する

③ 説明する

それぞれの技術指導は当然ですが，私が重視しているのは，学級づくり的な視点です。以下のような価値語を示しながら指導します。例えば，

・自分から立ち歩く

・一人をつくらない

・男子女子関係なく

・質問は思いやり

・笑顔でキャッチボール

・人と論を区別する

などです。

対話のある授業は，学級づくりと同時進行で行うべきだと考えているからです。技術指導だけでは，豊かな対話は生まれません。形式的で冷たい活動で終わってしまうのです。

学級づくりの視点を取り入れることで，子どもたちの対話の質は飛躍的に高まります。話す言葉や声，表情，態度が，相手を思いやったものになっていきます。聞き手も温かい態度で受け止めることが「普通」になってきます。教室全体も学び合う雰囲気になってきます。学び合う教室になるのです。

正解だけを求める授業ではなく，一人ひとりが考えの違いを出し合い，新たな気づきや発見を大事にする対話のある授業は，学級づくりと連動して創り上げることが大切です。

6. ディベート指導

私の学級の話し合いは，ディベート的でした。子どもたちの意見が分裂するような発問をもとに，その後の話し合いを組織していたのです。

私は，スピーチ指導から子どもたちの実態に合わせて，ディベート指導に軸を移してきました。その理由は，ディベートには安定したルールがあり，それを経験させることで，対話や話し合いに必要な態度や技術の指導がしやすいからです。

私は，在職中，年に２回ディベート指導を計画的に行っていました。

１回目は，ディベートを体験することに重きを置いていました。１つ１つのルールの価値を，学級づくりの視点とからめて指導しました。

例えば，「根拠のない発言は暴言であり，丁寧な根拠を作ることで主張にしなさい」「相手の意見を聞かなければ，確かな反論はできません。傾聴することが大事です」「ディベートは，意見をつぶし合うのではなく，質問や反論をし合うことで，お互いの意見を成長させ合うのです。思いやりのゲームです」といったことです。これらは，全て学級づくりでもあります。

２回目のディベートでは，対話の基礎である「話す」「質問する」「説明する（反論し合う）」ということの，技術的な指導を中心に行いました。

例えば，「根拠を丁寧に作ります。三角ロジックを意識します」「連続質問ができるように。論理はエンドレスです」「反論は，きちんと相手の意見を引用します。根拠を丁寧に述べます」といった指導を，具体的な議論をふまえて行います。

このような指導を行うことで，噛み合った議論の仕方や，その楽しさを子どもたちは知ります。そして，「意見はどこかにあるのではなく，自分（たち）で作るもの」「よりよい意見は，議論を通して生み出すことができる」ということも理解していきます。知識を覚えることが中心だった今までの学びとは，180 度違うこれからの時代に必要な学びを体験することになります。個と集団が育ち，学びの「社会化」が促されます。

ディベートの持つ教育観は，これからの時代を生きる子どもたちにとって，とても重要だと考えています。

【4年生の授業】

4年生は，共同的な学びの楽しさを，体験を通して実感させる授業です。

漢字の「田」の中に隠されている漢字を，友だちと協力してたくさん探すという学習ゲーム的な授業です。

授業の展開は，

① 一人で探す

② 友だちと交流して増やす

というシンプルな内容です。

この授業のポイントは，交流のレベルを上げるということです。学び合う，教え合う活動のレベルを上げるということです。

自由な立ち歩きの交流を取り入れることに，多くの先生は不安を持っているようです。

・勝手に遊ぶのではないか
・男子と女子が別々になるのではないか
・一人ぼっちの子どもが出るのではないか
・答えを写すだけの子どもが出るのではないか

といったことが，主な原因のようです。

「対話のある授業」のところでも述べたように，自由な立ち歩きのある対話を取り入れると，このような気になることは当然起きるものです。

大切なのは，そのような気になることを，子どもたちとも相談しながら克服していくことなのです。学級づくりの視点を持って，克服していくのです。

本書の付録動画では，

・一人をつくらない
・男子女子関係なく
・笑顔で話し合い

といったことを，1回目の交流の後に指導して，学び合いをよりダイナミックにしています。

【5年生の授業】

5年生の授業では，考えが分裂する問いを教師が示し，ディベート的な話し合いをしています。

目標や願いといった意味での「夢」は，「大きい方がいいか，小さい方がいいか」という問いを示し，

・自分の立場を決める
・理由を考える
・立場で別れて理由を出し合う
・全体の場で話し合いを行う

といった場面が，付録動画には収められています。

この授業でも，「ひとりひとり違っていい」という考えを大事にしています。安心感を持たせるためです。それによって，違いを出し合うことに抵抗感が少なくなり，学びを深め合えると考えるからです。

また，映像でも分かると思いますが，黒板の左5分の1に，価値語を書いています。

・迫力姿勢
・自分らしさを出す
・えがお
・書いたら発表

などです。教師が，子ども同士が学び合う，つながり合うために必要だと考えたことを，「見える化」させているのです。そうすることで，子どもたちは何をどう頑張ればいいのかを理解します。言葉は実体験を求めるという性質があるので，学びの姿勢に勢いも出てきます。

教師は，そのような子どもの発言や聞き合う姿を，受容的に受け止めます。少しずつ確実に学び合う教室へと成長していきます。

【6年生の授業】

6年生の授業は，ペア･グループでの話し合いのポイントを示しています。多くの教室で，どの教科でもペア・グループの話し合いを取り入れていると思います。しかし，その多くは，「話し合いましょう」という指示だけで，子どもたちに「丸投げ」のようです。指導がないのです。

授業動画では，

「最初に『お願いします』，終わりには『ありがとうございました』」

と言うように，指導しています。この一言があるだけで，子どもたちの話し合いは積極的なものに変わります。

私は，学級に対話・話し合いのグランドルールを作るべきだと強く思っています。例えば，

① 何を言ってもいい
（下品なことや人が傷つくこと以外）
② 否定的な態度で聞かない
③ なるべく問いかけ合うようにする
④ 話さなくても一生懸命に聞けばいい
⑤ 知識よりも経験を話すようにする
⑥ 考えが変わってもいい
⑦ 考えが分からなくなってもいい

といったものです。

子どもたちのいいところを取り上げたり，子どもたちと一緒になって話し合って決めたりする中で，1年間かけて作り上げるみんなの約束です。安心して対話や話し合いができるように，土台を作るのです。

また，この動画では，教師が一人の子どもと対話している場面があります。意図的にしています。1対1の対話をすることで，他の子どもたちは聞き耳を立てて話を聞きます。教師の伝えたいことが，全員に浸透していきます。

共同的な学びがより成立するためのルール作りや，それらを生み出す教師のパフォーマンスは重要です。

特別映像は，『DVDで見て学ぶ 菊池省三・授業実践シリーズ』（有限会社オフィスハル製作）より授業映像を一部抜粋し，解説を追加・編集したものです。

4年「音読」～グループで取り組む

岡　篤

〈間を教える〉

　音読の際に，句点（。），読点（、）を意識させる方法として，間の取り方をクラスでそろえるという方法があります。例えば，句点は２拍，読点は１拍，といった具合です。はじめは，教師が「いち，に」と声を出して間を取ります。次に，黒板や机を叩いてトントンと音を立てて同じように間を取ります。次は，子どもが句点で２回，読点で１回，軽くうなずきます。最後に，「心の中で数えましょう」とすれば，比較的短期間で，句読点を意識することができます。

　もちろん，この読み方は絶対ではありません。句読点の使い方や文脈によっては，ふさわしくない場合も出てきます。そのときは，そこで指導をすればよいのです。あくまで，初歩の段階で，句読点を意識させる手立てとして，この方法があるということです。

〈会話文（「　」）の前後も間をあける〉

「　」の間を指導すると，読み方が大きく変わります。私は，「　」も２拍あけるように言う場合が多いです。子どもには，「聞いている人には，かぎかっこがついているのか，どうか分かりません。それを，間をとって伝えます」と教えています。

　さらに，いわゆる「地の文」と登場人物の話す言葉との区別がこの「　」でつけられているということも教えます。地の文はふつうの読み方で読み，「　」になると，登場人物の様子を頭にイメージしながら読むようにいいます。

　実際に，読み方を大きく変えることは難しいので強要はしません。しかし，子どもなりに，登場人物をイメージして読もうとすることで，読解へつながる音読になることでしょう。

特別映像

〈グループで読み方を考える〉

ときには，グループで読み方の工夫を考えさせてもよいでしょう。あらかじめ，大きな声で読む，速く読む，複数で読むなどの読み方を指導しておきます。その上で，指定した部分の読み方をグループで相談して考えさせます。

しばらくグループで練習した後に，発表してもらいます。聞いている子たちには，どんなところを工夫していたか, それはどんな感じがしたかなどの感想を言うように求めます。

【出典】※動画の板書で使用されている作品
『手袋を買いに』新美南吉（青空文庫）

4年「俳句の作り方」
～五七五，季語，多作多捨

岡　篤

〈五七五の心地よさ〉

五七五のリズムは，日本人にとって理屈抜きに心地よいものです。古代から使われているためか，日本語の特性に合っているのか，理論的なことはよく分かりません。小学生への指導を続けてきての実感です。

ただし，そんな五七五でも，授業で全員に俳句を作らせるとなると，二の足を踏む人が少なくありません。「どう教えたらよいのか分からない」「どんな俳句がいいのか自信がない」といった質問をたくさん受けてきました。

〈初期のポイント２点〉

俳句指導を始めるときのポイントは，次の２点です。

・できるだけ，五七五に仕上げる。

・できるだけ，季語を使う。

「なんだ」と思われるでしょうか。しかし，意外とこの２点が有効に使われていないとも感じています。

〈やっぱり五七五に仕上げる〉

一つ目の「できるだけ」は，表現を変えると「教師がアドバイスをしてでも」となります。子どもの作品は，不用意に字余りや字足らずを行っている場合がほとんどです。俳人が意図的に行う場合と違い，多くは大人が手を入れれば五七五になり，作品としてもよくなります。遠慮せずにどんどん添削して「こうしたら？」とアドバイスしましょう。

特別映像

〈季語はイメージが広がるから使う〉

二つ目の「できるだけ」とは逆に,「季語がなくてもよい俳句もある」ということです。季語を使った方がよいのは,「俳句の決まりだから」ではありません。季語は,日本の四季のイメージを凝縮した言葉です。そのため,季語を使うとその俳句のイメージが広がりやすくなります。

逆にいえば,イメージが広がる俳句であれば,季語がなくてもよい俳句です。学校生活でいうと,「給食」や「参観日」などは,子どもも教師もイメージが広がる言葉ではないでしょうか。こういった言葉を使えば,無理に季語を入れなくても,読み手がイメージを広げる俳句になる可能性もあります。

〈多作多捨〉

俳句の世界には,多作多捨という言葉があります。文字通り,たくさん作って,たくさん捨てるのです。有名な俳人は,ほぼ多作です。膨大な数の俳句の中からほんの一部が残り,さらにそのうちのわずかな句が一般に知られているだけです。まして,小学生の授業で名作が生まれることを期待するべきではありません。楽しく,気軽に作れば十分です。

QR ワークシート(俳句原稿用紙)

『新版まるごと授業国語１～６年(上)』(2020 年発行)への動画ご出演,及び寄稿文をお寄せいただいた岡 篤先生は,2022 年 11 月に永眠されました。この度,改訂新版発行にあたり,ご遺族のご厚意で内容はそのままで掲載させていただきました。ご厚情に深く感謝するとともに,謹んで哀悼の意を表します。

言葉のじゅんび運動

力を合わせてばらばらに

全授業時間１時間

◎ 指導目標 ◎

・様子や行動，気持ちを表す語句の量を増し，話や文章の中で使い，語彙を豊かにすることができる。
・必要なことを記録しながら聞き，話し手が伝えたいことや自分が聞きたいことの中心を捉え，自分の考えをもつことができる。

◎ 指導にあたって ◎

① 教材について

この教材のおもしろいところは，テーマについてグループメンバーがそれぞれ違うものを思い浮かべることを楽しむというところです。テーマについて，すぐに答えを言い合うのではなく，自分が思い浮かべたものの特徴を一言で伝え合ってから違う答えを出し合うところにこの活動のおもしろさが伺えます。単に自分の考えを押しつけるのではない，声の大きい人の意見に左右されるのではなく，周囲と折り合いをつけながら自分の考えを選択し，決定することができます。全員が違うものを選ぶことに成功すると，ゲーム性も増し，児童にとって楽しい活動になります。グループのメンバーと小さな成功体験を積み重ね，よい関係を構築することができます。この学習活動は，さまざまなテーマでも活用できるため，今後も隙間時間を使って，児童の関係づくりをする目的で取り入れることができそうです。新しい学年，クラスになって初めての学習活動で，「一人一人違っていい」という多様性を保障することができる大変よい教材です。

② 個別最適な学び・協働的な学びのために

個別最適な学びとしては，自己選択と自己決定が保障される学びであるということです。テーマについて，全員の答えが違えば成功と認められます。そのためには，児童一人一人が候補をいくつか準備できていることが大切です。そこで，テーマ設定が重要となってきます。考えが多様に出るテーマであればあるほど，誰もが参加しやすくなります。そのため，グループにテーマを考えることを丸投げにせず，全体でいくつかテーマを考え合い，その中から１つグループで選ぶとよいでしょう。どの児童も「楽しい」「またやりたい」と意欲を高めるためには，仕掛けも必要です。

協働的な学びとしては，一人ずつ思い浮かべたものの特徴を一言で伝え合う場面です。友達の発言から自分と考えが重なっている場合は，その考えを譲ることも必要になります。また，自分の考えが友達と重なっていないと判断して決定することになります。この活動の中で，児童は相手の考えを想像したり，状況を読んだりするなど自己内対話を通して，考えをまとめます。このような経験がさまざまな人とよりよい関係を築き，協働的に活動をする礎となります。

◎ 評価規準 ◎

知識 及び 技能	様子や行動，気持ちを表す語句の量を増し，話や文章の中で使い，語彙を豊かにしている。
思考力，判断力，表現力等	「話すこと・聞くこと」において，必要なことを記録しながら聞き，話し手が伝えたいことや自分が聞きたいことの中心を捉え，自分の考えをもっている。
主体的に学習に取り組む態度	積極的に，話し手が伝えたいことや自分が聞きたいことの中心を捉え，学習の見通しをもって，情報を集める話し合いをしようとしている。

◎ 学習指導計画　全 1 時間 ◎

次	時	学習活動	指導上の留意点
1	1	・「力を合わせてばらばらに」を読んで手順を確かめて，どんな話し合いをするのかを見通し，グループを作り，テーマを決める。 ・自分が考えた特徴を一人ずつ話したり，友達の話を聞いて予想したりする。 ・紙に書いて同時に見せ合う。 ・どのようなことに気をつけながら聞き，特徴を伝え合うとうまくいったのかを振り返る。 ・目次，「国語の学びを見わたそう」を読み，4 年生の国語の学習でできるようになりたいことや楽しみなことを書き留める。	・児童からテーマが出にくい場合は，教師からいくつかテーマを例示してもよい。 ・教科書下段の「もっと楽しもう」にある例を取り入れるのもよい。 ・早く終わったグループは，別のテーマに取り組んでもよいこととする。 ・13 ページの四角に書いた目標を適宜振り返るようにする。

力を合わせてばらばらに

第1時（1/1）

本時の目標 グループの友達と別々のものを選ぶことができるように予想したり，選んだりすることができる。

板書例

・（　）へんのつく漢字
・気持ちを表す言葉

③
気をつけたこと・うまくいったこと
・ヒントになることを言う
・はんのうをする（うなずき・表情（じょう））
・相手を見る
・友だちの考えをそうぞうして聞く

※児童の発言を板書する。

④
四年生の国語の学習で、できるように
なりたいこと
・もっとうまくつたえたい
・みんなと話し合って考えたい
・自分で調べる力をつけたい

※児童の発言を板書する。

POINT 児童が話し合いたくなるテーマ例を児童と一緒に考えるようにする。できるだけたくさん考えが出るテーマがよい。

1 「力を合わせてばらばらに」のやり方を確認し，テーマを考えよう。

T　今から「力を合わせてばらばらに」というゲームをします。

めあてを書いた後，教科書 P15 の活動例をもとに活動の流れを児童と確認する。

T　グループ全員が別のものを答えられるようにするには，どんなテーマにすればよいか考えましょう。

食べ物が一番やりやすいと思うよ。
国の名前も結構おもしろそうだよ。
確かに食べ物だといくつも考えられるね
みんなが分かるテーマがいいよね。

T　どんなテーマがよいでしょうか。
C　食べ物や生き物です。
C　国の名前です
C　キャラクターでもいいと思います。

2 グループごとにテーマを決めて活動しよう。

T　今，みんなで考えた中から，グループごとに1つ選んでテーマを決め，思い浮かべたものの特徴を伝え合って，全員が違う答えになるようにしてみましょう。

（例）「あ」から始まる食べ物の名前をテーマにしたグループの話し合い

たこ焼きを出汁につけて食べるよ。
口の中に入れると甘い味がするよ。
きつねうどんの上にのっているよ。
顔を取り替えるキャラクターの名前に入っているよ。

早く終わったグループは，違うテーマを選んで再度，活動するように呼びかける。うまくいかなかった場合は，作戦タイムを設けるように声をかける。

準備物	・教科書P14のイラスト（黒板掲示用） ・ホワイトボード（なければ，タブレットPCまたは，A4用紙を代用する。）

ICT	スライド機能等を活用して「4年生の学習でできるようになりたいこと」を記入すると，共有機能を使って全体共有しやすく，データとして学年末まで残せる。

力を合わせてばらばらに

㋱ グループの人と力を合わせて、ばらばらの答えになるようにしよう

1
2

※教科書P14のグループで話し合いをしているイラストを掲示する。

活動の流れ

① グループでテーマを決める
② テーマについて思いうかべたものをひと言でつたえる
③ 紙に書いて、同時に見せ合う

テーマ

・（　）から始まる
・食べ物
・生き物
・国の名前
・キャラクター

※児童の発言を板書する。

児童から出なければ，教師が提案するのもよいだろう。

3 気をつけたことやうまくいったことなどを振り返ろう。

T 「力を合わせてばらばらに」をしたとき，どんなことに気をつけて聞きましたか。また，どうすればうまくいきましたか。グループの人と振り返りをしましょう。

友達の考えを想像して聞いたよ。
できるだけ答えに近いヒントを出したよ。
結構，うまくいくポイントが出たね
うなずいたり，表情を変えたりして反応したよ。

T どんな工夫があったか，教えてください。
C ヒントになるような言葉を言うようにしました。
C 自分がどんな考えか伝わるように，反応するようにしました。
C 相手をよく見て聞くと，分かるときがありました。
C 友達の考えを想像しながら聞くようにしました。

4 4年生の国語の学習で，できるようになりたいことや楽しみなことを書こう。

T 今日の活動だけでも，たくさんの気づきや学びがありましたね。では，これから4年生でどのような学習をするのか，目次を使って確認しましょう。

デジタル教科書で，「目次」「どうやって学んでいくのかな」などを提示しながら，児童と確認する。

T 13ページを開きましょう。みなさんが4年生の国語の学習で，できるようになりたいこと，楽しみな学習はどんなことですか。教科書に書いてみましょう。

挿絵をヒントにさせるなどして，どの児童も書けるように支援する。

T どんなことを書きましたか。発表してみましょう。
C 友達に，自分が考えたことを今よりうまく伝えられるようになりたいです。
C テーマについて，みんなと話し合って考えたいです。
C パソコンなどを使って自分で調べる力をつけたい です。

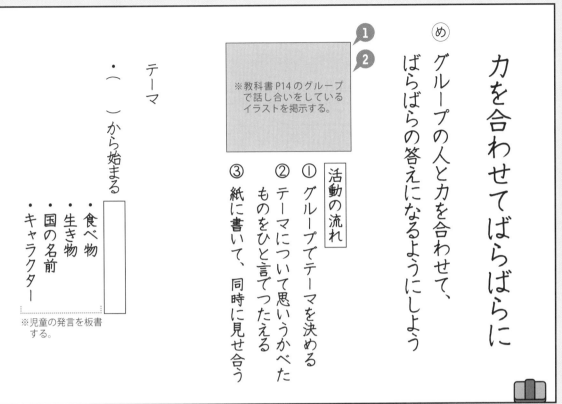

詩を楽しもう

春のうた

全授業時間 1 時間

◎ 指導目標 ◎

・詩全体の構成や内容の大体を意識しながら音読することができる。
・登場人物の気持ちの変化や性格，情景について，場面の移り変わりと結び付けて具体的に想像することができる。

◎ 指導にあたって ◎

① 教材について

詩の前書きに書かれているように，蛙は冬の間は暗い地中で冬眠し，春になると地上に出てきます。『春のうた』は，春になって初めて地上に顔を出したときの蛙の目に映った世界をうたった詩です。そして，その世界が生き生きとした言葉で表現されています。これは，この春進級した児童の新鮮な心情とも重なります。新しい教室，窓から見える景色，新しい教科書，友達。4 月の児童には，目に入るもの触れるものが,「ほっ」と声が出るような心の動きをともなって受けとめられていることでしょう。このように,『春のうた』は，4 月の新学年当初に学ぶ詩としてもふさわしい詩だといえます。

詩の前書きとして，「…そのはじめての日のうた。」とあります。読んでいく前提として，詩人が入れたものです。まず，この設定をみんなで確かめた上で読んでいくことが，詩の世界に入り共感していく出発点になります。

② 個別最適な学び・協働的な学びのために

対話（交流）の前には，この詩では何がどううたわれているのか，基本的な読み取りが必要です。ここでは,「蛙の目から見た世界」，つまり蛙の視点で書かれているということを，まずみんなで確かめておきます。ですから，読むのも蛙の視点に重ねて，水や風，草花や雲といった「見たもの」「感じたもの」を読んでいきます。

その上で,自分はどう思ったのか,感じたのかを対話を通して交流します。たとえば,詩の中では「ほっ」という言葉が出てきます。何度も出てくるこの「ほっ」という言葉や「ケルルン　クック」という声を，どう捉えたのかなど，児童の自由な思いや感想を，対話を通して交流できるでしょう。そして，捉えたことや感じたことは，音読を通して表現します。音読には多様なやり方があります。ときには野外に出て，蛙になって，自然の中での音読をしてもよいでしょう。

◎ 評価規準 ◎

知識 及び 技能	詩全体の構成や内容の大体を意識しながら音読している。
思考力，判断力，表現力等	「読むこと」において，登場人物の気持ちの変化や性格，情景について，場面の移り変わりと結び付けて具体的に想像している。
主体的に学習に取り組む態度	積極的に情景などを具体的に想像して読み，学習課題に沿って，想像しながら詩を音読しようとしている。

◎ 学習指導計画　　全 1 時間 ◎

次	時	学習活動	指導上の留意点
1	1	・音読し，場面の状況を捉える。 ・蛙の目に見えたもの，感じたことを読み取る。 ・詩を音読し，感想を話し合う。	・冬眠していた蛙が，「地上に出てきたはじめての日のうた」であることを確かめ合わせる。 ・蛙の目から見た「ほっ　まぶしいな」「みずは　つるつる」など，その感じを捉えさせる。「ケルルン　クック」という鳴き声についてもその感じについて話し合わせる。 ・読み取った情景を，音読にも表現できるよう，間の取り方や読み方などを工夫させる。

春のうた
第1時（1/1）

本時の目標　春，地上に出てきた蛙の目から見た情景を想像して音読し，思ったことを話すことができる。

板書例

ケルルン　クック。
○○いいにおい○。
ケ○○○　○○○。
ほっ　いぬのふぐりが○○○○○。
ほっ　おおきなくもが○○○○○。
ケ○○○　○○○。
ケ○○○　○○○。

おおきなくも
いぬのふぐり
※1
4

息をすって
土、草の
春のにおい
見たものは
外の世界
うれしいな
気持ちいいな
うきうき

※教科書 P16,17 の詩を板書する。

POINT　蛙の視点で書かれていることに気づかせる。蛙の心の弾みや喜びに気づかせ，音読させる。冬の地面の下も想像させ，

1　音読し，前書きから，「場面」や「いつ」について話し合おう。

T　『春のうた』という詩を読みます。まず，先生が読みます。蛙が登場します。さあ，蛙が見たものとは何でしょう。聞く姿勢をしましょう。（範読）
T　今度はみんなで読んでみましょう。（何回か斉読）
T　どんなときのことをうたった詩なのか，初めの3行に書いてあります。まず，そこを読んでみましょう。

「かえるは…春になると地上に出てきます。そのはじめての日のうた。」と書いてあります。

かえるが，冬眠から覚めた日のことです。

黒板に簡単に地平線を描く。（板書参照）
T　蛙は，冬の間はどこにいたのでしょう。
C　地面の中です。このあたりです。（黒板に指しにくる）
T　では，「はじめての日」，蛙はどこにいますか。
C　（指して）ここ，地面から出てきたところです。
蛙が冬眠することについては説明する。

2　「ほっ　まぶしいな」という言葉を読み，その意味を話し合おう。

T　このように，この詩は，春は春でも，蛙が初めて地上に出てきたときのことをうたったものです。そのつもりで読んでいきましょう。（一人読み・斉読）
T　まず，蛙が感じたことは，何だったのでしょう。
C　「ほっ　まぶしいな」です。急に明るいところに出たから…。トンネルから出たときみたいだったかな。
C　「ほっ　うれしいな」とも思っています。ずっと暗い地面の中だったから，出られて嬉しかったんだ。
T　このときの蛙の「ほっ」という言葉は，どんな気持ちから出た言葉だと思いますか。

蛙が「ほっ」と驚いています。あんまり明るいので…。

「おお」という感じです。すごいなと感動しているのかな。

珍しいものを見つけたときの言葉，「わあ」みたいです。

児童の自由な発言でよく，どの発言も認める。
T　この2行を，出てきた蛙になって読んでみましょう。

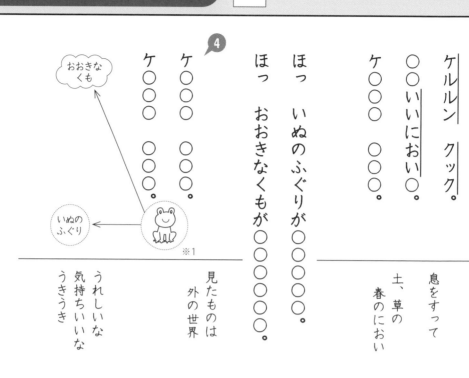

準備物	・黒板掲示用イラスト QR ・画像 QR

ICT	詩の音読をしている姿を録画しておき，共有機能を使って全体共有すると，児童それぞれが詩をどのように解釈したか，学びを深め合う一助となる。

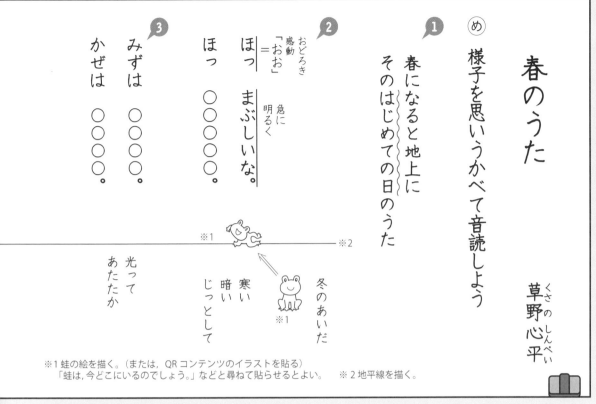

春のうた

草野心平（くさの しんぺい）

㋿ 様子を思いうかべて音読しよう

1 春になると地上に
そのはじめての日のうた

2 ほっ　まぶしいな。
（おどろき 感動「おお」＝）（急に明るく）
ほっ　○○○○○。

3 みずは　○○○○。
かぜは　○○○○。

※1 ※2

冬のあいだ

※1
寒い
暗い
じっとして

光って
あたたか

※1 蛙の絵を描く。（または，QR コンテンツのイラストを貼る）
「蛙は，今どこにいるのでしょう。」などと尋ねて貼らせるとよい。　※ 2 地平線を描く。

春の明るさを対比的に捉えさせる。

3 蛙に感じられたもの，蛙の目に見えたものは何か，話し合おう。

T　次に，蛙が見たり感じたりしたことは何でしたか。
C　「みずは　つるつる」「かぜは　そよそよ」です。
T　「つるつる」ってどんな様子，感じでしょうか。
C　触って気持ちがいい水。光っている感じです。
C　「そよそよ」も，あたたかくて気持ちのいい風です。

蛙の目から見たり感じたりした表現について，自分なりに捉えたことを話し合う。

T　「ああいいにおいだ」と，蛙が（鼻で）感じています。どんなにおいだと思いますか。
C　土とか，草のにおい，冬にはなかったにおいです。
T　「ほっ　いぬのふぐりがさいている」「ほっ　おおきなくもがうごいてくる」のところでは，蛙はどこを見ていますか。

目の前の草花です。イヌノフグリです。
遠く上を見て，空の上の雲を見ています。どちらも「ほっ」です。

4 「ケルルン　クック」について話し合い，詩を音読しよう。

詩では，蛙から見た春が，全身で捉えた喜びとして表現されている。「ケルルン　クック」もその1つ。

T　「ケルルン　クック」って何でしょう。
C　蛙の鳴き声だと思います。なんだか楽しそう。
T　鳴き声ですね。ゲコゲコやゲロゲロと違って，「ケルルン　クック」です。どんな感じがしましたか。

嬉しいときに出る鳴き声みたいです。
外へ出て気持ちよくなって，つい出た鳴き声かな。

「ケルルン　クック」を，何度か声に出させてみる。

T　では，蛙といっしょに地上に出てきたつもりで，詩を音読しましょう。暗唱できる人は，本を閉じて。

斉読や，交代読み，指名読みなど，多様な形で読ませる。

T　思ったことを発表しましょう。（感想の交流）

時間に応じて，用紙等に視写させるのもよい。

QRコンテンツ（画像） 第1時 QR

QRコンテンツ（画像） 第1時 QR

楽しく書こう

なりきって書こう／つづけてみよう

全授業時間１時間

◎ 指導目標 ◎

・修飾と被修飾との関係について理解することができる。
・書こうとしたことが明確になっているかなど，文章に対する感想や意見を伝え合い，自分の文章のよいところを見つけることができる。

◎ 指導にあたって ◎

① 教材について

なりきるとは，そのものの視点に立って気持ちや想いを想像することです。児童にとって，自分以外のものになりきるということは，普段あまり経験することではありません。なりきると，第三者の視点に立って，そのものが何を見ているのか，何を聞いているのか，どのように感じているのか，何を思っているのかなどを考えることができます。児童にとって自分の意見や考えを書くより，文章は書きやすいです。想像することは自由で，正解はありません。想像して書くことは児童にとって楽しいものです。この教材の学習活動を通して，相手意識が生まれ，児童の視点に広がりが期待できます。また，相手を思いやる心を育てることにもつながります。

② 個別最適な学び・協働的な学びのために

文章を書くことに困難な児童がいる場合は，タブレットパソコンを活用して文書ソフトで作成したり，音声入力機能を使ったりして文章を作成することも考えられます。児童にどの方法が最もよいかを選択できるようにするのも学習の支援となるでしょう。

授業展開のページでは，ペアでどのようなことを考えているのかを相談する時間を設けています。いきなり文章で表現することが難しくても，想像したことを話すことの方が児童にとってハードルは下がります。話すことを通して，新しいアイデアが思い浮かんだり，新たな気づきが生まれたりします。困ったときは適宜相談してよいと認め，児童にとって学びやすい学習環境の整備を教師が担います。

◎ 評価規準 ◎

知識 及び 技能	修飾と被修飾との関係について理解している。
思考力，判断力，表現力等	「書くこと」において，書こうとしたことが明確になっているかなど，文章に対する感想や意見を伝え合い，自分の文章のよいところを見つけている。
主体的に学習に取り組む態度	進んで感想や意見を伝え合い，学習の見通しをもって，なりきって想像したことを書こうとしている。

◎ 学習指導計画　　全 1 時間 ◎

次	時	学習活動	指導上の留意点
1	1	・創作文を書くという学習の見通しを立てる。 ・創作文例を読み，「書きたい」「読み合いたい」という思いをもつとともに，学習の進め方を確かめる。 ・なりきるものを選び，1 つに決める。 ・ペアで書きたい内容を伝え合うことを通して，書く内容や文章の構成をはっきりさせる。 ・想像したことを 150 ～ 200 字で書く。 ・書いたものをいろいろな相手とペアで読み合い，感想を伝え合う。 ・「つづけてみよう」を読み，言葉日記をつけることやノートの書き方の工夫例を確かめる。	・何について書いた文章なのかを「わたしは誰でしょうクイズ」をして，児童の「書きたい」「やってみたい」という興味関心を高めるようにする。 ・書いているときに困っている児童がいたら，ペアの児童や教師が相談にのるようにする。 ・題名は後で書くように指示し，何について書いた文なのかを読んで当て合う活動にする。

なりきって書こう／つづけてみよう
第1時（1/1）

本時の目標 ものの気持ちを想像して文章に表現するとともに，進んで感想や意見を伝え合おうとしている。

板書例

活動の流れ

①なりきるものを決める
3 ②なりきり作文を書く
4 ③友だちと読み合う
④感想をつたえ合う

※教科書P20「ノートの書き方」を掲示する。

POINT なりきることは，想像力を働かせることである。児童にとって，想像することはフィクションである。難しく考えずに

1 なりきり作文を使って「わたしは誰でしょう」ゲームをしよう。

T　今からなりきり作文を読みます。誰になりきっているのか，当ててみましょう。

T「ぼくは，いつも暗い箱の中。きょうだいと一緒に出番を待っている。ぼくは，ご主人様が学校や家で勉強するとき，箱から出て活躍するんだ。ぼくの体は…。ぼくは誰でしょう。」

勉強するとき出てくるから，ノートのことかな。
体が小さくなるのだから，鉛筆かな。

T　正解は，「鉛筆」でした。今日は，このように，自分の身近な持ち物やものになりきって，作文を書くという活動をします。そして，書いたものを友達と読み合って交流しましょう。（めあてを書く）

2 自分がなりきるものを決めよう。

T　教科書19ページになりきるものの例が出ています。見てみましょう。

3つの例を確認し，どんなものがあるか，想起させる。

T　なりきるもので，例えばどんなものがありますか。みんなで出し合いましょう。

鉛筆や消しゴムです。
ランドセルもできそうです。
犬やねこなどのペットでもできそうです。

T　どれか1つ，なりきるものを決めましょう。決めたら，なりきり作文を書きます。そして，書いたものを読み合って交流しましょう。（活動の流れを確認する）

準備物
- なりきり作文の例
- 作文用紙または，日記帳など
- 教科書P20「ノートの書き方」（黒板掲示用）

ICT
文書作成機能を活用して作文すると，文章の入れ替えや使う言葉の修正など推敲がしやすく，共有機能を使って全体共有もしやすくなる。

なりきって書こう

め 1 えらんだものの気持ちをそうぞうして なりきり作文を書こう

2 なりきるもの

・えんぴつ ・消しゴム
・筆箱 ・ノート
・ランドセル
・犬 ・ねこ
・めがね

※児童の発言を板書する。

楽しく書く活動ができるように助言したり，一緒に考えたりしてサポートする。

3 なりきり作文を書こう。

T　選んだものがどんなことを考えているのか，ペアの人と相談してみましょう。

ぼくは，１年生から使っている筆箱にします。どんなことを考えているのかな。

わたしは，犬のペコにするわ。生まれたときからきょうだいみたいに過ごしてきたの。

T　では，作文用紙になりきり作文を書きましょう。
150～200字で書かせる。

いつ，どんなことを考えているのかを想像して書こう。

何をどのようにしたいと思っているのかな。普段考えたことがなかったな。

4 書いたなりきり作文を交流しよう。

T　書いた文章を友達と交流しましょう。そのとき，できれば何について書いたか言わずに，読んだ人に当ててもらうようにしましょう。
題名のところは記入せずに，活動が終わってから書くとよい。

山田さんのことをよく知っているみたいだね。これは，家で飼っているペットかな。

正解です。これは，ペットの猫の咲ちゃんになりきって書きました。

教科書P20「つづけてみよう」を読んで，言葉日記をつけることやノートの書き方の工夫例を確かめさせる。

ふしぎな出来事をとらえて読み，考えたことを話そう

白いぼうし

全授業時間７時間

◎ 指導目標 ◎

・様子や行動，気持ちや性格を表す語句の量を増し，話や文章の中で使い，語彙を豊かにすることができる。
・登場人物の行動や気持ちなどについて，叙述を基に捉えることができる。
・文章全体の構成や内容の大体を意識しながら音読することができる。

◎ 指導にあたって ◎

① 教材について

タクシーの運転手,松井さんが出会ったほんのひとときの不思議な出来事（が起こる世界）のお話です。松井さんがふと目にした「白いぼうし」をきっかけとして，男の子や不思議な女の子とふれあう姿が描かれ，そこに松井さんの誠実で温かな人柄が読み取れます。作品の背景となっている初夏の情景のように爽やかな気分にさせてくれるお話で,『白いぼうし』は，そんな世界への入り口ともいえそうです。

お話を読んで,「いなくなった女の子は，ちょうだったのかもしれない」「おそらくちょうだろう」と考える児童は多くいます。それは，文章にははっきりと書かれていませんが，このお話がそう思えるような筋立てになっているからです。女の子がタクシーに乗っていた場面や，女の子が消えた野原近くで小さな声を聞いたことなど,場面と出来事とをつないで考えると「女の子はちょうかも？」と思えてくるのです。そこで,「ふしぎな出来事をとらえて読み，考えたことを話そう」という課題の基に，この『白いぼうし』の学習を進めます。つまり,「不思議だな」と思ったことと，そのことをどう考えたのかをまとめることを目指して読み進めます。その際，ただ自分の考えや思いを書いて話すのではなく,「○○だから，わたしはこう考えた」などと，文章に書かれていることを基にして考え，話し合うことが大切になります。ただ，最終の結論は決めつけず，読者それぞれの想像に委ねられるところがファンタジーです。

なお,『白いぼうし』は，色彩やにおいに関わる表現も豊かで，この作品の魅力にもなっています。夏みかんの黄色，柳や野原の緑，ちょうや帽子の白，そして爽やかな夏みかんのにおいは，明るい初夏のイメージと重なります。それぞれが思い描いた情景を語り合うのもよいでしょう。

② 個別最適な学び・協働的な学びのために

物語の「不思議」を追究していく上で気をつけたいことは，文から離れた読みや対話にならないようにすることです。場面や人物像を捉えていく際も，まず文章に書かれている会話や行動，様子を表す言葉を基にして考えることが，個別の学びの基本となります。その上で，ある場面での人物の言葉や行動を，自分はどう見たのかを話し合うことで協働的な学びが成り立ちます。ですから，根拠の不明な発言に対しては,「文章のどこを読んで，そう考えたのですか」などと問い返すことも，確かな読みにつなげるためには必要なことといえます。また４年では「…と考えました。それは…と書かれているからです。」のような「理由や根拠の述べ方」も指導し，広げていくとよいでしょう。

◎ 評価規準 ◎

知識 及び 技能	・様子や行動，気持ちや性格を表す語句の量を増し，話や文章の中で使い，語彙を豊かにしている。 ・文章全体の構成や内容の大体を意識しながら音読している。
思考力，判断力，表現力等	「読むこと」において，登場人物の行動や気持ちなどについて，叙述を基に捉えている。
主体的に学習に取り組む態度	進んで登場人物の行動や気持ちなどについて叙述を基に捉え，学習課題に沿って，不思議なところについて考えたことを話し合おうとしている。

◎ 学習指導計画　全７時間 ◎

次	時	学習活動	指導上の留意点
1	1	・全文を読み，初めの感想を述べ合う。 ・教科書の「学習」ページの「問いをもとう」「目標」を基に，学習課題を捉え，見通しをもつ。	・題名やリード文からも，物語を想像させる。 ・学習課題は「ふしぎな出来事をとらえて読み，考えたことを話そう」とする。
2	2	・全文を読み通し，４つの場面に分ける。 ・1と2の場面を読み，場所，登場人物，出来事を表に整理する。松井さんの人柄を話し合う。	・ちょうを逃してしまい，その代わりに夏みかんを「白いぼうし」に入れた松井さんの行動や様子から，その人柄も考えさせる。
	3	・3の場面を読み，場所，登場人物，出来事を捉え，表に整理する。 ・女の子の「不思議に思えたところ」を話し合う。	・女の子が不意に現れた様子や会話，行動に不思議なところがあることに気づかせ，それをどう考えるのかを課題とする。
	4	・4の場面を読み，場所や人物，出来事を表に整理し，それを基に話し合う。	・主な出来事は，女の子が不意に消えたことと，野原で小さな声を聞いたことになる。この２つの出来事をつなげて考えさせたい。
3	5・6	・不思議な出来事とは，どんなことなのか，言葉や文を基に話し合い，捉える。 ・友達の考えを聞き，「不思議」と捉えた出来事と，それを自分はどう考えたのかを書きまとめる。	・女の子が消えた場所など，いろいろな場面での出来事のつながりを考えると，「女の子はちょう」という見方ができることに気づかせる。 ・「『不思議』をどう考えたのか」の他，いくつかの「問い」を作り，考えさせるのもよい。
	7	・不思議だと思ったことについてまとめたことを発表し，伝え合う。 ・学習を振り返る。「この本，読もう」の紹介を見る。	・「女の子はちょうだった」と考えると，不思議なことの背景が分かることに気づかせる。 ・お話の主題についても考え合う。

白いぼうし

第1時（1/7）

本時の目標　全文を読んで感想を話し合い，「ふしぎな出来事をとらえて読み，考えたことを話そう」という学習課題を聞き，学習の見通しをもつことができる。

板書例

・松井さん ＝ 親切、やさしそう
おもしろい人

・女の子 ＝ ふしぎなところが…

・（白いぼうし）（夏みかん）
入れる ※1
（白いちょう） ※1

※児童の発言を板書する。

4 〈学習すること〉＝めあて

ふしぎな出来事をとらえて読み、
考えたことを話そう

⇒ 書かれている言葉をもとに考えて

POINT 「ふしぎな出来事を…」という学習課題は，児童からは出てこないのが普通である。初めの感想も踏まえながら「学習」の

1 題名とリード文を読み，お話を想像しよう。範読を聞きながら全文を目で読もう。

T　これから『白いぼうし』というお話を読んでいきます。初めの文(リード文)を読んでみましょう。(P21)
C　タクシーの運転手さんが主人公みたい。
C　「白いぼうし」が出てくるのかな。何だろうな。
C　「不思議な出来事」ってどんな出来事なのかな。
T　ところで，白いぼうしをかぶるのはいつ頃でしょうか。
C　夏の初めです。ちょうど今頃です。
C　白いぼうしや服を見ると，夏が来たなと思います。
T　この『白いぼうし』も、そんな頃のお話です。どんなお話なのか，まず，先生が読みます。松井さんってどんな人なのでしょうか。「白いぼうし」はいつ出てくるのかな。不思議な出来事とは，何でしょうか。
T　はい，本を持って読む姿勢ですよ。

朗読 CD でもよいが，教師の範読の方がよいだろう。

2 範読を聞き，『白いぼうし』を音読しよう。

物語と初めて出会う時間になる。たどたどしい読みでは，内容も頭に入ってこないので，上手な範読で物語と出会わせたい。句読点で間を取り，児童の表情も見ながらゆっくりと読み聞かせる。1行アキのところは，場面の変わりめ。間を取り，児童にも場面の転換を意識させる。(場面は4場面)

T　今度は，みんなで音読してみましょう。場面の変わりめを確かめましょう。松井さんの他に出てくる人物の様子やしたことにも気をつけて読みましょう。

「これはレモンのにおいですか。
ほりばたで乗せたお客のしんしが…。」

斉読は，まずは正しく読めることをめあてにし，読みにくい漢字には読み仮名もつけさせる。(不要になれば消す) また，新出漢字は前もって漢字指導を済ませ，読めるようにしておく。
この後，各自のペースで音読（一人読み）をさせるのもよい。

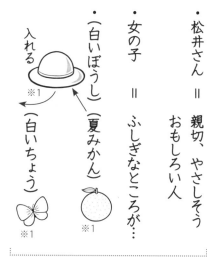

準備物	・黒板掲示用イラスト QR
ICT	黒板掲示用イラストデータをモニターに投影しながら読み進めていくことで，その場面の様子をイメージしながら読み進めていくことができる。

白いぼうし

あまん　きみこ

め　お話の文章を正しく読み、心にのこったことを話し合おう

1

白いぼうし　⇧　夏になると

※1

（人物）

○　松井（まつい）さん　＝　タクシーの運転手

＝　どんな人？（人がら・せいかく）

○　「ふしぎな出来事」とは？

＝　どんなこと？

2 3

〈読んでみよう〉

心にのこったところ、出来事は？

※1 QRコンテンツのイラストを貼る。

「見通しをもとう」や「目標」などの文言を，児童に分かるような言葉や言い方に変えて伝えるようにする。

3　登場人物など，お話の設定を確かめ，初めの感想を交流しよう。

T　（読後）このお話は，いつのことでしたか。

C　夏の初め，白いぼうしをかぶる頃の話です。

T　この物語で，中心の人物をあげるとすれば誰ですか。また，その人はどんな人だと思いましたか。

C　運転手の松井さんです。親切で優しそうな人です。

T　登場人物は他にもいました。誰でしたか。

C　お客の紳士と，男の子，それに女の子です。

T　このお話で，心に残った場面や出来事はありましたか。あるとすればどんなことでしたか。

松井さんは，ちょうの代わりに夏みかんをぼうしに入れるなんて，おもしろい人だなと思いました。

女の子は，突然出てきたり，いなくなったりして，ちょっと不思議な子だなと思いました。

「不思議な出来事」って女の子のことかなと思いました。

もちろん女の子がちょうだとは思っていない児童もいる。

T　松井さんや女の子のことが心に残ったようですね。

4　「問いをもとう」「目標」を読み，学習課題を捉えよう。

T　松井さんのこと，また不思議に思えた女の子のことは，これからみんなで読んで考えていきましょう。

T　では，この『白いぼうし』でどのような学習をしていくのか，初めのページを見てみましょう。「ふしぎな出来事をとらえて読み，考えたことを話そう」と出ています。これがめあて（学習課題）になります。

児童とともに，再度，音読する。

T　「学習」のページの「見通しをもとう」のところも読みましょう。

「問いをもとう」「目標」を読ませる。

不思議だと思ったことについて，考えていくみたいです。

T　そうです。まずどんなことが不思議に思えたのかを話し合い，そして，そのことについて考えます。

「学習」ページの「問いをもとう」や「目標」の文言は，4年生には読み取りにくい。教師が言い換えるなどして，具体的にこれから何をしていくのか，めあてとして伝える。

白いぼうし
第2時（2/7）

本時の目標　『白いぼうし』のお話は，4つの場面からできていることが分かり，①，②の場面の場所や登場人物，出来事を読み，物語の流れを読み取る。

板書例

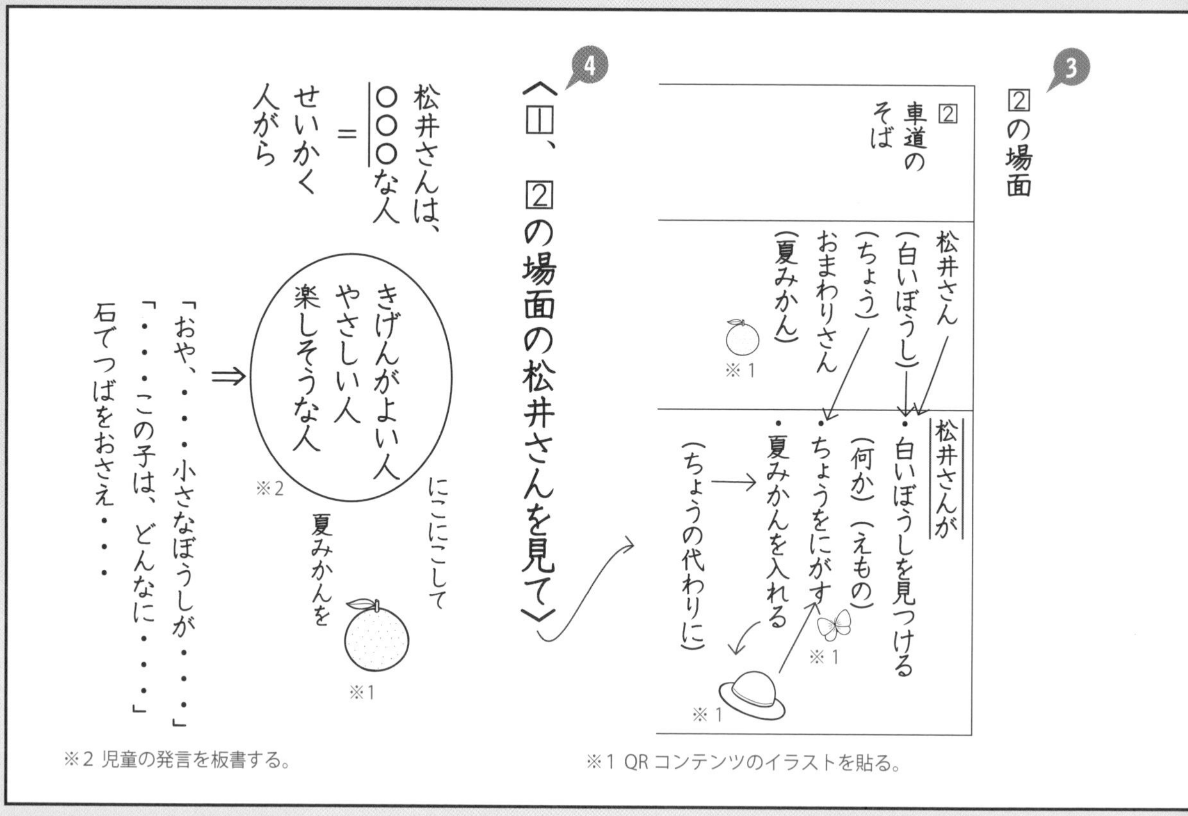

※2 児童の発言を板書する。　※1 QR コンテンツのイラストを貼る。

POINT　お話は，「ふわっと何かが…」のように語り手の視点で書かれている。ところが，この「何か」とは何なのか，また，

1　場面ごとの場所や登場人物を考えながら音読しよう。

T　『白いぼうし』のお話は，いくつかの場面に分かれていました。場面はいくつありましたか。また，場面の区切り目は分かりましたか。

C　1行空いているところが，場面の変わり目でした。

C　初めはタクシーの中の場面です。人物はお客と…。

C　場面は4つだと思います。最後は野原の場面です。

「場面」とは何かが不確かなら，ここで教えておく。

T　今日は，その場面ごとに，場所や登場人物を捉えて，お話の移り変わり（流れ）を整理してみましょう。

T　場面を確かめながら，最後まで音読しましょう。場面の始まりのところに，①，②…と，順に番号をつけていって，場面はいくつなのか，確かめましょう。

「…今日は，六月のはじめ。夏がいきなり始まったような…。」

めあてを伝え，まずは読み慣れのためにも各自音読させる。斉読でなく，それぞれ自分のペースでの一人読みがよい。

2　4つの場面があることを確かめ，①の場面の場所や登場人物などを読み取ろう。

C　（番号をつけ終わり）場面は，全部で4つでした。

T　まず①の場面はどこまでか読んで確かめましょう。

C　（①の場面を今度は斉読して）「…しんしはおりていきました。」①の場面はここまでです。

T　次は，②の場面の終わりまで読みましょう。

同様に，斉読させながら④の場面まで確かめていく。ただ，④の場面は車の中と外の2つに分けてもよい。そして，表（ワークシート QR かノート）にも場面の番号を書き込ませる。

T　では，まず，①の場面の場所と登場人物を確かめましょう。まず，出てきた人は誰でしたか。

C　人物は，運転手の松井さんと乗っているお客の紳士です。夏みかんも乗っています。場所は，松井さんのタクシーの中です。夏みかんのにおいもしています。

初めなので，ここは教師が意見をもとに表に書き込んで見せる。夏みかんは，物として（　）をつけさせておく。語句の意味については，クラスでのやり方に応じて，辞書を使わせるのもよいし，教師が教えるのもよい。

準備物
・ワークシート QR（ノートでもよい）
・黒板掲示用イラスト QR

ICT
ワークシートのデータを配信すると，物語を読んでその場面の状況や登場人物の心情の変化について思ったことを整理しやすく，全体共有もしやすくなる。

白いぼうし　あまん　きみこ

め 四つの場面に分けて読み、場所、人物、出来事をとらえよう

1 2 〈場面は〉四つ

1「これは、レモンの・・・」
2 アクセルを・・・
3 車にもどると、・・・
4「お母さんが、・・・」そこは、小さな団地（だん）の・・・

どの場面にも 松井さん が

〈起こった出来事は？　話の流れは？〉

1の場面

場所	人物	出来事・様子
1 タクシーの中	松井さん お客のしんし （夏みかん）	・夏みかんのいいにおい ・松井さんとしんしの話 ＝ にこにこして

※児童の発言をもとに，表に書き込んでいく。
※「物」には（　）をつけておく。

逃げたちょうは男の子が捕まえたちょうだということが読めていないことがある。言葉の意味をまず分からせたい。

3 2の場面の場所と人物，出来事を表に整理し，発表で確かめ合おう。

T　1の場面の場所と人物が整理できました。主な出来事や様子も1文か2文で書いて，1の場面を表にまとめてみましょう。（板書を写させてもよい）

T　同じように，2の場面を音読して，場所や人物，したこと（行動）も書き出して整理してみましょう。

2の場面の人物は，松井さんとおまわりさんかな。場所は「車道のそば」で，出来事は，白いぼうしを…。

「アクセルをふむ」「ふわっと何かが」「えもの」「肩をすぼめて」などの言葉も取り上げ，その意味を分からせておく。

2の場面も表に整理させ，話の流れをつかませる。白いぼうしやちょうは，物として（　）をつけさせておく。

T　2の場面も場所と人物と出来事とを発表しましょう。まず，場所はどこでしょうか。

C　「車道のあんなすぐそばに…」と書いてあるので，場所は，車道のそばです。人物は，松井さんと…。

C　出来事は，白いぼうしを見つけたことです。

4 1と2の場面の松井さんを見て，その人柄（どんな人か）について話し合おう。

2場面での出来事として他に松井さんがちょうを逃してしまったこと，代わりに夏みかんを置いたことを話し合わせる。

T　1，2の場面を表に整理してみて，中心となっている人物は誰だと思いましたか。

C　もちろん松井さんです。白いぼうしを見つけて，ちょうを逃したり，夏みかんをぼうしに入れたりと…。

T　松井さんは，どんな人（人柄）だといえるでしょう。1の場面ではどうですか。（「○○な人」を考えてもよい）

C　お客の紳士に「にこにこして」答えているので，いつも機嫌がよさそう。明るい優しい人だと思いました。

このような本文の表現を踏まえた発言をほめ，広げる。

T　今度は，2の場面の松井さんを見て，どんな人だと思いましたか。書いてみましょう。（書いた後，発表）

C　子どもの気持ちを考えて，逃したちょうの代わりに夏みかんを入れるなど，おもしろくて優しいです。

C　白いぼうしを拾ってあげるところも優しいです。

松井さんの人柄も，物語の大事な要素になっている。

白いぼうし

第3時（3/7）

本時の目標　③の場面を読み，いつの間にか女の子が車に乗っていたことと，その現れ方や様子には，不思議なところがあることを読み取る。

板書例

3 〈女の子の様子は？〉言葉、言い方は

車にもどると

中に ← 女の子が
（いつ？どこから？）
ちょこんと

「まよったの」
「四角い建物…」
つかれたような
「え。ええ、あの…」

お母さんと
男の子（たけおくん）の声
「あのぼうしの下さあ…」＝（つかまえたちょうが入れてある）
松井さんがにがした

※1

せかせかと「早く行って…」

声を聞いて

4 〈女の子の様子を見て〉

女の子はにがしたちょうかも？

POINT　各場面の設定（場所，人物，出来事）をまず整理することで，話の大筋（流れ）と出来事のつながりも見えてくる。

1　①，②の場面での人物と，そこでの出来事を振り返ろう。

T　前の時間，①と②の場面の登場人物や出来事をまとめました。どんなことがあったのか，まず①の場面を読み直してみましょう。音読しましょう。

読みにも慣れてきているので，多様な読み方も取り入れる。ここでは，一人読み（音読）の他，場面ごとのグループ読みや指名読みも入れて，音読を聞き合えるようにする。

C　①の場面は松井さんがお客の紳士と夏みかんの話をしているところです。楽しそうに話していました。

T　では，②の場面での出来事は何でしたか。（②を音読）

ぼうしのつばに石を乗せて押さえました。松井さんは，親切で優しそうな人です。

松井さんが白いぼうしを見つけました。ぼうしの中のちょうを逃がしてしまったので，代わりに夏みかんを入れました。

松井さんのした3（4）つのことを振り返り，確かめさせる。

2　③の場面を読み，見知らぬ女の子が出てきたことを話し合おう。

②の場面で松井さんがちょうを逃がしてしまったことは，③の場面で女の子が現れる「不思議」の伏線になっている。

T　松井さんは何を考えて夏みかんをぼうしに入れたのですか。分かるところを読みましょう。

C　「せっかくのえものがいなくなっていたら…」のところです。この子の気持ちを考えて入れたと思う。

T　では，続けて③の場面を音読しましょう。

C　「車にもどると，おかっぱのかわいい女の子が…」

③の場面を音読（斉読）させる。

T　③の場面で出てきた人物は誰で，どんな出来事がありましたか。表に書きましょう。（その後，発表）

T　まず，人物は？　新しい人物が出てきましたね。

C　女の子が出てきました。少し不思議な女の子です。

C　女の子は，いつの間にか車に乗っていました。

C　「白いぼうし」の持ち主の男の子の声も聞こえてきました。たけのたけお君の声だと思います。

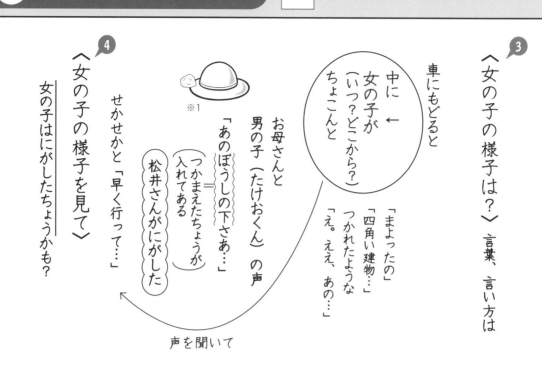

準備物
・黒板掲示用イラスト QR
・ワークシート または，ノート（第2時の続き）

ICT
文書作成機能を使って場所・人物・出来事・様子を整理できる表を作成して配信すると，児童は読み取ったことを記入しやすく，全体共有もしやすくなる。

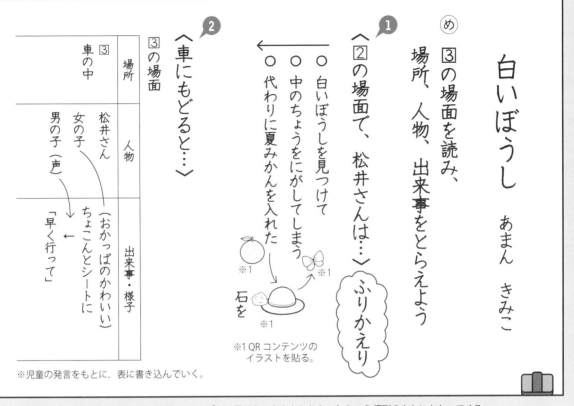

白いぼうし　あまん　きみこ

め　3の場面を読み、場所、人物、出来事をとらえよう

1 〈2の場面で、松井さんは…〉　ふりかえり

○白いぼうしを見つけて
○中のちょうをにがしてしまう
○代わりに夏みかんを入れた

※1 QR コンテンツのイラストを貼る。

2 〈車にもどると…〉

3の場面

場所	人物	出来事・様子
3車の中	松井さん 女の子 男の子（声）	（おかっぱのかわいい） ちょこんとシートに ← 「早く行って」

※児童の発言をもとに，表に書き込んでいく。

このことが「学習課題」に向かう前提になり，「女の子はちょうかもしれない」という仮説のもとにもなってくる。

3 出来事を振り返り，不思議に思えた女の子のことについて話し合おう。

声だけだが，男の子がちょうを捕えた本人であることや，お母さんを連れてきたいきさつを想像させ，話し合わせる。

T　では，この場面での出来事は何でしょうか。
C　車に女の子が乗っていたことです。少し不思議。
T　「女の子が車に乗っていたのが不思議」という意見がありました。そこをもう一度音読してみましょう。
T　この女の子の様子について，気がついたことを話し合ってみましょう。（時間を切って，数分，グループ等で）

「道に迷った」と言っているけれど，変だね。

「四角い建物ばかり」って，ビルのことかな。ビルを知らないような言い方みたい。

行き先もはっきりしないようだし。「つかれたような声」

「早く，おじちゃん」と，せかしています。男の子が近づいてきたことと関係があるかもしれません。

T　女の子のことで不思議なことがあるようですね。出た意見をグループから発表してください。（聞き合う）

4 女の子について考えたことをまとめ，3場面の出来事の感想を述べ合おう。

女の子の「不思議」に思えたところを板書でも整理する。

T　女の子のことで話し合いたいことはありますか。
C　「早く行って」と急がせているのもへんだし，女の子はどこから来て，一体誰なのだろうか。
C　ひょっとしたら，女の子は逃げたちょうかも。
C　そう，普通の子どもではないみたいだから。
C　でも，「ちょう」だとは書いてなかったと思うよ。
T　「女の子はちょうかもしれない」という考えがありました。そう思う人は？　女の子については，「問いをもとう」（P32）の「問い」としておきましょう。
T　この3の場面を見て，思ったことを発表しましょう。まず，女の子のことでは，どうでしょう。

女の子が「早く行って…」と言っているのも，女の子がちょうだからかなと思いました。

T　松井さんのことでは，どうですか。

女の子にも「どちらまで。」と聞いてあげています。子どもにも親切でやさしい人だと思います。

白いぼうし

第4時（4/7）

本時の目標

4の場面を読み，車に乗っていた女の子がいつの間にかいなくなり，そのとき，松井さんは，ちょうが飛ぶ野原から「よかったよ」などという小さな声を聞いたことを読み取る。

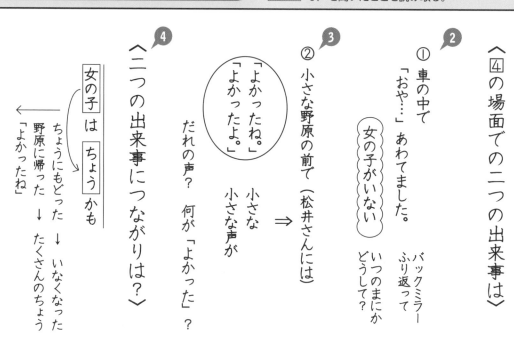

板書例

〈4の場面での二つの出来事は〉

2

① 車の中で

「おや…」あわてました。

バックミラー
ふり返って

女の子がいない

いつのまにか
どうして？

3

② 小さな野原の前で（松井さんには）

⇒ 小さな
小さな声が

「よかったね。」
「よかったよ。」

だれの声？ 何が「よかった」？

4

〈二つの出来事につながりは？〉

女の子 は ちょう かも

ちょうにもどった → いなくなった

野原に帰った → たくさんのちょう

←「よかったね」

POINT 「不思議な出来事」にも目を向けさせるが，読解力の土台となる語彙を増やすため，言葉の意味や各場面の情景も丁寧に

1 4の場面を読み，言葉の意味を考えよう。場所や人物を読み取ろう。

T 3の場面を，音読で振り返りましょう。（斉読）

T 3の場面での大きな出来事をあげるとすれば，どんなことだったでしょうか。

C おかっぱのかわいい女の子が，（いつの間にか）車に乗っていたことです。言っていること（会話）にも不思議なところのある女の子でした。

T この女の子はどうなるのか，今日は，続きの4の場面を読んでみましょう。（音読）

音読の後，「目を丸くする」「（笑いが）こみ上げる」「バックミラー」など，言葉の意味を説明しておく。また「まほうのみかん」「ちょうが化けた」の意味も具体的に分からせる。

T 場所と人物をまず表に書きましょう。（書いて発表）

前半（①）と，後半（②）の2つの場面に分けられる。

初め（①）は車の中で，人物は松井さん（と女の子）。後の方（②）は，小さな野原の前です。人物ではないけれど，「白いちょう」が飛んでいました。

2 4の場面で，女の子がいなくなったことを読み取ろう。

T 4の場面の出来事も，書いて発表しましょう。2つありそうですね。（女の子のこととちょうのこと）

C 乗っていた女の子の姿が見えなくなったことです。

C 出来事ではないけれど，車の中で，松井さんは，男の子が夏みかんを見て驚いている様子を想像して喜んでいます。（出来事とはいえないが，人物の様子）

T その場面（4の前半部）を音読しましょう。

「松井さんは…. まどの外を見ました。」までを音読させる。

T ここで，松井さんは「おや。」とあわてています。何があって，あわてたのですか。

C 「バックミラーには…」から，女の子が見えなくなったことに気がついたからです。

T すると，ここでの大きな出来事とは何ですか。

C 女の子が，いつの間にかいなくなったことです。いつ，なぜ，いなくなったのか，不思議です。

T 3の場面で車にいた女の子がいなくなったこと，これが1つ目の不思議な出来事のようですね。

準備物	・ワークシート または，ノート（第2，3時の続き）

ICT	デジタル教科書の文章をモニターに投影し，児童の発言に応じて重要な箇所をマーキングするなどすると，視覚的に学習を支援することができる。

白いぼうし　あまん　きみこ

㋱ ４の場面を読み、場所、人物、出来事をとらえよう

1 〈３の場面で、松井さんは…〉

・おかっぱのかわいい女の子が車に乗っていた

「早く行って…」⇐アクセルを

ふりかえり

女の子と出会う

ふしぎ？

〈車の中で、どんな出来事が？〉

４の場面

	場所	人物	出来事・様子
４	①車の中 ②（外は）小さな野原	松井さん たくさんの白いちょう	・男の子の顔をそうぞう ・女の子がいなくなる ・「よかったね」「よかったよ」という小さな声を聞く ・夏みかんのにおいが

※児童の発言をもとに，表に書き込んでいく。

扱いたい。ここでも「目を丸くする」や「ちょうが化けた」など，語句の意味を考えさせ分からせる。

3 女の子がいなくなった後，松井さんが小さな声を聞いたことを読み取ろう。

T　では，後の方（後半）の出来事は，何でしょうか。

C　野原の前で，松井さんが「よかったね。」「よかったよ。」という小さな声を聞いたことです。

T　その部分を音読しましょう。（「そこは…」から斉読）

T　まず，場所はどこでしょうか。「そこ」とは？

C　女の子がいなくなり，車を止めたところ，です。

C　「小さな団地の前の小さな野原」です。

C　「おどるように」ちょうがたくさん飛んでいる野原。

C　クローバーが広がって，たんぽぽが咲いています。

T　そこで聞いたのが「よかったね。」「よかったよ。」という声でした。この言葉について，どう書いてありますか。また，思ったことはありますか。

C　この声は，誰の声なのだろう，と思いました。

C　「シャボン玉のはじけるような小さな声」でした。だから，よほど小さい声，人の声ではないような。

C　松井さんが聞いた小さな声です。松井さん「だけ」に聞こえたような気がします。

T　また，何が「よかった」のかも気になりますね。

4 ４の場面を読み返し，女の子とちょうのつながりについて考え，話し合おう。

T　４の場面では，２つの出来事がありました。

C　一つは，女の子がいなくなったこと，もう一つは，松井さんが「よかったね。」「よかったよ。」という声を聞いたことです。

T　２つの出来事には，何かつながりがあるのでしょうか。４の場面をもう一度読んで考えてみましょう。

T　（音読して）出来事を考え合わせて（つなげてみて），何か気づいたことはありましたか。

女の子はちょうだったのかな，と思いました。それは，女の子が車からいなくなったところは，ちょうがたくさん飛んでいる野原だったからです。

わたしも，女の子がちょうになって（戻って），なかまのいる野原に飛んでいったのかなと考えました。

「よかったね」「よかったよ」の声も，女の子がまた，ちょうになって戻れたのが「よかったよ」と言っているように思いました。

T　では，４の場面を見て思ったことを書きましょう。

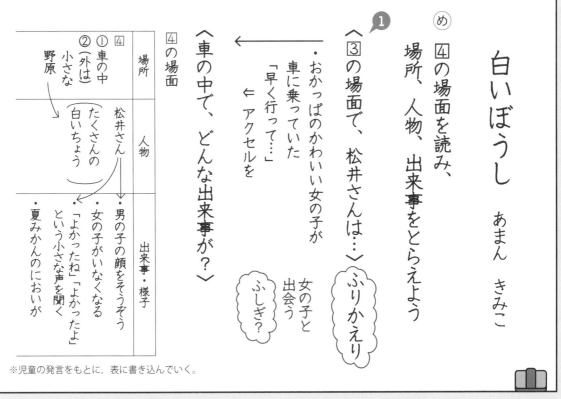

白いぼうし

第5,6時（5,6/7）

本時の目標　不思議な出来事を振り返り，出来事をつなげると「女の子はちょうかもしれない」と考えることができる。このお話で「不思議」と思ったことについて，自分の考えを書くことができる。

板書例

「女の子はちょう」と考えると
白いぼうしからにげた

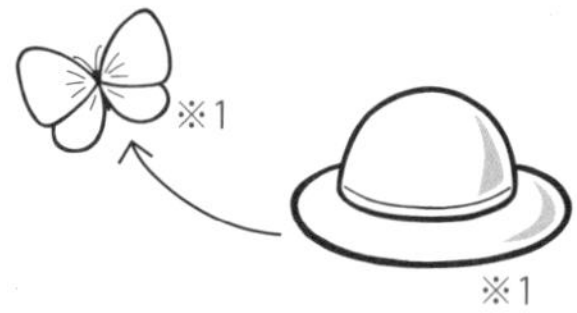

ちょう は
女の子 になって車に
（小さな野原の前）
また、ちょう に（もどって）
なかま「よかったね。」（帰れて）
女の子「よかったよ。」（帰れて）

（第6時）
4 〈考えを書いてみよう〉
○ ふしぎな出来事（女の子）を
どう考えたのか

問い ※2
1 「よかったね」「よかったよ」は、
だれの声か
2 女の子は、どうしてあらわれ、
消えたのか
3 女の子は、ちょうだったのか

※1 QR コンテンツのイラストを貼る。
※2 問いは，どれか1つにしてもよい。

POINT 「女の子は何者？」を問いとして「女の子が現れ，また消えたのは，ちょうだったから。」という仮説を立てて話し合わせる。

1 （第5時）出来事の「不思議」に目を向けて『白いぼうし』を読み返そう。

T　学習課題（めあて）には，「ふしぎな出来事をとらえて読み…」とありました。この『白いぼうし』には，どんな不思議な出来事があったのか，読み返して確かめましょう。（指名読みなど音読）

T　1場面から4場面までの出来事から「不思議」と思ったことを書き出してみましょう。（教科書 P32「とらえよう」を読ませる）まず，1の場面ではどうですか。

C　（作成した表も見て）不思議なことはなかったです。

T　では，2の場面では，どうですか。

C　松井さんが，白いぼうしを見つけてちょうを逃がしたけれど，不思議なことは起こっていません。

T　3，4の場面ではどうですか。

3の場面が，不思議な出来事（不思議なお話）の始まりです。この場面で女の子が現れたことです。

4の場面で，また（女の子は）いなくなりました。そして，「よかったね」という声が聞こえました。

T　3と4の場面は，つながっているようですね。

2 「女の子」「白いちょう」「小さな声」について，場面をつないで考えよう。

T　不思議な出来事をどう考えたらよいのでしょうか。これまでの話し合いでも「女の子はちょうだったのかもしれない」という考えが出ていました。この考えをもとに，3場面で「女の子が現れたこと」，4場面で「また，消えたこと」について，場面をつないで考え合ってみましょう。（グループで話し合い）

この話し合いを通して，「女の子」「白いちょう」「小さな声」が，児童の頭の中でつながり結びつくようにさせる。
教科書の「学習」の文言は4年生が読み取るのは難しい。読む際には，何をどうするのかを教師が説明（解説）する。

C　女の子が現れたのは3の場面で，前の2の場面で松井さんがちょうを逃した後だったから，きっと男の子につかまっていたちょうが女の子になったと思う。

C　そして，松井さんの車に乗って帰ろうとしたけれど，小さな野原のところで，またちょうに戻った。

C　「まよったの」「おじちゃん早く」「よかったよ」も，ちょうの言葉だと考えるとよく分かる。

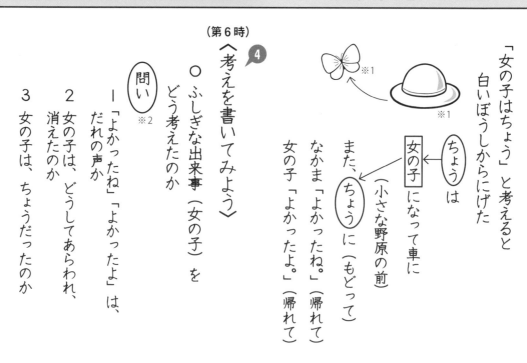

準備物	・前時までに作成してきたワークシート ・黒板掲示用イラスト QR

ICT	デジタル教科書の文章をモニターに投影し，児童の発言に応じて重要な箇所をマーキングするなどすると，同じ箇所に目を向けながら互いの読みを共有できる。

白いぼうし　あまん　きみこ

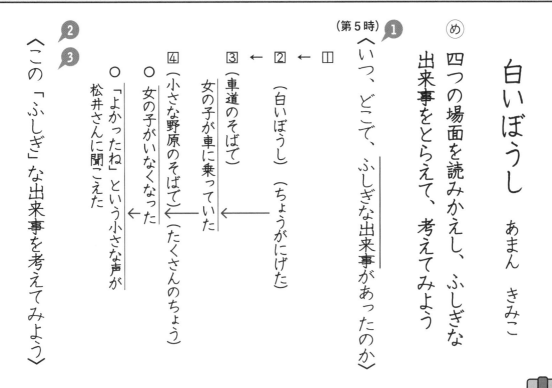

め　四つの場面を読みかえし、ふしぎな出来事をとらえて、考えてみよう

（第５時）❶

〈いつ、どこで、ふしぎな出来事があったのか〉

[1] ← [2] ← [3]

[2]（白いぼうし）（ちょうがにげた）

[3]（車道のそばで）女の子が車に乗っていた

[4]（小さな野原のそばで）（たくさんのちょう）

○女の子がいなくなった

○「よかったね」という小さな声が松井さんに聞こえた

❷ ❸

〈この「ふしぎ」な出来事を考えてみよう〉

そのとき，それぞれの場面に書かれている言葉や文章をもとにした言い方をほめ，広げる。

3 グループで話し合ったことを聞き合おう。松井さんの人柄について話し合おう。

T　グループで話し合ったことを聞き合いましょう。

「…と思います。それは…」など文をもとに発表させる。

C　女の子が消えたのも，ちょうに戻ったからだと思いました。消えたところはちょうが「二十も三十もいる野原の前」だったから，なかまがいたと思います。

C　女の子がちょうだと考えると「せかせかと」とあわてているのも男の子の声が聞こえてきたから…。

T　「不思議な出来事」の始まりは[3]場面でした。でも，それは[2]場面でちょうを逃がしたことや[4]場面の「小さな声」ともつないで考えることができました。

T　では，最後の場面での「よかったね」や「よかったよ」の声は，松井さんだけに聞こえたのでしょうか。

C　そうだと思います。松井さんはそういう人だから。

T　これまでも「松井さんは優しい」という意見が出ていました。どんなところが優しいのですか。

C　女の子のちょうを送り届けたところも優しいです。

『白いぼうし』の主題には松井さんの人柄が関わっている。

（第６時）

4 不思議だと思ったことについて自分の考えを書こう。

T　考えてきた不思議な出来事について，自分が，今，考えていることを書きましょう。次のような３つの「問い」に答えるように書いてもいいですよ。

クラスの実情に応じて，３つの問いから選ばせてもよい。

問い１　松井さんに聞こえた「よかったね」「よかったよ」という声は，誰の声だろうか。何がよかったのだろうか。

問い２　女の子は，どうして現れ，また消えて（いなくなって）しまったのだろうか。

問い３　女の子は，ちょうだったのだろうか。

T　文章から，理由（根拠）を見つけて書きましょう。

小さな声は，ちょうの声だと…それは「シャボン玉のはじけるような…」がちょうの声らしいなと…。
「よかったよ」という声が松井さんに聞こえたのは，松井さんが…だから…それは，…。
不思議な出来事の始まりは「白いぼうし」だから…。

T　次の時間に聞き合います。（プリントにしてもよい）

白いぼうし
第 7 時（7/7）

本時の目標 不思議な出来事について考えてまとめたこと（第6時）を発表し，聞き合い，松井さんの優しさを読み取る。学んだことを振り返ることができる。

板書例

○やなぎの緑、白…色がいっぱい
においも

3
〈松井さんのしたことは何だろうか〉
○ちょうをにがしてやり
←女の子を（車に乗せて）
○野原に帰して（送って）あげた
女の子を助けた
○男の子には代わりの夏みかんを
⇐（松井さんのやさしさ）は、
ふしぎにつながる？

4
◇ふりかえろう
『白いぼうし』で　できたことは？
よかったことは？
◇この本、読もう…三さつ
『車のいろは空のいろ』シリーズ　ほか
↳松井さんが出てくる本

POINT 不思議に思えたことを，場面をつなげて考えるだけでなく，このお話で作者が言いたかったことは何なのか，作品の主題に

1 「不思議な出来事」について考えたことを発表し，聞き合おう。

T 「不思議な出来事」をどう考えたのか，また「問い」について考えたこと，書いたことを発表して聞き合いましょう。そのあと，話し合いましょう。

教科書 P33「まとめよう」「ひろげよう」を読んでもよい。

読み合い方，聞き合い方は，「グループで読み合い，代表者の発表をクラスで聞き合う」「教師がいくつか選んで印刷しておき，それをみんなで読む」「一人ずつ発表し，全員の文章を聞き合う」など，クラスの実態に合わせるとよい。

【発表例】 グループから 1 人か 2 人出て読むやり方の場合

「よかったね。」「よかったよ。」という小さな声は，女の子がまたちょうになって野原に帰ってきたときの言葉だと思いました。それは（理由），女の子がちょうだったと考えると，なかまのちょうが「（帰れて）よかったね」と言い，女の子のちょうは「（帰れて）よかったよ」と言っていると思えるからです。

C ぼくも，ちょうが野原に帰りたくて，女の子（の姿）になって，松井さんの車に乗ったと考えました。

2 お話全体を通して思ったことについても話し合い，お話のよさや主題を考え合おう。

不思議な出来事やそれに関わる「問い」についての発表の後，それぞれの考えについて，簡単に意見の交流をさせる。なお，P33「ふかめよう」の「それぞれの人物にとって，白いぼうしとは…」という問いは，4 年生には難しい。

T 全体を通して思ったことはなかったでしょうか。
C 「小さな声」が松井さん（だけ）に聞こえたのは不思議だけれど，それは松井さんが優しい人だから…。
C 不思議な出来事は，とても短い間に起こった出来事だと思いました。それは，最後に「まだかすかに，夏みかんのにおいが…」とあったからです。
C 柳の緑や白いぼうし，夏みかんなど，夏の色がいっぱいあって，小さな野原もとてもきれいでした。
T この不思議な話と松井さんとは何かつながりがあるのでしょうか。松井さんは優しそうな人でしたね。
C 松井さんが夏みかんをぼうしに入れたのを見て，ちょうは優しい松井さんの車に乗ったのだと思います。

「不思議」だけに終わらず，物語の主題にも迫れるとよい。

準備物	・前時に「不思議」について自分の考えを書いたもの ・「この本，読もう」の本

ICT	文書作成機能等で振り返りを文章表現したものを，共有機能を使って全体共有すると，児童がどのような読み方をしたのか見取ることができる。

白いぼうし　あまん　きみこ

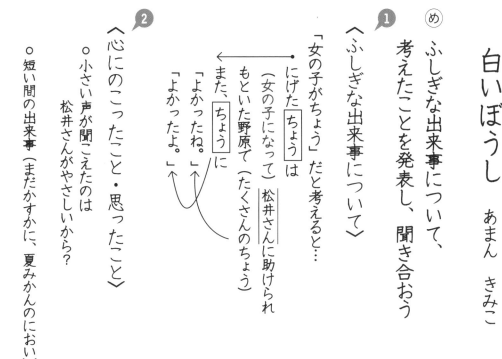

(め) ふしぎな出来事について、考えたことを発表し、聞き合おう

1 〈ふしぎな出来事について〉

「女の子がちょう」だと考えると…

・にげた[ちょう]は（女の子になって）松井さんに助けられ

もといた野原で（たくさんのちょう）

また、[ちょう]に

「よかったね。」

「よかったよ。」

2 〈心にのこったこと・思ったこと〉

○小さい声が聞こえたのは

松井さんがやさしいから？

○短い間の出来事（まだかすかに、夏みかんのにおい）

ついても考え合うことが，学習のまとめになるだろう。

3 お話を読み直し，主題を考え話し合おう。

T　色やにおい，また松井さんの優しさも，たくさん見つかりそうです。もう一度、松井さんのしたことや様子も考えて読み直してみましょう。（一人読みか斉読）

【主題に迫るために】

T　お話で，松井さんがしたいちばん大切な（大きな）ことは何だと思いますか。（書かせてもよい）

> 女の子がちょうだと考えると，松井さんは捕まったちょうを逃がしてやり，いつの間にか，もとの野原まで車で帰してあげています。

> 松井さんは，気づかずにそういうことをしたのかな。だから「小さい声」も聞こえたのかも。そして，ちょうを捕った男の子には大切な夏みかんをあげているのも優しいと思います。

T　このお話の不思議も，松井さんの優しい人柄（性格）から生まれたのかもしれませんね。

主題も松井さんの人柄と行動の自然な優しさといえる。（主題［テーマ］とは，作者が作品で言いたかったこと。文学では，これを読み取ることが大切）

4 学んだこと，できたことを振り返ろう。

T　この『白いぼうし』の勉強をして，「こんなことがよかった」「こんなことができた」ということを発表しましょう。

C　『白いぼうし』のお話がよかった。文章から出来事をつないで考えると，不思議のわけが分かるようになり，おもしろかったです。

C　「早く行って…」や「せかせかと…」など，女の子の言葉や様子から気持ちを考えることができました。

T　34ページの「たいせつ」「いかそう」も読んで，気持ちや行動を表す言葉も振り返っておきましょう。

P33「ふりかえろう」の問いかけは4年生には難しい。簡潔に。

T　松井さんが出てくる不思議なお話は『白いぼうし』の他にもあります。（本を見せて）

T　「この本，読もう」を見てみましょう。

> 『車のいろは空のいろ』，読んでみたいな。タクシーのお話かな？

3冊の本の実物を見せ，後日1作品読み聞かせをしてもよい。

本は友達

図書館の達人になろう

全授業時間１時間

◎ 指導目標 ◎

・幅広く読書に親しみ，読書が，必要な知識や情報を得ることに役立つことに気づくことができる。

◎ 指導にあたって ◎

① 教材について

学校の図書館は，児童がよく利用する場所です。読みたい本を借りに行ったり，「おもしろそうな本はないかな」などと探しに行ったりした経験は，どの児童にもあるはずです。一方，そんな親しんでいるはずの図書館でも，効果的な活用のしかたとなると，知らないことも多くあります。

ここでは，図書館では，本は分類され，同じ種類のものがかためて並べてあること，調べ学習には百科事典が活用できることを，まず，確かめます。そして，実際に学校図書館の資料を活用して必要な情報を調べ，そのことを記録するまとめ方まで学習します。実際に本の探し方を考えながら学校の図書館で本を探すという活動を通して，今後，図書館をより上手に活用できるようになるでしょう。それは，「総合的な学習」や「地域の学習」などで，何かを調べるときにもいかせる学びであり，また，いかすことによって実際的な学びとなります。

② 個別最適な学び・協働的な学びのために

知りたいことに合った本を探す方法を確認し，実際に必要な情報を調べてみよう，そして，他教科等の学習にも活用しよう，という実際的で実用的な学習です。何かについて討論したり，意見を述べあったりする学習ではありません。いわば，今後の自主的，主体的な調べ学習などの際に必要な助けとなる学習だといえます。また，司書の先生に直接話を聞くこともいい学習になります。そして，好奇心をもってお話を聞くとき，それは主体的な学びになっています。

◎ 評価規準 ◎

知識 及び 技能	幅広く読書に親しみ，読書が，必要な知識や情報を得ることに役立つことに気づいている。
主体的に学習に取り組む態度	進んで読書が必要な知識や情報を得ることに役立つことに気づき，これまでの学習をいかして，本の探し方を考えながら学校図書館で本を探そうとしている。

◎ 学習指導計画　全 1 時間 ◎

次	時	学習活動	指導上の留意点
1	1	・学校の図書館へ行った経験を話し合う。 ・知りたいことに合った本を探す方法を確認し，実際に学校の図書館を利用して必要な情報を調べる。 ・調べたことを記録し，カードなどにまとめて，友達と読み合う。	・学校の図書館での経験を話し合い，本時のめあてを伝える。 ・学校の図書館での経験ともつないで，本を探す方法について話し合わせる。 ・百科事典が活用できることにも気づかせる。 ・実際に調べ学習をするという活動を通して，本の分類や配置についての理解を深めさせる。 ・記録カードの作成や友達との交流を通して，読書の必要性に気づかせる。 ・他教科等の調べ学習にもいかせるようにする。

図書館の達人になろう

第1時（1/1）

本時の目標　図書館で本を探す方法を知り，必要な情報が載った本を探すことができる。また，図書館の資料を活用して調べたことを記録することができる。

板書例

3

・百科事典や図鑑（かん）

16　やゆよらりるれろわをん

背（せ）からさがす

17　索引

「さくいん」の巻からさがす

☆図書館で調べよう

4

☆記録をつけよう

※教科書 P37 右の記録カードを掲示する。

※教科書 P37 左の記録カードを掲示する。

POINT　実際に学校の図書館で調べたり確かめたりしながら学習することで，本の分類や配置についての理解を深めさせ，本を

1　図書館を利用した経験を交流しよう。

T　みなさんは，どんなときに図書館を利用しますか。
C　本を読みたいときや調べ学習をするときです。
C　昼休みや雨の日にも図書館に行きます。
T　図書館で何か困ったことはありますか。
C　読みたい本の場所が分かりませんでした。
C　どこに戻したらいいのか分からなくなりました。
T　どんな図書館だったら使いやすいでしょうか。

調べたいことが，すぐに調べられるといいです。

探している本がすぐに見つかるといいです。

T　図書館で，読みたい本や知りたいことに合った本を見つけるには，いろいろな探し方があります。その方法を知って，図書館の達人を目指しましょう。
T　今日は，気になることや知りたいことを図書館で調べて，友達に紹介しましょう。
　調べる内容は，テーマを限定してもよい。

2　知りたいことに合った本を探す方法を確認しよう。

T　知りたいことに合った本を探すには，どんな方法があるでしょうか。
C　図書館の先生に聞いて教えてもらいます。
C　棚の番号を見ます。本のラベルも見ます。
T　図書館では，全部の本にラベルがついていますね。
　分類ラベルのついた本を準備しておき見せる。
T　ラベルの番号は何の番号でしょうか。教科書 36 ページを見ましょう。

本の分類を表しています。分類ごとに棚に整理されています。

作者の名前の一音目が分かれば，すぐに見つけられるようになっています。

ラベルの番号と文字を見れば，どの棚にどんな順序で置かれているかが分かります。

T　この番号を手掛かりに本が探せますね。

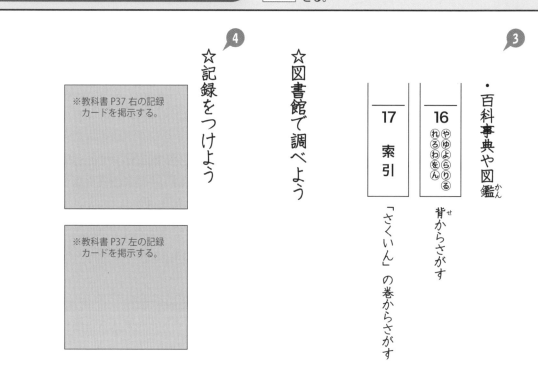

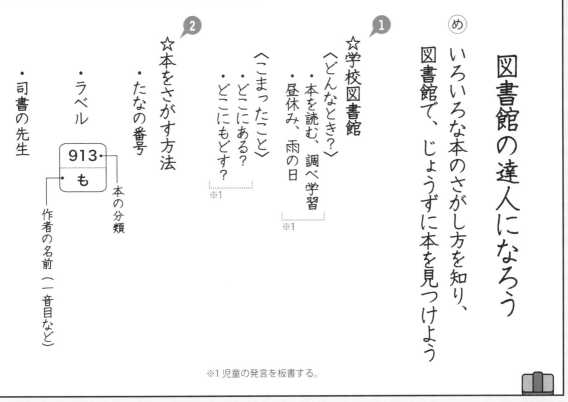

準備物
- ・分類ラベルのついた本
- ・教科書P37の記録カード（黒板掲示用）
- ・記録をつける用紙など

ICT　児童が表計算機能を使って記録カードを作って活用していくようにすると，意欲的に読書をする姿につながる。児童が作った読書カードを印刷してもよい。

図書館の達人になろう

め　いろいろな本のさがし方を知り、図書館で、じょうずに本を見つけよう

1
☆学校図書館
〈どんなとき？〉
・本を読む、調べ学習
・昼休み、雨の日
※1
〈こまったこと〉
・どこにある？
・どこにもどす？
※1

2
☆本をさがす方法
・たなの番号
・ラベル
913
も
本の分類
作者の名前（一音目など）
・司書の先生

※1 児童の発言を板書する。

より効率的に探せる方法があることを知らせたい。

3 百科事典も活用して，知りたいことに合った本を探してみよう。

T　どんな本を探せばいいか分からないときは，どうすればよいでしょうか。

C　まず，図鑑や百科事典で調べます。

T　百科事典では，いろいろなことを調べることができますね。

教科書 P36 を読み，百科事典の使い方を説明する。

T　では，図書館で調べたいことを決めましょう。

C　動物園の飼育員さんの仕事のことを調べようかな。

C　珍しい料理が食べられる国について調べたい。

何を調べるか決められない児童には，教師がテーマを決めて，その中から細かな内容を決められるように助言する。

T　どのように本を探せばよいか，よく考えて，図書館で本を見つけましょう。分からないときは司書の先生に聞いてもいいですよ。

図書館利用前後に手を洗うことや静かにすることなど注意点を伝えて，図書館で調べる時間を取る。

4 記録カードを作って，グループで読み合おう。

T　調べられたら，記録をつけましょう。

T　調べものを記録したカードには，今日の日づけや読んだ本の出版社や発行年も書いておきましょう。作れたらグループのみんなで読み合いましょう。

C　○○さんの紹介してくれた本，おもしろそうだね。わたしも今度読んでみよう。

C　イタリアには世界遺産がたくさんあるんだね。行ってみたいなあ。

T　図書館利用の達人になれるように，これからもどんどん図書館を利用しましょう。

読みたい本をすぐに探せるようになりたいな。
好きな作家の本を全部読めるかな。

T　調べものをしたときだけではなく，本を読んだときも読書記録をつけましょう。

漢字辞典を使おう

全授業時間 2 時間

◎ 指導目標 ◎

・漢字辞典の使い方を理解し使うことができる。

◎ 指導にあたって ◎

① 教材について

「見たことのない漢字に出会った。何と読むのか，漢字の意味は？使い方は？」こんなとき，手元にあって頼りになるのが漢字辞典です。児童は，漢字辞典を初めて知ります。ですから，まず漢字辞典には何が書かれていて，見て何が分かるのかを確かめます。そして，実際に使わせながら，漢字辞典の役割や使い方を指導し，日々の学習でも使っていくことを呼びかけます。自主的，主体的で深い学びのためにも，日常的に辞書を使っていく習慣と，使いこなせる技能はこれからも必要な力です。そして，まずは「紙の辞典」を辞典の出発点，土台とします。

ただ，漢字辞典は，国語辞典ほどには使われていないようです。読めない漢字に出会ったとき，ふつうは，そばにいる人に読み方を聞いてしまうからです。しかし，改めて漢字辞典で調べてみると，その漢字の読み方以外の情報も目に入ってきます。読み方が他にもあることや，成り立ち（字源），意味，またその漢字を使った語句も知ることができます。多くの情報が得られるところが，辞典のよいところです。言葉（語彙）を増やすということでも，漢字辞典に触れるという学習習慣は大切です。

漢字辞典で，未知の漢字の読み方や意味を調べるやり方は，いくつかの方法があります。「音訓引き」「部首引き」「総画数引き」です。実際に辞典を使いながら，それぞれの引き方を指導します。また，部首の捉え方など留意する点も教えます。

② 個別最適な学び・協働的な学びのために

漢字辞典の内容と使い方が分かると，自分が知りたい漢字や語句も進んで調べることができます。国語科だけでなく，他の教科の「調べ学習」など，自主的で主体的な学習を進める上での，基本的なツールとなります。ただ，辞書を引くのは，児童にとっても「めんどう」なことでしょう。教室にも常備しておき，折に触れて「調べてみよう」などと呼びかけ，辞典に触れる機会を増やすような配慮も必要です。

◎ 評価規準 ◎

知識 及び 技能	漢字辞典の使い方を理解し使っている。
主体的に学習に取り組む態度	進んで漢字辞典の使い方を理解し，学習課題に沿って，漢字辞典を使って調べようとしている。

◎ 学習指導計画　全 2 時間 ◎

次	時	学習活動	指導上の留意点
1	1	・本時のめあてを聞く。 ・漢字辞典に載っている漢字を見ると，何が分かるのかを調べ，話し合う。 ・漢字辞典では，漢字がどのように分類され，どのような順に並べられているのかを，教科書を読んで調べる。	・知らない漢字に出会ったとき，漢字辞典を使うとよいことに気づかせる。 ・「飛」を例に，実際に漢字辞典を使いながら，読み方や成り立ち，漢字の意味や使い方が分かることを見つけさせる。 ・「部首別に」「画数の少ないものから順に」が基本となっていることに気づかせる。 ・難しいところもあるので教師の説明で補う。
	2	・本時のめあてを聞く。 ・教科書の説明を基に，見つけたい漢字を，漢字辞典を使いながら見つける。 ・習熟のために，漢字辞典から漢字を見つける練習をする。	・めあては，漢字辞典の使い方を知ること。 ・「音訓引き」「部首引き」「総画引き」の 3 つの見つけ方があることを，辞典を引かせながら説明する。 ・教科書の問題とともに，グループ等で問題を出し合うのもよい。

◇ふつう，「漢字辞典」とよばれているものには，「漢和辞典」「漢字字典」という名前のものもあります。

漢字辞典を使おう
第1時（1/2）

本時の目標 漢字辞典を引くと漢字の読み方や意味などが分かることや，漢字は部首で分類され，画数順に並べてあることに気づく。

板書例

③ ④
〈漢字の分け方・ならべ方〉

◎部首べつに分けている
画数の少ない部首から順に

（一画）一
（二画）亻 二 刂
（三画）氵 宀 辶 ㊀艹
（四画）木 心 灬

→

◎艹のつく漢字
画数の少ない漢字から順に

花（7画）
草（9画）
菜（11画）

→

〈画数の数え方〉
区（4） 池（6）
子（3） 近（7）〔辶（3）〕

注
間→門
聞→耳
問→口

POINT 部首の見分け方や画数の数え方は，基本的なものを中心に取り上げる。漢字辞典に興味，関心をもたせることを大切に

1 知らない漢字に出会ったときには漢字辞典を使おう。

T　この漢字を知っているでしょうか。（黒板に「飛」と書く）読み方は？また，書き方は？

C　ややこしい漢字だなあ。何と読むのだったかなあ。

T　こんな，形が難しい漢字や読み方が分からない漢字があったとき，みなさんはどうしますか。

C　先生やお家の人など，知っている人に聞きます。

T　人に聞くのも，1つの方法です。でも，人に聞かないで，自分で調べる方法があるのです。これ（漢字辞典）を使うと，分かるのです。

「漢字辞典」と書いてある。
お家にもありました。
どうやって使うのだろう？

T　この漢字辞典にはどんなことが書いてあるのでしょうね。また，どう使うのか，使い方も調べましょう。
学習のめあてを伝える。

2 漢字辞典を見ると，何が分かるのかを調べよう。

T　これが，漢字辞典です。配ります。（全員に配布）
個人のものより，学校図書館にある同じ辞典がよい。

T　○ページを開けましょう。（画面にも表示）

C　「飛」という漢字が出ています。他の漢字もある。

C　これは「ヒ」や「とぶ」と読む漢字だと分かるね。

T　「読み方」の他にも，どんなことが載っていますか。見て，分かることは何でしょうか。

「飛」の成り立ちです。鳥の形からできたみたいです。
「飛」の意味も書いてあります。3つかな。
「飛」を使った言葉（語句）も分かります。「飛行」とか…。

C　書き順とか，画数（9画）も分かります。

T　漢字辞典でその漢字を調べると，読み方だけでなくいろんなことが分かるのですね。教科書38ページにも説明されています。読んでみましょう。
説明も加えながら，丁寧に音読する。

準備物	・学校図書館の漢字辞典（児童数） ・画像として，辞典の「飛」の字の掲載部分を示せるもの（電子黒板やパネル画面に映し出せるとよい）

ICT	取り扱う漢字をモニターに投影すると，児童は対象とする漢字を捉えた上で学習を進めていくことができる。

漢字辞典を使おう

(め) 漢字辞典を引いて分かることと
漢字の分け方やならべ方を調べよう

1 2 〈漢字辞典を引いて分かること〉

飛

① 読み方　（音）ヒ　（訓）とぶ、とばす
② 筆順・画数（9）
③ 成り立ち（でき方）…　鳥の形から
④ 意味（いくつか）
⑤ 語句（飛球、飛行など）

※黒板以外にも，漢字辞典の「飛」の箇所を画像として電子黒板等に映して示すとよい。

する。

3 部首ごとに漢字が分けられ，分類されていることを知ろう。

T　では，漢字辞典では漢字はどのような「きまり」で分けられ，どんな順に出ているのでしょうか。
C　国語辞典は，五十音（あいうえお）順だったけど…。
T　教科書 39 ページに，そのことが説明してあります。まず，上の段（部首について）を読みましょう。
C　同じ部首の漢字を，まとめて載せてあるのだね。
T　漢字辞典は，部首別に漢字を分けて並べてあるのです。部首とは，へんやつくり，かんむりなどの部分のことです。漢字辞典の表紙の裏に，いろんな部首が出ています。見てみましょう。

あ，「さんずい」があったよ。
「草かんむり」もあった。

T　「草かんむり」のページを見ると，「花」や「菜」など「草かんむり」のついた漢字が出ているのです。

「部首とは何か」も教科書を使って説明する。

4 同じ部首の漢字は，どのような順に並べてあるのだろう。

T　部首で漢字を調べるには，「草かんむり」のように漢字のどこが部首なのかが分かることが大切です。

部首の見分けは難しいものもある。「聞」「問」の部首は「門構え」でなく「耳」「口」と見る例も説明する。

T　では，どんな部首から順に並べてあるのでしょう。
C　画数の少ない部首の順です。初めは 1 画の「一」とか，次は 2 画の「にんべん」とか…。「草かんむり」は 3 画なので，3 画の部首に出てきます。
T　そして，「草かんむり」のつくたくさんの漢字は，画数の少ない漢字から順に，並べてあるのです。
T　「花」と「菜」なら，どちらが先に出てきますか。
C　「花」です。画数（7）が少ないからです。
T　画数の数え方を教科書（P39 下段）で調べましょう。

「区」（4）「子」（3）「近」（7）などを例に，説明する。

T　では，「村」という漢字を部首から見つけましょう。

「木へん」を手がかりに調べさせる。

漢字辞典を使おう
第2時（2/2）

本時の目標 漢字辞典で漢字を調べるには，音訓引きなど，3つの引き方があることが分かり，目的の漢字を見つけることができる。

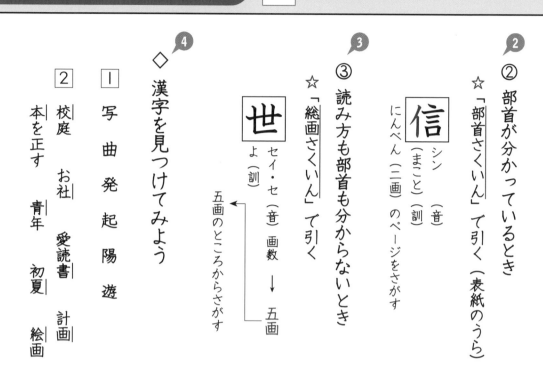

板書例

② 部首が分かっているとき
☆「部首さくいん」で引く（表紙のうら）
信　シン（音）
（まこと）（訓）
にんべん（二画）のページをさがす

③ 読み方も部首も分からないとき
☆「総画さくいん」で引く
世　セイ・セ（音）　画数 → 五画
よ（訓）
五画のところからさがす

◇ 漢字を見つけてみよう
1　写　曲　発　起　陽　遊
2　校庭　お社　愛読書　計画
本を正す　青年　初夏　絵画

POINT 目的の漢字に行き着くためには，3つのやり方があることを，実際に漢字辞典を使わせながら気づかせるようにする。

1 音訓索引を使って，漢字を見つけよう。

T　漢字辞典で漢字を調べると，どんなことが分かるのか，また，漢字は部首ごとに分けられて，画数の少ない順に載せてあることが分かりました。
T　今日は，漢字辞典で，調べたい漢字を見つける（引く）方法を勉強します。(教科書 P40 上段)
T　「湖」という漢字は，訓では「みずうみ」と読みます。音では何と読むのでしょう。
C　うーん，分からない。
T　1つの読み方が分かっているときは「音訓索引」を見て，「湖」という漢字を調べることができます。漢字辞典の，音訓索引のページを開けましょう。五十音順に並んでいるので「みずうみ（湖）」の「み」のページを見るのです。

ありました。○○ページです。
「コ」が音読みです。

「飛」「知」など，他の漢字も音訓引きで調べさせる。

2 部首索引を使って，漢字を見つけよう。

T　他にも調べたい漢字のページを見つける方法があります。「部首」を手がかりにするやり方です。(教科書 P40 下段)
「信」と板書する。
T　この漢字の読み方を調べるために，今度は，部首索引で漢字を見つけてみましょう。「信」の部首は何でしょうか。また何画ですか。

「にんべん」です。
2画です。

T　表紙の裏側に「部首索引」のページがあります。そこで「にんべん」をまず探します。2画の部首なので，2画のところを見ると，「にんべん」がありますよ。
C　(探す) ありました。○○ページです。
T　そこから「にんべん」のつく漢字が並んでいます。
C　ありました。「シン」と読む漢字です。

準備物	・学校図書館の漢字辞典（児童数） ・ワークシート QR
ICT	スライド機能で調べる漢字や部首，読み方等をまとめるスライドの枠を作って配信すると，児童はスライドを複製して何文字でも調べた漢字をまとめられる。

漢字辞典を使おう

(め) 漢字辞典で漢字を見つける方法を知り、知りたい漢字を見つけてみよう

1 ◇ 知りたい漢字を見つけよう

① 音か訓かの読み方が分かっているとき

☆「音訓さくいん」で引く

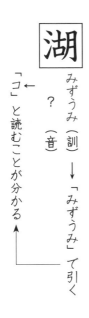

湖 みずうみ（訓）→「みずうみ」で引く

？（音）←「コ」と読むことが分かる

3 総画索引を使って，漢字を見つけよう。

T　今度は，読み方も部首も分からない漢字を調べたいときは，どうすればよいのでしょう。そんなときは，画数を調べて探す方法があります。（教科書 P41 上段）

「世」と板書する。

T　画数（総画数）は，いくつですか。

C　（全員で数えて）5 画です。

T　では，総画索引というページ（○ページ）を開けましょう。「世」は5画ですから，5画のところから「世」を探すのです。

「総画引き」は，画数の数え方と，多くの5画の漢字の中から見つけるところに難しさ（手間も）がある。

T　どの引き方が，やりやすかったでしょうか。

4 見つけたい漢字を，漢字辞典で見つけよう。

T　漢字を見つける3つの方法が分かりました。漢字を「正しく」「早く」見つける練習をしましょう。

教科書 P41 下段の練習問題1，2を取り上げる。

T　まず，画数から見つけるやり方（総画引き）を練習しましょう。まず，問題1の「写」を，画数から見つけてみましょう。

画数は，えーと，5画だから…。
総画索引の「5画」のところを探せばいいね。
「シャ」「うつる」「うつす」と読む漢字です。

「写」は，みんなで調べ確かめ合う。「曲」「発」など他の漢字は，個々に調べさせる。早くできた児童は，教師と共に他児童の援助に当たらせるとよい。

T　問題2もやりましょう。今度は，読み方だけでなく，意味や使い方（熟語）も調べて書きます。

この後，補充問題やグループでの問題の出し合いなど，練習の機会を多くもてるとよい。

ワークシート　漢字辞典を使おう

漢字辞典で見つけよう

名前（　　　　　　　　）

(1)「音訓さくいん」で引きましょう。

湖 （　　）画	読み方　音（　　　　）訓（　　　　）
	意味や熟語

(2)「部首さくいん」で引きましょう。

信 （　　）画	読み方　音（　　　　）訓（　　　　）
	意味や熟語

(3)「総画さくいん」で引きましょう。

世 （　　）画	読み方　音（　　　　）訓（　　　　）
	意味や熟語

ワークシート　漢字辞典を使おう

練習問題1

●次の漢字の画数を数え、漢字辞典を引いてたしかめましょう。読み方も調べましょう。

名前（　　　）

①写（　）画　読み方　音（　）　訓（　）

②曲（　）画　読み方　音（　）　訓（　）

③発（　）画　読み方　音（　）　訓（　）

④起（　）画　読み方　音（　）　訓（　）

⑤陽（　）画　読み方　音（　）　訓（　）

⑥遊（　）画　読み方　音（　）　訓（　）

喜楽研

ワークシート　漢字辞典を使おう

練習問題2

●漢字辞典を使って、——線の漢字の読み方、意味、使い方を調べましょう。

名前（　　　）

①校庭　校（　）画　読み方　音（　）訓（　）　意味や使い方

②お社　社（　）画　読み方　音（　）訓（　）　意味や使い方

③愛読書　書（　）画　読み方　音（　）訓（　）　意味や使い方

④計画　画（　）画　読み方　音（　）訓（　）　意味や使い方

⑤本を正す　本（　）画　読み方　音（　）訓（　）　意味や使い方

⑥青年　青（　）画　読み方　音（　）訓（　）　意味や使い方

⑦初夏　夏（　）画　読み方　音（　）訓（　）　意味や使い方

⑧絵画　絵（　）画　読み方　音（　）訓（　）　意味や使い方

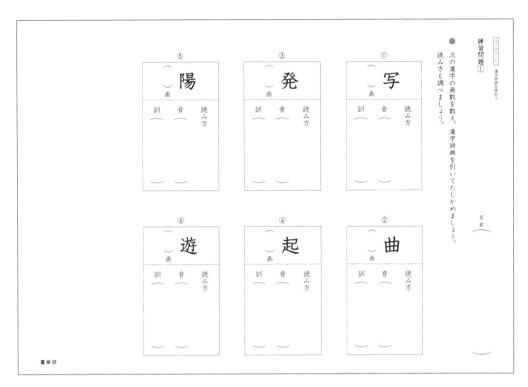

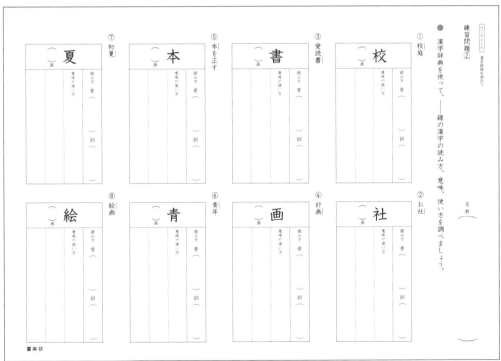

喜楽研

きせつの言葉　1

春の楽しみ

全授業時間２時間

◎ 指導目標 ◎

・様子や行動を表す語句の量を増し，文章の中で使い，語彙を豊かにすることができる。
・相手や目的を意識して，経験したことや想像したことなどから書くことを選び，集めた材料を比較したり分類したりして，伝えたいことを明確にすることができる。

◎ 指導にあたって ◎

①　教材について

４年の「きせつの言葉」は,「行事」が一つのテーマになっています。昔から,春の季節には,子どもにとって楽しみな行事がありました。教科書では,３月,４月,５月,それぞれの月に応じて,「ひな祭り（桃の節句）」「お花見」「こどもの日（端午の節句）」と,「八十八夜」が紹介されています。これらの行事は，今も児童にとっては心弾む楽しみの一つでしょう。

まず，教科書も参考にしてそのような春の行事に関わる言葉を知り，語彙を広げます。ただ，行事は，時代や地域によって，時期ややり方は異なります。「ちまき」や「はまぐりのおすいもの」といっても，その物も意味も知らない児童もいます。その場合，大人や教師が，その言葉をお話として教え，伝えることにも意味があります。なお，行事に関わる俳句も紹介されていますが，児童には分かりにくいところがあります。具体的にどんな情景なのか，説明（解説）も必要です。

そして，地域の行事にも目を向けさせ，春の行事の様子を伝える手紙を書き，読み合ったり，聞き合ったりします。地域には子どものための，また子どもが参加する行事もあります。自分の地域を，行事を通して見て，文章で捉えるところに意味があります。

②　個別最適な学び・協働的な学びのために

「春の言葉」を増やす学習です。そのきっかけや材料とするのは,教科書の写真や挿絵,それに俳句です。これらを基に春の言葉を見つけ，話し合います。そこでは，児童それぞれの体験とつないで書き，話をさせる（対話する）ことが大切です。「鯉のぼり」なら，それを見た情景や掲げたことなど，実体験を基に交流することによって，言葉は生きたものとなります。また，教科書にはなくても，お祭りに参加したことやそのときどきの風物など,地域と結びついた行事や季節の言葉を知っていくのも意味のあることです。

◎ 評価規準 ◎

知識 及び 技能	様子や行動を表す語句の量を増し，文章の中で使い，語彙を豊かにしている。
思考力，判断力，表現力等	「書くこと」において，相手や目的を意識して，経験したことや想像したことなどから書くことを選び，集めた材料を比較したり分類したりして，伝えたいことを明確にしている。
主体的に学習に取り組む態度	積極的に春の行事やその様子などを表す語句の量を増し，学習の見通しをもって，春の行事の様子を伝える手紙を書こうとしている。

◎ 学習指導計画　　全 2 時間 ◎

次	時	学習活動	指導上の留意点
1	1	・教科書の絵や言葉も参考にして，春の行事やその様子を表す言葉を知り，見つける。 ・自分のくらしや体験からも，春の行事に関わる言葉を集めて書き出して話し合う。	・「ひな祭り」「こどもの日」「お花見」など，児童が関わる「楽しみ」な行事の言葉を見つけさせる。 ・難しい言葉，俳句の情景は説明する。 ・くらしの中の行事に目を向けさせる。
	2	・くらしている地方，地域にある春の行事にはどんなものがあるのか話し合う。 ・地域の春の行事の様子を伝える手紙を書き，読み合ったり聞き合ったりする。	・地域に独特のものでなくてもよい。 ・文は 3 ～ 4 文程度。書きたい相手や伝えたい思いをはっきりさせて，できるだけ体験したこと，実際に見たことを手紙に書かせる。

春の楽しみ
第1時（1/2）

本時の目標　春の行事やその様子を表す言葉を見つけ，体験の中から集めることができる。

板書例

三月
○ひな祭り（もものせっく）
ひな人形　ももの花　ひしもち
ちらしずし　はまぐり
ひなだん（ぼんぼり　白酒）

四月
○お花見
さくら（ヤマザクラ　ソメイヨシノ）
花ざかり　花いかだ　だんご
花ふぶき（○○公園）

五月
○八十八夜（立春から）
五月のはじめ
茶つみ（たねまき）　新茶　茶畑
○こどもの日（たんごのせっく）　こいのぼり　かしわもち
ちまき　しょうぶ（湯）

◎「こんなことをした」お話
・しょうぶのはちまきをした
・かしわもちを食べた
・あおい祭を見に行った
・○○公園でお花見をした

※児童の発言を板書する。

POINT　春の行事，季節に関わる言葉は集めやすい。できるだけ多くの児童に発表の機会を与える。体験とつないで発表させる

1 「春と言えば…」を話し合おう。めあてを知ろう。

教科書はまだ閉じたままで尋ねる。

T　今の季節は，何でしょうか。
C　「春」です。4月（5月）は春です。3月も春です。
T　3月，4月，5月は，季節でいうと春ですね。
T　では，「春」と言えば，どんなもの，どんなことが頭に思い浮かびますか。

はい，桜と入学式です。妹が1年生になりました。
おひな様，鯉のぼり。
あおい祭です。

地域の祭りや行事なども取り上げる。

T　今日はこのような，春だな…と思う言葉を集めます。ひな祭りのような毎年することを「行事」と言います。そんな言葉を集めてみましょう。

2 教科書の挿絵を見て，ひな祭りの言葉について話し合おう。

T　教科書にも春の行事が出ています。どんな行事があるのか，見てみましょう。（まず行事を確かめる）
C　3月はひな祭り。わたしもおひな様を飾りました。
C　4月は，お花見です。
C　5月は「こどもの日」。おじいちゃんが「端午の節句」と言って，しょうぶを持ってきてくれました。

端午の節句で使う「しょうぶ」は，紫色の花を咲かせる「ハナショウブ（花菖蒲）」とは違うことに注意する。

T　教科書に出ている言葉を読んでみましょう。はじめは，「ひな祭り」に関係する言葉です。「桃の花」は知っているかな。
C　はい。家でも飾りました。
C　ぼくは，桃（の実）は知っているけど，花は見たことがないです。

その他，教科書に出ている「ちらし寿司」「はまぐりのお吸い物」「ひな人形」についても話し合ったりその意味を説明したりする。（児童それぞれの家庭の状況にも配慮する）

準備物	・桃の花，お茶の葉など児童の知らないようなものの実物，または，画像や写真 ・画像 QR ・国語辞典（必要な場合）
ICT	春の花や行事を写した写真や動画をモニターに投影すると，児童は春をイメージしながら学習を進められる。

きせつの言葉

春の楽しみ

め 春の行事とそれを表す言葉を集めよう

1

（三、四、五月）

◎ 春といえば「○○」

・さくら　・入学式

・おひな様　・こいのぼり　・あおい祭

※児童の発言を板書する。

2 3 4

春の行事の言葉を

考えて　見つけよう

書いて　お話しよう

ようにする。写真を活用すると，日本の伝統行事を知らない児童への視覚的な配慮となる。

3 ひな祭りに関わって，聞いたことやしたことを出し合おう。

T　ひな祭りに関係するいろいろな言葉がありました。ひな祭りを詠んだ俳句もあります。

「雛壇や襖はらひて（はらいて）はるかより」

範読，斉読し，その情景を語り聞かせる。

T　このほかに，「ひな祭り」でしたことや知っていること，言葉はありませんか。

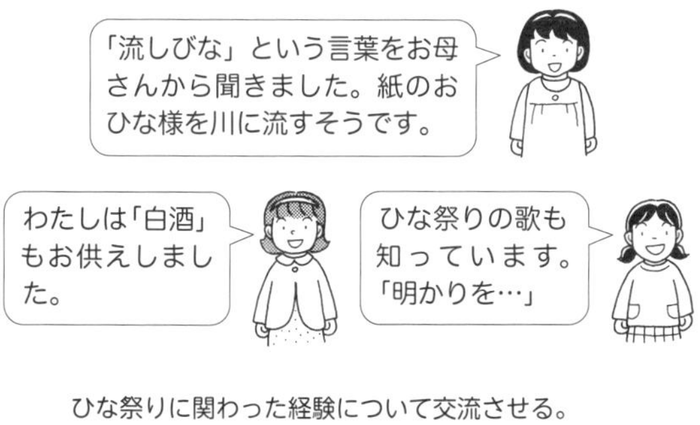

「流しびな」という言葉をお母さんから聞きました。紙のおひな様を川に流すそうです。
わたしは「白酒」もお供えしました。
ひな祭りの歌も知っています。「明かりを…」

ひな祭りに関わった経験について交流させる。

また，俳句の作者がひな祭りのどんな様子を見て俳句を作ったのか，自分の経験などから思い描く様子と比べながら想像させてもよい。

4 春の言葉を読み，春の行事の言葉を考えて書こう。

T　では，4月の「お花見」や5月の「八十八夜」，「こどもの日」に関係した言葉を読んでみましょう。

C　「花ざかり」「花いかだ」「新茶」…。

板書（教科書の言葉）を指し，1つずつみんなで読ませる。「花いかだ」「八十八夜」など分からない言葉は，辞書で調べさせるか，教師がその意味を話して聞かせる。

T　こんな春の行事に関わる言葉を集めてみましょう。自分がしたことや聞いたことから見つけてみましょう。見つけた言葉は，ノートに書き出しましょう。

5月5日のこどもの日に，家中みんなで「かしわ餅」を食べました。
ぼくは「しょうぶ」のはちまきをしたよ。いいにおいがした。

しばらく時間を取って，知っている言葉を書かせ，その後，それぞれの体験とともに発表し合わせる。

春の楽しみ
第2時（2/2）

本時の目標　地域の春の行事の様子を伝える手紙を書いて読み合い，感想を伝え合うことができる。

板書例

（例）

おばあちゃんへ
お元気ですか。わたしは・・・
先週、公園にお花見に・・・・
木の下で、・・・・・・・・・
・・・・・・・・・・・・・
・・・・・・・・・・・・・

※1

送る相手
はじめのあいさつ
いつ・どこ
行事の名前
どんな行事？
・したこと
・見たこと
・感じたこと
※三～四文くらいで

※1 教科書 P42 の手紙例を掲示する。

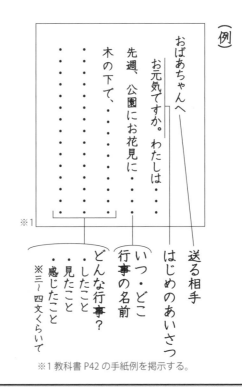

◇読み合おう
・あおい祭
・お水取り
・ちゃんちゃん祭り
・うじ茶の茶つみ

※児童が発表した題名を板書する。

POINT 自分の目で見た事実，体験したことを，伝えたい思いをはっきりさせて，それが伝わるように書かせる。題材は同じでも，

1 自分の知っている地域の行事について話し合おう。

T　春の行事には，「ひな祭り」のように，日本中どこでも行われている行事もありますが，地域だけで行われている行事もあります。何か知っていますか。

T　わたしたちの町（地方）でも，春になってすることや，行事はないでしょうか。

春のお彼岸には，お墓参りをします。
ぼくの家では，毎年よもぎ団子を作ります。
「葵祭」（京都）もそうだと思います。
お水取り（3月・奈良・東大寺）が済むと，奈良には春が来ると言われています。

他にも「花祭り」やお寺の「会式（えしき）」，地域の神社の祭りなど，知っている行事を発表し，話し合わせる。

2 教科書の文例を読み，手紙に何を書くのかを話し合おう。

T　「ひな祭り」や「こどもの日」の他にも，わたしたちの住んでいるところには，この地域だけの春の行事があるのですね。そんな行事の様子を伝える手紙を書いてみましょう。

T　教科書 42 ページに，そのような行事の様子を伝える手紙の例が載っています。（はじめに範読）

C　「おばあちゃんへ　お元気ですか。…」（音読）

T　何という行事のことを書いていますか。

C　「お花見」のことです。

T　手紙には，どんなことを書いていますか。

いつ，どこにお花見に行って，何をしたかが書いてあります。
桜の花びらが落ちる様子や感じたことも書いています。

準備物
・教科書P42の手紙例（黒板掲示用）
・原稿用紙など，手紙文を書かせる用紙（ノートに書かせてもよい）

ICT
手紙の下書き段階で文書作成機能を活用すると，文章を推敲するときに文の入れ替えなど文章表現の修正をしやすくなる。

きせつの言葉
春の楽しみ

㋱ わたしたちがくらしているちいきの行事の様子をつたえる手紙を書いてみよう

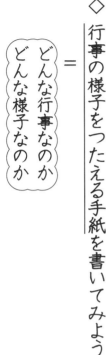

1 〈地いきの行事〉
・あおい祭
・花祭り
・〇〇会式（えしき）
・〇〇祭り

※児童の発言を板書する。

2 3 4 ◇ 行事の様子をつたえる手紙を書いてみよう
＝ どんな行事なのか
どんな様子なのか

捉えの違いを大切に話し合わせる。

3 手紙を送りたい相手と，書きたい行事を考え，決めよう。

T　この手紙を読むと，どんな行事なのか，その様子も分かりますね。

T　では，誰に，どんな行事の様子を伝えるのかを決めましょう。誰に手紙を送りたいですか。

T　手紙を送りたい相手が考えられたら、書きたい行事を挙げましょう。

奈良の「二月堂のお水取り」のことがいいな。たいまつがとても迫力があったから。
「ちゃんちゃん祭り」（奈良県）は，春一番のお祭りだから…。
宇治では「茶摘み」をするから，そのことを書こうかな。

その地方の行事を書くのであるから，いくつかに絞られてくることが多い。「題材」の候補を挙げさせ，そこから選ばせてもよい。または，児童のくらしから自由に書かせるのもよい。

4 春の行事の様子を伝える手紙を書き，読み合おう。

T　手紙を送る相手と行事が決まったら，どんな行事なのか，どんな様子なのか，読む人に分かるように，手紙を書きましょう。

3～4文を目安にして書かせる。「ここがよく分かる」「このことも書けば…」などと，個別に助言する。

子どもも，昔の服を着て，お祭りの行列に入って歩いたことを書こう。楽しかったから。
チャンチャンと鐘を鳴らして歩くから「ちゃんちゃん祭り」というのだと教えてもらったことも書いておこう。

T　送る相手に伝えたい思いが伝わるかどうか，読み返します。

T　書けたら，書いた文章を読み合いましょう。

グループで，また，全体発表で，など，「読み合い」「聞き合い」のやり方は，クラスの実態に合わせる。

QRコンテンツ（画像） 第1時 QR

QRコンテンツ（画像） 第1時 QR

大事なことを落とさずに聞こう

聞き取りメモのくふう

［コラム］話し方や聞き方からつたわること

全授業時間６時間

◎ 指導目標 ◎

・必要な語句などの書き留め方を理解し使うことができる。
・必要なことを記録したり質問したりしながら聞き，話し手が伝えたいことや自分が聞きたいことの中心を捉え，自分の考えをもつことができる。
・相手を見て話したり聞いたりすることができる。

◎ 指導にあたって ◎

① 教材について

児童は，メモを取ることを２年生から学習してきています。ところが，メモを取ることに対して苦手意識やうまくメモを取ることができないといった悩みをもつ児童は多くいます。メモの取り方は，こうすべきであるといった正解はありません。自分が大事だと思うことを聞き落とさないようにしたり，伝えるときに分かりやすくまとめたりできるメモの取り方を身につけることが望ましいです。この教材では，身近にいる教職員を対象としてインタビュー活動を行い，メモを取ります。そして，そのメモを使って，友達に聞いたことを伝えるという活動が展開されます。活動を通して，メモの取り方の工夫をじっくり考えることができます。

② 個別最適な学び・協働的な学びのために

メモの工夫としては，大きく「要点をまとめる」，「短い言葉で書く」，「まとまりごとに整理する」の３つがあります。児童も，これらの工夫は既習内容として知っていることでしょう。では，なぜできないのでしょうか。それは，経験の少なさが起因となっているからです。

そこで，メモを取る活動を多めに設定し，児童一人一人がメモを取る練習をできるようにします。メモを取って終わりではなく，必ず成果と課題を振り返るようにします。その際に，ペアやグループの友達がどのようにメモを取っているのかを見合う時間が有効です。また，教科書の例と自分のメモを比較して，どうすれば分かりやすいメモになるのかを考察することが大切です。このような活動を通して，児童は，自分にとって書きやすく分かりやすいメモの取り方を見つけていくことができるのです。

◎ 評価規準 ◎

知識 及び 技能	・相手を見て話したり聞いたりしている。 ・必要な語句などの書き留め方を理解し使っている。
思考力，判断力，表現力等	「話すこと・聞くこと」において，必要なことを記録したり質問したりしながら聞き，話し手が伝えたいことや自分が聞きたいことの中心を捉え，自分の考えをもっている。
主体的に学習に取り組む態度	粘り強く必要なことを記録したり質問したりしながら聞き，話の中心を捉え，学習の見通しをもって，聞いたことを伝えるためにメモを取ろうとしている。

◎ 学習指導計画　全 6 時間 ◎

次	時	学習活動	指導上の留意点
1	1	・学習の見通しをもつ。 ・教師の体験談を聞き，先生たちが小学生の頃夢中になっていたことを想像して，題材への関心を高める。 ・「問いをもとう」「目標」を基に，学習課題を設定し，学習計画を立てる。	・メモを取ることの難しさについて意見を出し合わせた後，メモを取るとどんないいことがあるのかを考えさせ，学習課題に迫る。
2	2	・メモを取る話題と目的を確かめる。 ・インタビューする先生を決める。	・学習活動の目的とどのような話題でインタビューするのかを共通確認させる。 ・グループごとに，どの先生にインタビューをするのか，話し合って決められるように支援する。
	3	・メモの取り方について考える。 ・QR コードを使って音声を聞き，メモを取る。 ・P46 のメモの例を見て，それぞれの工夫を見つけ，自分のメモと比べる。 ・互いのメモの取り方を比べる。 ・記号や線を用いたり，箇条書きにしたりするなど，メモの取り方の工夫を考える。	・音声データを使って，「中川先生の話」を聞かせる際，話題と目的に合ったものをメモするように伝える。 ・教科書の例や友達のメモと比較させ，真似できそうな技やよいところを見つけられるように支援する。
	4	・P48-49 を読み，話し方や聞き方の違いで相手の受け止めや伝わることに違いが生じることについて考える。	・教師が演じて見せたり，ロールプレイングを取り入れたりして，客観的に状況を捉えることができる場の設定を行う。
3	5・6	・学校の先生に話を聞き，メモを取る。 ・誰に何を聞くかを決め，話を聞き，聞き取りメモを基に話の内容をクラスの友達に伝える。 ・メモの取り方を中心に，学習の振り返りを行う。 ・「ふりかえろう」で単元の学びを振り返るとともに，「たいせつ」「いかそう」で身につけた力を押さえる。	・インタビューの時間は国語の時間だけで実施しにくい場合は，総合的な学習の時間や休み時間，放課後などに行う。事前にインタビューしたい教職員に協力依頼をしておく。 ・メモの取り方で初めて知ったことやメモの取り方の工夫を交流させることで，今後，メモの工夫をいかすことができるようにつなげる。

聞き取りメモのくふう

第1時（1/6）

本時の目標　メモを取った経験を想起し，この単元の学習計画を把握し，学習の見通しをもつことができる。

板書例

3

学習課題

先生にインタビューをして聞いてきたことを
友達にしょうかいしよう

学習計画

① メモを取ったけいけんを思い出し、学習計画を立てる
② メモを取る話題と目的について考える
③ メモの取り方について考える
④ 話し方や聞き方について考える
⑤ インタビューをする
⑥ 学習をふりかえる

4

この学習を通してつけたい力

・メモを今よりも分かりやすく書く
・メモを使って話す
・メモを取るときの聞き方

※

POINT　メモを取るときに困ること，メモを取るといいことを出し合わせることで，今までの自分を振り返らせ，メモを上手に

1　教師の話を聞いて，メモを取ろう。

T　メモには，どんな意味がありますか。
C　聞き落とさないように紙に書いておくことです。
C　国語辞典には，「大切なことを書き留めておくこと」とあります。
T　これまでに，わたしたちはメモを書く経験をしてきました。では，その経験をいかして，先生が今から話すことをメモを取りながら聞きましょう。

教師の小学生の頃に夢中になっていた話をする。

T　今，メモを取ってみて，困ったことはありましたか。
C　話に追いつけなくて，書けませんでした。
C　いくつか，大切な言葉を聞き落としました。
C　何を書いているか，読みにくいです。
T　今日は，メモを取るとどんないいことがあるのかを考えていきましょう。

2　メモを取るとどんないいことがあるのかについて話し合おう。

T　メモを取ることは大人も子どももしています。メモを取ると，どんないいことがあるのでしょうか。

ノートに箇条書きでメモを取ることのメリットを書き出させる。

T　隣の人と考えたことを交流しましょう。

メモをすると，忘れにくくなるよ。
確かに。わたしは，考えを整理するときにメモをするよ。

T　どんな考えが出たか，発表しましょう。
C　忘れないようにできます。
C　聞いたことや考えを整理することができます。
C　考えや伝えることをまとめることができます。

準備物	・教師が小学生の頃に夢中になった話（事前に考えておく）

ICT	インタビューの際にはメモ機能や文書作成機能を活用すると，聞き取ったことを手書きでもタイピングでも入力・記入ができ，児童が選択する余地ができる。

聞き取りメモのくふう

❶ メモ…大切なことを書きとめておくこと

メモを取るときにこまったこと

・話に追いつけなくて、書けない
・大切なことがぬけている
・後で見ても、何を書いているか分からない
※

Ⓜ メモを取ったけいけんを思い出し、メモを取るときのことを考えよう

❷ **メモを取ると、どんないいことがあるのか**

・わすれないようにできる
・聞いたことや考えを整理できる
・考えやつたえることをまとめる
※

※児童の発言を板書する。

取れるようになりたいという児童の学習意欲を高めさせる。

3 学習課題を共通理解し，学習計画を立てよう。

教科書 P45 を開いて，「目標」を読ませて，学習課題を捉えさせる。

T　学習課題を確認しましょう。
C　「聞いたことを，正しく人につたえられるように，メモを取ろう」です。
T　どんな活動を思い浮かべますか。

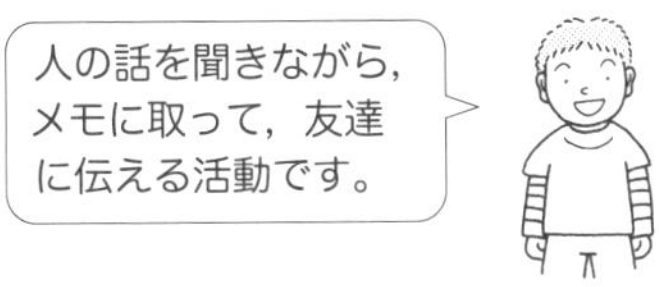

人の話を聞きながら，メモに取って，友達に伝える活動です。

T　この単元では，「先生にインタビューをして聞いてきたことを友達に紹介しよう」を学習課題としましょう。どんな学習活動をするか，見通しをもちましょう。

教科書 P44「見通しをもとう」を見ながら，どのような活動をするのかを確認させる。活動の流れを板書する。

4 学習を通してつけたい力について考え，個人の目標を設定しよう。

T　では，この単元の学習を通して，自分はどんな力をつけたいですか。目標をノートに書きましょう。

個人で目標を設定させ，ノートに書かせる。

メモが苦手だから，メモを書く力を伸ばしたいな。
メモを使って，上手に話せるようになりたいな。

T　目標を発表しましょう。
C　メモを今よりももっと分かりやすく書きたいです。
C　メモを使って話すことが苦手だから，得意になりたいです。
C　メモを取るときにうまく聞けないから，聞き方が上手になりたいです。

聞き取りメモのくふう
第2時（2/6）

本時の目標 学習課題を解決するために，メモを取る話題と目的について話し合い，学習計画を立てることができる。

板書例

3
メモする内容（よう）
・だれのことか
・小学生のころに、むちゅうになっていたこと
・なぜむちゅうになっていたのか（理由）
・むちゅうになっていたことをくわしく聞く
きっかけ　やり方　どんなものなのか
など
※

4
〈インタビューする先生〉

1	安野先生
2	松本先生
3	田中先生
4	木村先生
5	南山先生
6	山田先生
7	中村先生
8	小林先生

POINT グループごとに，インタビューする教師に依頼と挨拶へ行かせる。そのやりとりを通して，自分ごととして課題を捉え，

1 聞き取りメモの話題と目的について共通理解を図ろう。

T　この単元の学習課題は何でしたか。
C 「先生にインタビューをして聞いてきたことを友達に紹介しよう」です。
T　よく覚えていましたね。それでは，この学習課題を解決するために，メモを取る話題と目的について確認しましょう。
教科書 P45 で話題と目的について確認させ，板書する。
T　話題と目的は何でしょうか。
C　話題は，先生が小学生の頃に，夢中になっていたことです。
C　目的は，聞いた話を友達に知らせることです。
T　今日は，話題と目的について，みんなで考えましょう。

2 いつ，誰にインタビューするのかについて考え，話し合おう。

T　先生にインタビューをするのですが，いつがよいでしょうか。
C　先生は忙しいから，休み時間がいいと思います。
C　放課後の会議がないときなら，インタビューに協力してもらえるかな。
C　高学年の先生なら，空き時間にお願いしたら話を聞いてくれるかもしれません。
T　では，どの先生にインタビューしてみたいかを話し合いましょう。学年の先生は入れておきますね。
C　6年生の山田先生や松本先生に聞いてみたいです。
C　5年生の安野先生や田中先生もいるよ。
C　3年生の南山先生と中村先生にも聞いてみたいな。
事前に教職員に協力要請をし，可能な教職員を把握しておくとよい。

準備物
・インタビューすることを事前に教職員へ依頼しておく
・インタビューの日程調整表（教師用）
・インタビュー依頼書（児童用）

ICT
児童が文書作成機能を使ってインタビュー依頼書を作成し，印刷したものをインタビュー先の方に渡しに行くと，アポイントを取る練習にもなる。

聞き取りメモのくふう

1 め メモを取る話題と目的（てき）について考えよう

話題… 先生が小学生のころに、むちゅうになっていたこと

目的… 聞いた話を、友達に知らせる

2 インタビューする時間

・休み時間　・放課（か）後　・先生の空き時間 ※

インタビューしたい人

・学年の先生

・山田先生　・松本先生　・安野先生

・田中先生　・南山先生　・中村先生

※

※児童の発言を板書する。

友達に伝えたいという気持ちをより一層強めさせることができる。

3 聞き取りメモの内容について検討しよう。

T　インタビューに行ったとき，どんなことを聞いて，メモを取ればよいでしょうか。隣の人と相談しましょう。

夢中になった理由もあるといいね。みんな知りたいと思うよ。

T　話し合ったことを発表しましょう。
C　誰にインタビューしたかです。
C　夢中になったことを書かないといけません。
C　夢中になった理由です。
C　きっかけややり方など，詳しく聞いたことです。
T　メモすることがたくさんありますね。

4 誰にインタビューするのか，話し合って決めよう。

T　それでは，グループの人と話し合って，インタビューする先生を決めましょう。他のグループと重ならないように，2，3名の候補を用意するとよいです。決まったら，黒板に代表者が一人，名前を書きに来ましょう。

田中先生は聞きやすいね。
ぼくたちが２年でお世話になった田中先生にしようよ。
安野先生も同じくだね。

T　どのグループも決まりました。配られた用紙に，いつ，どこで，どんなインタビューをするのかを記入して，先生にインタビューを依頼しましょう。
教師からも教職員に直接依頼をしておく方がよい。

聞き取りメモのくふう

第3時（3/6）

本時の目標

メモの取り方の工夫を知り，相手に伝えることを考えてメモを取ることができる。

板書例

3

一場さんのメモ

※教科書 P46「一場さんのメモ」を掲示する。

・①、②と分けている
・短い言葉
・数字を入れている
・ひらがなが多い

※1

岸さんのメモ

※教科書 P46「岸さんのメモ」を掲示する。

・かじょう書きで書く
・丸でかこんでいる
・矢印を使う
・短い言葉
・ひらがなが多い

※1

4

聞き取りメモのくふう

・かじょう書きで要点を短く書く
・まとまりごとに分けて書く
・数字や記号、矢印を使う
・たしかめたいことに印をつける
・メモを読み返し、書き足す

POINT 自分のメモと他の人のメモを比較させることによって，どのような工夫があるのか，どうすれば自分のメモがよりよく

1 既習内容を振り返り，メモの取り方について話し合おう。

T　これまで，メモの取り方について学習してきました。わたしたちがメモを取るときに意識していることを隣の人と交流してみましょう。

まずは，キーワードを聞いて書くことじゃないかな。

そうだね。短い言葉で書く方が聞き落とさないよね。

T　どんなことを意識しているか，発表しましょう。
C　短い言葉（箇条書き）で書きます。
C　数字やキーワードを書くようにしています。
C　順番が分かるようにまとめるといいです。
T　意識することはたくさんありますね。今日は，聞き取りメモの工夫について一緒に考えていきましょう。

2 インタビューを想定して，要点をまとめてメモを取ろう。

T　これから，インタビューに出かけたときを想定して，要点を聞き取り，メモを取ってみましょう。要点とは何ですか。

文章や話の中で，大切なところ，ポイントです。

T　そうですね。では，やってみましょう。

教科書 P45「中川先生の話」の動画を視聴させる。話題については，児童と確認し，板書する。

T　中村先生の小学生の頃に夢中になったことは，どんなことだったでしょうか。発表しましょう。
C　夢中になっていたことは水泳です。平泳ぎのタイムを縮めたくて頑張っていました。
C　絵を描くことです。おばあちゃんに絵の具をもらったそうです。

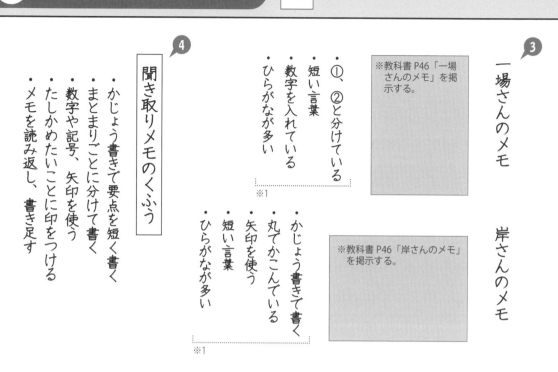

準備物	・教科書P46「一場さんのメモ」「岸さんのメモ」（黒板掲示用）

ICT	「一場さんのメモ」と「岸さんのメモ」を並べて配置したデータを配信すると，児童は手元にあるメモの例から，メモを取るときの工夫に迫りやすくなる。

聞き取りメモのくふう

め メモの取り方のくふうについて考えよう

1 【メモを取るときに大切にしてきたこと】
・短い言葉（かじょう書き）
・数字やキーワードを書く
・順番が分かるようにする
・消しゴムを使わない
※1

2 ○中川先生の話をメモしよう

気をつけること

・要点をメモする
↓文章や話の中で、大切なところ　ポイント
・中川先生が小学生のころに、むちゅうになっていたこと↓　水泳　絵をかくこと
・その理由↓　平泳ぎのタイムをちぢめたい
おばあちゃんに絵の具をもらった

※1 児童の発言を板書する。

できるのかなどを考えさせることができる。

3 自分たちがメモしたものと教科書のメモを比較しよう。

T　みなさんがメモしたものをグループの人と見せ合い，工夫を見つけてみましょう。

山川さんは，箇条書きで書いていて，整理できているね。
中野さんは，「週3」って短くまとめているね。
湯浅さんは，矢印を使って話題をつないでいるね。
村上さんもキーワードを落とさずにメモできているね。

T　次に，教科書で取り上げている一場さんと岸さんのメモを自分たちのものと比較して，工夫を見つけてみましょう。

一場さん，岸さんの聞き取りメモの工夫をそれぞれ出し合わせる。

4 聞き取りメモの工夫についてまとめよう。

T　たくさんの聞き取りメモの工夫が見つかりましたね。聞き取りメモの工夫について，隣の人と確かめましょう。

T　聞き取りメモの工夫で，特に大切だと思う工夫はありましたか。
C　箇条書きで要点を短く書くことです。
C　まとまりごとに分けて書くことです。
C　数字や記号，矢印を使うことです。

教科書P47「たいせつ」を読ませて，児童から出なかったポイントを確認させ，板書する。

聞き取りメモのくふう

第4時（4/6）

本時の目標　話し方や聞き方の違いで相手にどのように伝わるかを考えることができる。

板書例

③ 3 顔の向き（返事のしかた）

※1

相手を見て
・聞いてくれている
・分かってもらえる
・うれしい

↕

相手を見ずに
・聞いてもらえていない
・話しにくい
・いやな気持ち

※2

④ 間の取り方（返事のしかた）

※1

間をおかず
・うれしい
・やさしいなあ

↕

間をおいて
・いやなのかな
・何を考えたのだろう

※2

⑤ 話す速さ（話し方）

※1

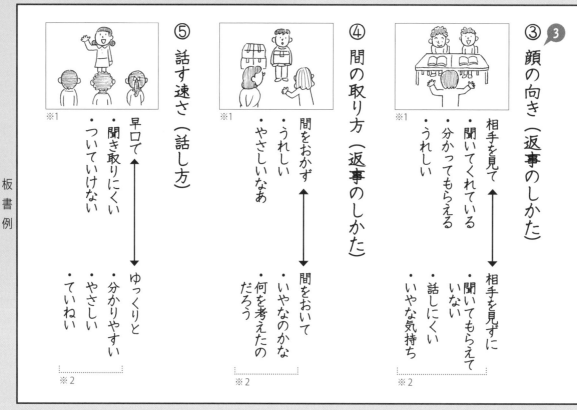

早口で
・聞き取りにくい
・ついていけない

↕

ゆっくりと
・分かりやすい
・やさしい
・ていねい

※2

POINT 教師が演じてみたり，児童がロールプレイングをしたりすることによって，聞き方や話し方についてじっくりと考えさせる

1 話がうまく伝わらなかった経験を振り返り，学習課題をつかもう。

T　これまでに，人と話をしていて，うまくいかなかったことはありませんか。隣の人と話してみましょう。

お母さんが晩御飯の準備中に話をしたとき，全然話を聞いてくれなかったよ。
わたしは，お父さんに話しかけたら，声が大きくて怒っている感じがしたから嫌だったよ。

児童から出た経験談を 2，3 人程度，取り上げる。

T　話す内容が同じでも，言い方やそのときの聞き方によってうまく伝わらないことがあります。今日は，相手と気持ちよい関係をつくるやりとりができるように，みんなが気をつけたいことについて考えていきましょう。

教科書 P48 の 2 つの事例を児童に読ませる。

2 2つの事例をもとにして，絵から状況を想像し，考えたことを話し合おう。

T　48 ページの上の絵を見ましょう。話す人の表情や声の調子が聞き手に与える印象について考えます。聞いている人の言葉を手掛かりとして，どのように伝わっているのか，隣の人と交流しましょう。

上の方は，話し手が困っている顔をしているのじゃないかなあ。だって…。
下の方は怒っている感じで，言い方が怖いのかな。

ロールプレイングを取り入れると，児童の気づきを促しやすくなる。

T　次は，下の絵を見ましょう。消防士さんにインタビューをする場面です。話す人の受け止め方はどう違うでしょうか。

C　聞く人が手元ばかり見ていると不安になるね。

準備物	・教科書P48，49の挿絵（黒板掲示用）

ICT	取り扱うケースに応じて教科書の挿絵をモニターに拡大投影しながら学習を進めると，同じ課題に学級全体で向き合いやすくなる。

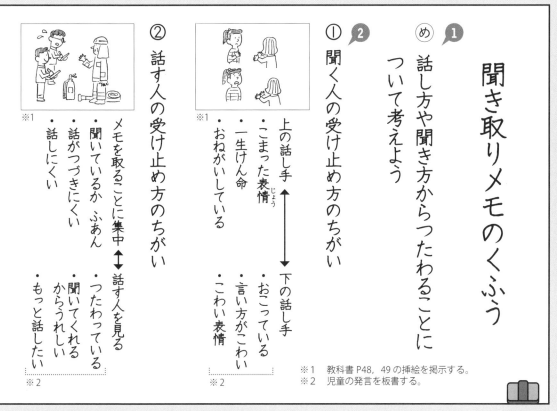

聞き取りメモのくふう

1 ㋱ 話し方や聞き方からつたわることについて考えよう

2 ① 聞く人の受け止め方のちがい

※1

上の話し手 ↔ 下の話し手

- こまった表情（じょう） ↔ ・おこっている
- 一生けん命 ↔ ・言い方がこわい
- おねがいしている ↔ ・こわい表情

※2

② 話す人の受け止め方のちがい

※1

メモを取ることに集中 ↔ 話す人を見る

- 聞いているか ふあん ↔ ・つたわっている
- 話がつづきにくい ↔ ・聞いてくれるからうれしい
- 話しにくい ↔ ・もっと話したい

※2

※1 教科書 P48，49 の挿絵を掲示する。
※2 児童の発言を板書する。

ことができる。児童の素朴な感想，つぶやきを取り上げるとよい。

3 返事のしかたや話し方をどうすればよいかを考え，話し合おう。

T 49 ページの上の絵を見ましょう。2 人の子どもが話を聞いています。顔の向きによって，相手の受け止め方はどう変わるでしょうか。グループで話し合いましょう。

相手を見ていると，聞いてもらえている感じがするよ。

相手を見ていないと，伝わっているのか不安になるね。

相手を見ていると，分かってもらえていると感じて，嬉しいね。

確かに。見ていないと，話しにくいし，嫌な気持ちになるかな。

実演して，どんな感じがするかを確かめさせるとよい。

T 49 ページの真ん中の絵を見ましょう。間の取り方の違いで，相手の受け止め方はどう変わるでしょうか。

2 つの場合について，考えたことを出し合わせる。

T では，49 ページの下の絵はどうでしょうか。話す速さによって相手の受け止め方はどう変わるでしょうか。（これまでと同様に考えを出し合わせる）

4 話し方，聞き方で，これから意識していきたいことを話し合おう。

T ここまで 5 つの事例をもとに，話し方や聞き方で相手にどう伝わるかについて，考えてきました。話し方，聞き方について，これから意識していきたいことをグループで話し合いましょう。

ぼくは，相手を大切にする聞き方を意識したいです。

わたしは，今まではあまり気にしていなかったけど，これからは，表情を意識したいです

わたしは，話す速さが少し速いから，少しゆっくり話したいです。

ぼくは，返事のしかたに気をつけたいです。

数名に，どんなことを意識したいかを発表させるとよい。

T これからインタビューに行きます。先生方にインタビューするときも，話し方と聞き方を意識することが大切ですね。

聞き取りメモのくふう

第5,6時（5,6/6）

本時の目標　目的に合ったメモを取り，メモしたことを使って友達に紹介することができる。

板書例

3 **発表をふりかえろう**

○発表でメモをうまく活用できたところ
・話す順に矢印でつないだ
・メモを見て、話すことを思い出せた　※

○次にメモを取るときにくふうしたいこと
・目的（てき）に合わせて大事なことだけメモする　※
・内容（よう）ごとにメモを整理する

4 **学習をふりかえろう**

○メモの取り方で初めて知ったこと
・矢印や記号を使う
・要点を短い言葉で書く　※

○メモを取るときのくふう
・まとまりごとに書く
・数字や名前などはきちんと書く　※

○どんなときに、メモの取り方のくふうを役立てたいか
・校外学習の見学
・じゅ業中　※

※児童の発言を板書する。

POINT　児童のメタ認知を促すには，動画で見返す振り返りが効果的である。客観的に自分の伝え方を捉え，今後どうすれば

1（第５時）インタビューするときのメモの取り方を確認して，インタビューしよう。

T　先生にインタビューするときに，どんなことを聞き取ってメモするとよいのかを考えましょう。

全体で，メモする内容を再確認させる。確認させた事柄を板書する。

T　グループの人と，先生にどのようにインタビューするとよいかを考え，練習してみましょう。

先生が小学生のときに夢中になっていたことは何ですか。

わたしは，小学１年生のときからピアノに夢中になっていました。

聞きながらメモを取る練習をさせる。

教科書 P47「たいせつ」を確認させてから，インタビューに向かわせる。休み時間にインタビューへ行くグループには，インタビューの練習を行わせる。

2（第６時）インタビューしてきたことを発表しよう。

T　インタビューで先生たちから聞いてきたことを，メモを見ながら発表しましょう。

わたしたちは，南山先生にインタビューしてきました。

南山先生は，小学生の頃，ミニバスに夢中になっていたそうです。担任の先生が顧問をしていて，誘ってもらったことが，きっかけになったそうです。

南山先生がバスケットボールを好きとは知りませんでした。詳しく話を聞いて，それを上手に話すことができていました。

グループごとに発表させ，感想を交流させたり，質問させたりする。発表の様子をグループの人のタブレットパソコンで撮影しておき，振り返りに活用させる。

準備物　・タブレットパソコン（児童用）

ICT　メモ機能や文書作成機能などを活用して取ったメモを，共有機能を使って全体共有するようにすると、学級全体やグループで紹介し合いやすくなる。

聞き取りメモのくふう

㋱ 聞き取りメモを使って、友達に聞いてきた話題をしょうかいしよう

❶ メモを取ること
- 〇〇先生
- 小学生のころに、むちゅうになっていたこと
- その理由
- きっかけ
- 思い出

など

❷ 〈インタビューする先生〉

1	安野先生
2	松本先生
3	田中先生
4	木村先生
5	南山先生
6	山田先生
7	中村先生
8	小林先生

よいかを考えることができる。グループの友達と感じたことを交流させ，内容のある振り返りにつなげたい。

3 発表したことを振り返ろう。

T　全てのグループの発表が終わりました。では，メモを確認しながら自分たちの発表動画を見直しましょう。発表でメモをうまく活用できたところ，次にメモを取るときに工夫したいことを振り返りましょう。

矢印でつなぐと，話す順番がとても分かりやすかったよ。

T　どんな話題が出たか，発表しましょう。
C　話す順に矢印でつないだことがよかったです。
C　メモを見て，話すことを思い出せたのでホッとしました。
C　目的に合わせて大事なことだけメモするようにしたいです。
C　内容ごとにメモを整理すると分かりやすいです。

4 振り返ったことを交流しよう。

T　単元全体の振り返りをしましょう。47ページにある「ふりかえろう」の「知る」「話す・聞く」「つなぐ」の３つの項目について，それぞれノートに振り返りを書きましょう。

相手を見ながら，大事なところだけをメモする工夫ができるようになりました。
校外学習で見学に行くときに，メモの取り方を工夫してみたいです。

T　メモの取り方で初めて知ったことはありましたか。
C　矢印や記号を使うとよいということです。
C　要点を短い言葉で書くと分かりやすいです。

同様に，「メモを取るときのくふう」と「どんなときに，メモの取り方のくふうを役立てたいか」についても，発表させ，板書する。

カンジーはかせの都道府県の旅 1

全授業時間 2 時間

◎ 指導目標 ◎

・第 4 学年までに配当されている漢字を読むとともに，漸次書き，文や文章の中で使うことができる。

◎ 指導にあたって ◎

① 教材について

児童は「カンジーはかせ」シリーズが大好きです。今回はカンジーはかせと都道府県をめぐる旅という設定になっています。カンジーはかせと共に，都道府県の漢字を学びながら，都道府県に興味をもち，調べ学習をします。都道府県の漢字を使って無理なく楽しみながら文作りができる教材です。

② 個別最適な学び・協働的な学びのために

まずは，自分の旅の経験交流から始めます。「どこに行ったことがあるか」という発問から，「どこで，どんな経験をしたか」「また行ってみたいところはあるか」について楽しく友達と対話・交流させていきます。また，地図帳を用いて意欲的に調べられるよう指導します。

都道府県の漢字は，読むことから始めます。そして，都道府県の漢字を，日本地図の中で，その場所，その都道府県の特色・名産品と結びつけながら書かせ，より興味をもって覚えられるようにします。つい，「暗記」に偏りがちになってしまう漢字学習を，友達との交流や調べ学習，文作りなどを取り入れることで，楽しいものにします。この学習をきっかけに，都道府県に興味をもち，社会科の学習などでも，その漢字を自然と使えるようにさせたいものです。

◎ 評価規準 ◎

知識 及び 技能	第４学年までに配当されている漢字を読むとともに，漸次書き，文や文章の中で使っている。
主体的に学習に取り組む態度	進んで第４学年までに配当されている漢字を読むとともに，漸次書き，学習課題に沿って，都道府県名を使った文を作ろうとしている。

◎ 学習指導計画　全２時間 ◎

次	時	学習活動	指導上の留意点
1	1	・カンジーはかせと，どんな旅行をしたいか考える。	・都道府県に，どんなものがあるか興味をもたせる。
	2	・「都道府県の旅」というテーマで，線が引いてある 24 の都道府県名を使った文を考え，書く。 ・カンジーはかせと，どんな旅行に行くのか発表する。 ・都道府県名に用いられる漢字を使った言葉を，漢字辞典でさがす。	・都道府県の漢字を間違わずに使って書くことを意識させる。 ・既習の漢字辞典の使い方を思い出させる。

カンジーはかせの都道府県の旅 1
第 1 時（1/2）

本時の目標　漢字で記された都道府県を読み，その都道府県について地図帳などを使って調べ，発表することができる。

板書例

3　4

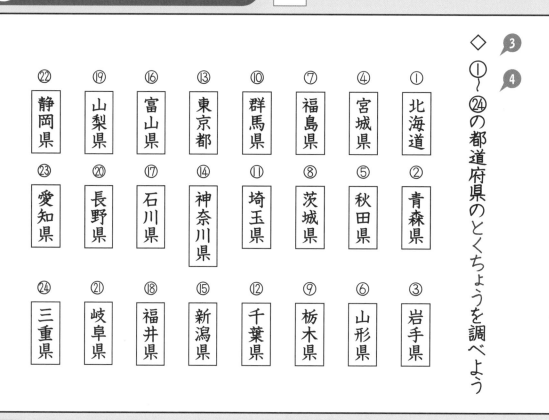

◇ ①〜㉔の都道府県のとくちょうを調べよう

① 北海道　② 青森県　③ 岩手県
④ 宮城県　⑤ 秋田県　⑥ 山形県
⑦ 福島県　⑧ 茨城県　⑨ 栃木県
⑩ 群馬県　⑪ 埼玉県　⑫ 千葉県
⑬ 東京都　⑭ 神奈川県　⑮ 新潟県
⑯ 富山県　⑰ 石川県　⑱ 福井県
⑲ 山梨県　⑳ 長野県　㉑ 岐阜県
㉒ 静岡県　㉓ 愛知県　㉔ 三重県

POINT　まずは①〜㉔の都道府県にどのようなものがあるかを調べ，興味をもたせたい。ただし，漢字学習のためなので，深入り

1 都道府県に興味をもち，教科書の 24 都道府県の文を読もう。

T　どんな都道府県に行ったことがありますか。

わたしは，千葉の東京ディズニーリゾートに行ったことがあります。

ぼくは，横浜の中華街に行ったことがあるよ。横浜って，何県だ？

教科書 P50 の日本地図を黒板に掲示する。

どんな都道府県に行ったことがあるか，出し合わせる。経験交流から，都道府県の漢字を読んだり書いたりすることへ，興味をもたせていく。

教科書 P50，51 を開かせる。

T　日本全国をめぐるカンジーはかせの都道府県の旅を追って，①〜㉔の文を読みましょう。

教師の後に続いて，①〜㉔までの文を読ませながら，その都道府県の漢字を板書する。（または，漢字カード QR を貼る）

2 カンジーはかせとどんな旅行に行きたいか考えよう。

T　24 の各都道府県の特産物や特徴などが書かれた文ですね。他にも，こんなところがあります。

教科書を読んだ後，文に書かれている以外の各都道府県の特徴を写真やスライドなどで紹介する。

T　これらの都道府県を，カンジーはかせと 3 か所めぐるとするなら，どの都道府県へ行きますか。隣の人と話してみましょう。

ぼくは，北海道，茨城，山梨だなぁ。食べ物がおいしそうです。

食べ物ばかりのところだね。わたしは，宮城，秋田，福井で，特徴あるものを見たいなあ。

お祭りみたいなことが好きなんだね。カンジーはかせも食べることより，観るほうが好きなのかな。

自分が行きたい場所を隣の人と気軽に話し合わせる。グループ交流でもよい。

準備物	・教科書P50の日本地図（黒板掲示用） ・都道府県漢字カード QR ・都道府県の特徴を示す資料や画像 ・地図帳（各自）・ワークシート QR	ICT	マップ機能を使って選んだ都道府県を調べると，観光スポットなどの写真や動画も掲載されており，参考にすることができる。

カンジーはかせの都道府県の旅 1

㋱ カンジーはかせと、どんな旅行をするか考えよう

1

2

◇ カンジーはかせと行きたい都道府県を考えてみよう

☆ ①～㉔の中から 三つえらぶ

※教科書 P50 の日本地図を掲示する。

しすぎないようにする。

3 地図帳を使って，都道府県の特徴を調べよう。

地図帳を使って，都道府県により興味をもたせる。

T　地図帳には，分かりやすく都道府県の特徴（特産品や特産物）が載っています。見つけたことをワークシートに記録しましょう。まず，1人で調べて見つけたことを書きましょう。（ワークシート QR 配布）

C　地図帳にいっぱい載っているからたくさん書こう。

T　調べたことをグループで発表しましょう。

福井県はめがねも有名みたいだね。
山梨県には富士山があるよ。
山形県は将棋もあるみたい。
静岡県にも富士山がある。どっちなんだろう。

24の都道府県をグループで振り分けて，それぞれ詳しく調べさせてもよい。

4 調べたことを発表しよう。

T　グループで調べたことを発表してください。

グループで調べたことを，発表し合って共有させる。黒板に書くスペースを開放していてもよい。

T　共有したことは，ワークシートに赤色でつけ足しておきましょう。

C　みんなが調べたことも合わせて，いっぱい書けた。

T　次回は，カンジーはかせとどんな場所をめぐるのか，旅行プランを立てます。今日知った特徴と都道府県を使って，文を書きます。

どこに行くか，もう少ししっかり考えてみよう。
わたしは，あの県と，あの県と，この県に行こうかなあ。

次回の見通しをもたせる。

家庭学習で自主的に調べてきたいという意欲を大切にして，家でつけ足ししてきてもよいことにする。

カンジーはかせの都道府県の旅１

第２時（2/2）

本時の目標　都道府県の漢字を使って文を作り，カンジーはかせとどんな旅に出かけるか発表できる。また，都道府県の漢字を使った言葉を，漢字辞典で見つけることができる。

板書例

〈例文〉
ぼくは、カンジーはかせと北海道でホタテを食べます。
それから、電車で青森県に行って、リンゴを食べます。
さらに、となりの岩手県でわんこそばを食べます。

3 ◇考えたことを交流しよう
・自由に旅行する（動き回ろう）
・おたがいのノートを持って
・出会ったら、どんな旅行か読み合う
・一言コメント

4 ◇都道府県の漢字を使った言葉を漢字辞典でさがそう

福
福の神、福引き、福岡県
福ぶくろ、福わらい、幸福

※児童の発言を板書する。

POINT　例文を作り紹介し合って，都道府県の漢字を楽しく学ばせる。都道府県の特徴を短い文に書き表す活動から，より興味を

1　都道府県の読み方を確かめ，調べたことを出し合おう。

T　前回の都道府県の漢字を覚えていますか。①から順に読んでいきましょう。

①北海道では，ジャガイモが多く生産されている。
②リンゴは，青森県の特産品の一つだ。

教科書 P50 の日本地図を黒板に掲示する。
教科書 P50，51 の①～㉔の都道府県の読み方を確かめながら文を読ませる。隣どうしで確かめ合わせてもよい。

T　前の時間に①～㉔の都道府県についていろいろ調べて発表してもらいましたが，家で他にも調べてきたことがあれば発表してください。
C　北海道には，世界遺産もありました。
C　栃木県にも，世界遺産がありました。

グループや全体で発表し合わせる。

2　自分が行きたい都道府県の文を書こう。

T　カンジーはかせとめぐりたい都道府県を使って，どんな旅行をするか文に書きましょう。３つの行きたいところをつなげて書きましょう。（例文を紹介する）

こんなふうに書けばいいんだね。

ぼくは、カンジーはかせと北海道でホタテを食べます。
それから、電車で青森県に行って、リンゴを食べます。
さらに、となりの岩手県でわんこそばを食べます。

T　主語や述語，つなぎ言葉に気をつけましょう。
C　わたしは北陸三県で文を書こう。
T　書けた人は，先生のところへ見せにきてください。

見せにきた児童のノートは，その場で見て，丸をつける。丸つけした児童には，他の都道府県を使って，文をどんどん作らせる。

準備物	
	・教科書P50の日本地図（黒板掲示用） ・ワークシート（第1時で作成したもの） ・都道府県漢字カード QR ・漢字辞典（各自）

ICT	
	スライド機能を活用して選んだ都道府県をまとめるようにすると，発表の際に視覚的にも伝えやすくなる。

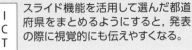

カンジーはかせの都道府県の旅 1

㋱ カンジーはかせと、どんな旅行をするか発表しよう

1

※教科書 P50 の日本地図を掲示する。

2

◇どんな旅行をしたいか文に書こう

☆三つの都道府県を使って

もたせたい。互いの工夫に一言感想を述べあうと，楽しい活動になる。

3 作った文を発表し，交流しよう。

T　①～㉔の都道府県の旅行プランを発表しましょう。

C　秋田県であきたこまちを食べて，その後，山形県でササニシキを食べて，新潟県でコシヒカリを食べます。

C　食べてばかりだね。

グループや全体で発表し合わせる。少し発表させたら，みんなで書いたものを自由に立ち歩いて見せ合わせる。見たら，ノートに一言コメントを入れて交流させる。

結構いろんなところにいろんなものがあるんだね。

へぇー。山形県には，世界一のクラゲの水族館もあるんだ。全然知らないことばっかり。

教師も赤で丸や線を入れながら，各グループを見て回る。

4 都道府県の漢字を使った言葉を漢字辞典で探そう。

T　都道府県名に用いられる漢字を使った言葉を，漢字辞典で探してみましょう。

T　福島県，福井県には，「福」という漢字が使われていますね。「福」という漢字を使った言葉を漢字辞典で探しましょう。

音訓索引で探そう。「福の神」，「神引き」…。

「福岡県」にも「福」が使われているね。

C　「福袋」，「福笑い」もあります。

C　「福」が下につく言葉もあります。「幸福」です。

T　他の漢字もいろいろ探してみましょう。

時間があれば，同様に他の漢字も取り上げ，全体で発表し合わせる。

漢字の広場 1

全授業時間 2 時間

◎ 指導目標 ◎

・第 3 学年までに配当されている漢字を書き，文や文章の中で使うことができる。
・間違いを正したり，相手や目的を意識した表現になっているかを確かめたりして，文や文章を整えることができる。

◎ 指導にあたって ◎

① 教材について

前学年の配当漢字を与えられた条件で使うことで漢字の力をつけようとする教材です。「漢字の広場 1」では，ある町の様子を表した絵を基に，提示された漢字を使って文を作ります。文の書き方としては，「住人になりきって」紹介するという設定になっています。

ここでは，書いた文章の間違いを見つけ，より詳しい表現に書き直す活動にも取り組ませています。ただし，この単元のねらいは，前学年の配当漢字の復習です。このねらいを忘れずに，あまり高度な要求にならないように気をつけたいところです。4 年生になって 1 回目の「漢字の広場」の学習なので，町の様子を絵から想像させ，楽しく漢字の復習や文作りをさせましょう。

② 個別最適な学び・協働的な学びのために

絵を見て，見つけたり想像したりして，自由に話をさせ，楽しい活動にします。文作りでは，教科書に載っている漢字を積極的に使い，文をたくさん書こうとする姿勢を取り上げ，ほめるようにしましょう。作った文章については，自分で間違いを見つけ，推敲させた上で，友達の書いた文を読み合い交流することで，さらによりよい文に仕上げる意欲につなげます。この学習を通して，様々な場面でできるだけ習った漢字を使うことにより前向きにさせることを目指します。

◎ 評価規準 ◎

知識 及び 技能	第3学年までに配当されている漢字を書き，文や文章の中で使っている。
思考力，判断力，表現力等	「書くこと」において，間違いを正したり，相手や目的を意識した表現になっているかを確かめたりして，文や文章を整えている。
主体的に学習に取り組む態度	進んで第3学年までに配当されている漢字を書き，これまでの学習をいかして，文を書こうとしている。

◎ 学習指導計画　全2時間 ◎

次	時	学習活動	指導上の留意点
1	1	・教科書P52を見て，3年生で習った漢字の読み方を確かめる。 ・絵を見て，町や周りの様子を想像し，提示された言葉を使いながら，町のことを紹介する文を書く。 ・書いた文を読み返し，間違いを直す。	・絵や提示された漢字から，町や周りの様子のイメージを対話しながら広げるようにする。 ・それぞれの漢字を復習し，確実なものにする時間を取りたい。
	2	・前時に作った文を，グループで読み合い，より内容の詳しい文にするアイデアを出し合う。 ・書いた文をより詳しい内容の文章に書き直す。 ・書いた文を友達と読み合い，交流する。 ・学習を振り返る。	・町の絵を詳しく見ることで，イメージを広げさせる。 ・書き直しでは，全文を書き直させる。 ・読み合いでは，よかったところを付箋などでコメントさせる。

漢字の広場１
第１時（1/2）

本時の目標
3年生で習った漢字を正しく読み書きでき，町や周りの様子を紹介する文を書くことができる。

板書例

3 ◇しょうかい文を書こう

（例）わたしの家は農家です。春には、畑にたくさんの野菜のなえを植えます。

一文
・ぼくの町の港では、大きな船が出発しました。
・わたしの町には、温せんが人気の宿があります。
・わたしの町の駅前には、県立図書館と地区センターがあります。

二文
・ぼくの町の駅から電車に乗って海の方へ進むと、赤い鉄橋をわたります。そこから、きれいな海と小さな島が見えます。
・わたしの町には、山も海もあって、自然がいっぱいです。山の急な坂道をのぼると、有名なお宮があります。

4 ◇気をつけよう

橋　農　館　商　都

※児童の作った文を板書する。

POINT 復習のための取り組みである。書く時間をしっかり確保したい。

1 3年生の漢字を声に出して読もう。

T　3年生で習った漢字が出ています。指をさしながら，読んでみましょう。

全部，分かるよ！
意外と忘れているかもしれないよ。

漢字が苦手な児童の数は，3年生配当漢字から増えてくる。4年生の間にきちんと復習して，完全に身につけさせたい。まず，読みの段階から，丁寧に進めていくことが大切である。

T　先生が指をさしたところを読みましょう。
C　島（しま），港（みなと）…。
T　読めない漢字が1つでもあった人？　久しぶりに見て忘れていたものがあっても，今思い出せば大丈夫です。

漢字を1つずつ確認することで，これからの活動の準備とする。

2 教科書の絵を見て，見つけたことや想像したことを話し合おう。

T　この絵をみて，見つけたことを言いましょう。
C　駅や放送局があります。
C　お宮…って何だろう。
T　分からない言葉は，国語辞典で調べましょう。
T　見つけたところから，想像を加えて話をしてもいいですよ。例えば，駅でどんな人が何をしていますか。
C　たくさんの人が，会社に向かおうとしています。

絵からいろいろ想像させ，次の文作りにつなげる。どんな発言も，否定することなく受け入れる。ときには，教師が言葉を言い換えて，間違いを修正していく。

T　他には，どうですか。

湖でボートに乗って釣りをしている人がいます。
船が港から出発しました。
商店で野菜やくだものの安売りをしています。

準備物	・漢字カード QR ・教科書の挿絵 または，黒板掲示用イラスト QR ・国語辞典

ICT	黒板掲示用イラストと漢字カードのデータを配信すると，児童は手元でイラストや使う言葉を確認しながら作文できる。

漢字の広場 1

1

2

(め) 三年生で習った漢字をふく習しよう

町やまわりの様子をしょうかいする文を書こう

※教科書の挿絵（または，QR コンテンツのイラスト）を掲示し，イラストの上に QR コンテンツの漢字カードを貼る。
※児童が使用した漢字カードを移動する。

3 町や周りの様子が分かるように紹介文を書こう。

教科書の例文を読ませる。

T　例文のような町や周りの様子を紹介する文章を書きましょう。みなさんは何について紹介したいですか。

C　ぼくは，電車から見える景色です。

C　町には，自然や都会もあることを書きたいです。

T　この町の住人になったつもりで，紹介文を書きましょう。書き始めは，「ぼく～」「わたし～」から始めてもいいですね。

八百屋の安売りのところを想像して書いてみよう。
図書館の話を書こうかな。

紹介文は，本時では，１～２文でよい。絵にかかれている様子をいろいろと想像を膨らませて作文させる。

書けた児童に，その文を黒板に書かせて，まだ書けていない児童の参考とさせてもよい。苦手な児童は，説明を丁寧にしても書くことが分からない場合もある。

4 自分の書いた文に間違いがないか読み返し，正しく書き直そう。

T　漢字がきちんと書けているか，文にも間違いがないか，読み返してみましょう。

間違えていないかな。
あ，「館」の字のへんのところが「食」になっていた。

教科書の漢字を見て，間違いがないか確認させる。

このページでは，画数の多い「橋・農・館」や，間違いやすい漢字「商」（「南」のようになる）や「都」（「おおざと」を左側に書いてしまう）に特に，注意させる。

早くできた児童には，教師のチェックを受けさせてから困っている友達をサポートさせてもよい。その場合は，漢字や文に間違いがないかだけを指摘できればよい。

漢字の広場１
第２時（2/2）

本時の目標
書いた文をさらに詳しく見直し，よりよい文になるようにすることができる。

板書例

○放送局では、番組作りをして、町の様子などをしょうかいしています。
←　☆もっとくわしく
・わたしの家の近くの商店も安売りのときに店主がニュースに出ていました。
・坂道をのぼったところのお宮は、ねがいがかなうとしょうかいされ、有名になりました。

○ぼくの町の中央には駅があります。駅前には、地区センターなどビルがたくさんあります。
←　☆もっとくわしく
・そのビルの中には、県立図書館があって、ぼくも休みの日によく行きます。
・お母さんは、駅前のビルの中に役所があって、とてもべんりで都合がいいと言っています。

◇作った文を読み直して、まちがいを直そう

〈○○になったつもりで〉
・レポーターなど
「今、宿の温泉(せん)に入っています。…」

※児童の作った文を板書する。

POINT　グループで，自分の作った文を紹介させ，さらに詳しい内容になるように，アイデアをつけ加えて，よりよいものに仕上げ

1　漢字の読み方をもう一度確認しよう。

T　漢字はもう読めるでしょうか。みんなで確認しましょう。

やくしょ
ぎんこう
びょういん
つごう

前時と同じように，指した字を読ませていく。列指名や，声をそろえて言う，読める漢字は立って読む，などをして，効率的に進める。

３年生の配当漢字は 200 字ある。すべてを同じように扱っていては，定着の成果は出にくくなる。前時に指摘した間違えやすい部分を重点的に取り上げるなど，軽重をつける必要がある。

後半の時間確保のために，さっと進めていく。

2　前時に作った文を，より詳しい内容の文にするアイデアを出し合おう。

教科書の例文のように詳しい文作りをさせる。

T　自分たちが作った文に，どんな言葉をつけ加えたら，より詳しくなりますか。想像でつけ足してもいいのですよ。

C　坂道の上のお宮から，船が港から出発する様子が見えます。ぼくは，それを島に着くまで見ていました。

T　なるほど，町の様子がより分かりますね。

何人かに発表させる。

T　では，自分たちの文をどのように詳しくできるか，グループで話し合いましょう。

C　「鉄橋を渡ると，すぐに町の中央にある駅に着きます」にして，その後，駅前にある県立図書館とかの建物を紹介する文をつけ足したらどうかな。

C　いいね。たくさん漢字が使えて，町の様子もよく分かるね。

グループで出し合う意見もできるだけ否定せず，「いいね」と言い合うように声かけする。

準備物	・漢字カード QR ・教科書の挿絵 または，黒板掲示用イラスト QR ・付箋

ICT	児童がノートに書いた文章や挿絵を写真撮影して共有機能を使って全体共有すると，様々な文章表現に触れられ，対話的に文章の推敲もできる。

漢字の広場１

(め) 作った文をさらにくわしい内容（よう）の文にして読み合おう

1

※教科書の挿絵（または，QR コンテンツのイラスト）を掲示し，イラストの上に QR コンテンツの漢字カードを貼る。

2 3 4

◇作った文をさらにくわしい内容の文にしよう

させる。

3 作った文をより詳しい内容の文章にして，ノートに書こう。

T　では，話し合ったアイデアをもとに，みんなに伝わるように，書きましょう。書いた後は，自分で読み返しながら，伝わるか確認しましょう。

どこを詳しく書いたらいいかな。

安売りについて，もっと詳しく書いてみよう。

T　自分の町を，他の町の人に紹介するつもりで詳しく書きましょう。それとも，あなたがテレビのレポーターや，町を紹介するユーチューバーとして伝えるつもりで考えてみるのもおもしろいですね。

詳しく書き直す内容を決めたら，もとの文からもう一度書き直させる。全文を書き直すことで，作った文の見直しができ，使っている漢字をもう一度書く時間にもなり，読み合わせるときにも読みやすくなる。文が書けた児童には，間違いがないか見直しをさせ，机間指導でも確認していく。

4 みんなで文を読み合い，コメントを書こう。

クラス全体で２～３人に発表させる。

その後，ノートを自分の机の上に置き，「ノート博覧会」をする。友達の書いた文を読み，どこがよいか付箋や赤鉛筆でコメントを書き込ませるとよい。

T　できた文を見て回りましょう。どんなところが工夫されたかを考えながら読みましょう。

これは，レポーターバージョンで書いてある。

駅前のことについて，詳しく紹介しているね。

読み終わった後に，どんな文にどんなコメントがあったか全体で交流し，お互いにできていたことや，参考になったことを確認させる。

最後に全体を振り返り，感想を交流させる。

筆者の考えをとらえて，自分の考えを発表しよう

［練習］思いやりのデザイン／アップとルーズで伝える

［じょうほう］考えと例

全授業時間 8 時間

◎ 指導目標 ◎

・考えとそれを支える理由や事例，全体と中心など情報と情報との関係について理解することができる。
・段落相互の関係に着目しながら，考えとそれを支える理由や事例との関係などについて，叙述を基に捉えることができる。
・接続する語句の役割，段落の役割について理解することができる。
・文章を読んで理解したことに基づいて，感想や考えをもつことができる。

◎ 指導にあたって ◎

① 教材について

『アップとルーズで伝える』の筆者は，番組制作者であり「人に伝える」という仕事に携わっている人です。この説明文でも，人に伝えるために「わたしはこういう考えの基に映像の制作をしている」ということが述べられています。そして，サッカーの試合のときの映像を例にして，アップとルーズのうつし方の違いや使い分けについて，具体的に説明しています。アップやルーズというと難しく聞こえますが，この事例と添えられた写真によって，子どもにも（大人にも）その意図が理解しやすくなっています。

説明文の学習では，まず述べられている要旨は何か，筆者の考えを読み取ることが基本です。とともに，それがどのように説明されているのか，説明のしかたについても目を向けさせます。つまり，説明文の読み方を学ばせるのです。ここでは，筆者の考えが述べられている段落と，そう考える理由や事例が書かれている段落があります。それらを読み分けるとともに，段落どうしのつながりや「対比」の効果を考えさせます。そういった説明文の読み方を，まず『思いやりのデザイン』で学習し，それをいかしてメインの『アップとルーズで伝える』を丁寧に読み進めます。

② 個別最適な学び・協働的な学びのために

サッカーや相撲，野球などの中継は，児童もよく見ています。この説明文を読むと，そこにアップやルーズという撮影の技法が使われていることに気づかされます。「へえ，これがアップだったのか」などと，見る目も変わるでしょう。このように，これまでの知識と対話しつつ，新しいことを知るのが主体的な学びであり，説明文を読むおもしろさです。また，友達との対話を通して，段落の役割とつながりに気づかせます。

なお，筆者の考えに対して「自分の考えを発表しよう」という学習もありますが，難しく考えずに，この説明文から学んだことを使う場面を想定させ，書かせます。

◎ 評価規準 ◎

知識 及び 技能	・接続する語句の役割，段落の役割について理解している。 ・考えとそれを支える理由や事例，全体と中心など情報と情報との関係について理解している。
思考力，判断力，表現力等	・「読むこと」において，段落相互の関係に着目しながら，考えとそれを支える理由や事例との関係などについて，叙述を基に捉えている。 ・「読むこと」において，文章を読んで理解したことに基づいて，感想や考えをもっている。
主体的に学習に取り組む態度	粘り強く，考えとそれを支える理由や事例との関係などについて，叙述を基に捉え，学習の見通しをもって，自分の考えを伝え合おうとしている。

◎ 学習指導計画　全８時間 ◎

次	時	学習活動	指導上の留意点
1	1	・説明文の読み方を振り返り，学習課題と学習の進め方を捉える。 ・『思いやりのデザイン』を読み通す。	・学習課題は「筆者の考えをとらえて，自分の考えを発表しよう」と示す。 ・新しい文章への期待感を大切にする。
	2	・『思いやりのデザイン』を読み，筆者の考えと説明のしかたを考え，話し合う。	・筆者の考えは，例を使って「初め」と「終わり」に書かれていることに気づかせる。
2	3	・『アップとルーズで伝える』を読み，①②③段落からアップとルーズとは何か，その意味を読み取る。	・『思いやりのデザイン』での学習をいかし，例と説明の段落を見分けさせる。 ・うつし方の違いであることを読み取らせる。
	4	・「…が大切です。」の言葉に着目して，筆者の考えが書かれている段落や文を見つけ，その考えを書き写す。	・筆者の考えとして「何かを伝えるときにはアップとルーズを選んだり組み合わせたりすることが大切…」の文を見つけさせる。
	5	・アップとルーズでうつしたときの違いを，２つの段落を対比させて読み取る。	・アップとルーズのどちらにも，伝えられることと伝えられないことがあることを読み取らせ，対比の効果に気づかせる。
	6	・アップとルーズの使い分けは，テレビ局や新聞の写真でもなされていることを読み取り，まとめで筆者の考えを確かめる。	・「目的に応じて…」や「アップとルーズを切りかえながら…」など，筆者の考えが表れている言葉を見つけさせる。
3	7・8	・「まとめよう」「ひろげよう」として，「アップとルーズで伝える」ということについて，自分の考えを書き，発表・交流する。 ・学習を振り返る。 ・『考えと例』を読み，例を使った文を作る。	・課題について難しく思わないよう，教師からの説明や助言，例示も必要。 ・見学など，実体験を基にするのもよい。 ・教科書の「ふりかえろう」「たいせつ」を読ませる。 ・考えと例とのつながりを意識させる。

思いやりのデザイン／アップとルーズで伝える
第1時（1/8）

本時の目標 説明文の読み方を振り返り，「筆者の考えを読み取る」という学習課題と学習の進め方を捉える。

板書例

2 3 ◇説明文の読み方をふりかえろう

〈学習の進め方〉

とらえよう ← 話題は？

ふかめよう ← （文や言葉から）どのように説明しているか

まとめよう ← 筆者の考え、自分の考え 書く

ひろげよう ← 聞き合う

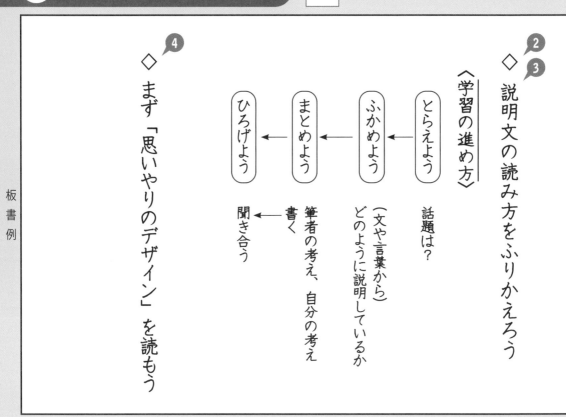

4 ◇まず「思いやりのデザイン」を読もう

POINT 教科書 P10，11 に書いてあることは，読むだけでは児童もイメージしにくい。教師が説明で補い，実際に『思いやりの

1 説明文を読むための学習のめあてを捉えよう。

T　これから『アップとルーズで伝える』という説明文を学習します。アップやルーズって聞いたことがありますか。

C　何のことだろう。

T　この説明文を読めば分かります。そして，その前にもう1つ，『思いやりのデザイン』という説明文も読みます。

T　2つの説明文を読んで，どんな勉強をしていくのか，教科書53ページを見てみましょう。学習のめあてが書いてあります。

C　「筆者の考えをとらえて，自分の考えを発表しよう。」です。

T　説明文について，4行の文章も読んでみましょう。

C　「伝える仕事」って，どんな仕事なのだろう？

T　人に何かを伝えるとき，どのように伝えるのか，考えがあるようですね。その考えとは何か，それをこの説明文で読んでいくのです。

2 説明文の読み方を，振り返ろう。

T　これまでにも説明文を読んできましたね。

C　はい，『ありの行列』とか『すがたをかえる大豆』を読みました。大豆の使いみちがよく分かりました。

T　そのような説明文を読んだとき，どんなことに気をつけて読んだのか，振り返ってみましょう。

C　「問いかけ」の文を，まず見つけました。

T　10ページと11ページを見てみましょう。説明文を読むときに大切なことが，まとめて書いてあります。

題名や「初め」から話題を確かめます。題名が大事です。何の説明なのかを確かめます。

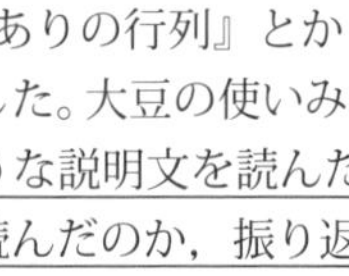

段落の中心となる言葉や文も見つけます。

教科書 P10，11 に書いてあることは，そのままでは分かりにくい。ここはざっと読んで，実際に『思いやりのデザイン』を読みながら，P10，11 に書かれていることを，具体的に学ばせていくようにする。

準備物

ICT　ピクトグラム（絵文字）などを含むユニバーサルデザインに関わるものを事前に写真・動画撮影しておくと，児童の発言に応じてモニターに投影して実例を提示できる。

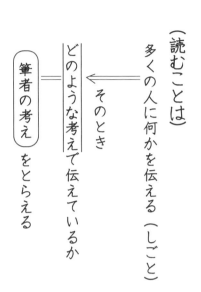

思いやりのデザイン
アップとルーズで伝える

Ⓜ 学習課題と学習の進め方をとらえよう

1 〈二つの説明文を読んで〉

めあて
筆者の考えをとらえて、自分の考えを発表しよう

（読むことは）
多くの人に何かを伝える（しごと）
⇐ そのとき
どのような考えで伝えているか
＝ 筆者の考え をとらえる

デザイン』を読みながら気づかせていく。

3 教科書 P10，11 を参考にして，学習の進め方を話し合おう。

T　では，これからどのように説明文を読んでいくのか，学習の進め方（順序）を考えましょう。

T　はじめにすることは，どんなことですか。

はじめは「とらえよう」です。説明文の「初め」を読んで，話題を確かめることです。

文章全体の組み立てを捉えます。

T　次にすることは，何と書いてありますか。

C　「ふかめよう」です。段落の中心となる言葉や文を見つけます。

C　その次は，「まとめよう」で，自分が考えたことをまとめて書きます。最後に，「ひろげよう」で，読んだ感想を伝え合います。

学習の順序をつかませる。

4 『思いやりのデザイン』を通読しよう。

T　このような順序で，まず練習として『思いやりのデザイン』を読み，その後，同じように『アップとルーズで伝える』を丁寧に読んでいくのです。

T　では，まず，『思いやりのデザイン』を読みます。題名を見て，何か気づいたことはありますか。

はい，デザインに「思いやりの」とついているので，どんなデザインなのかなあ，と思いました。

「デザイン」をする人が書いた文章だと思いました。

T　では，『思いやりのデザイン』を読みましょう。2ページの短い文章です。初めは「とらえよう」なので，話題は何かを考えることでしたね。

まずは，「インフォ…」など，正しく読めることをめあてに，範読，斉読，一人読みなどで通読する。初めの感想を交流してもよい。次時の予告として，本時に確かめた「順序」で読んでいくことを伝える。

思いやりのデザイン
第2時（2/8）

本時の目標 『思いやりのデザイン』を読み，「思いやり」の意味から筆者の考えを捉えて，自分の考えをもつことができる。

板書例

3 ◇「中」でわかること→ふかめよう

③ A ※1　　④ B ※1

対比（ひ）

・多くの人に役立つ○
・道順△

⇔

・まち全体の様子△
・道順○

4 ◇二つの例から考えをまとめよう

見る人の目的に合わせてデザインする
＝
思いやりのデザイン

《説明のしかた》

考え②
↓
例③ ④
↓
まとめ考え⑤

※1 教科書 P55 の地図を掲示する。

POINT 「初め」と「終わり」の２か所で筆者の主張が述べられていることに気づかせ，「中」の事例とのつながりを考えさせる。

1 『思いやりのデザイン』の全文を読み通し，「話題」を考えよう。

T　『思いやりのデザイン』を読んでいきます。まず，正しく読めるように音読しましょう。（音読）

T　「読むめあて」（学習課題）を確かめましょう。

C　「筆者の考えをとらえて，…」でした。

T　はじめは「とらえよう」でした。説明文は「初め」「中」「終わり」の３つに分けられています。

T　まず，「初め」を読んで，説明文の「話題」は何かを捉えましょう。話題は何でしょうか。

①段落の「インフォグラフィックス」。案内図や絵文字などのデザインです。

②に，それを「作るときに大切にしていること」とあります。「相手の立場から考える」が話題だと思います。

段落の番号と下欄の「手引き」を参考にして読み，「話題」にあたると思う言葉や文には線を引かせる。

2 筆者の考えが「初め」と「終わり」に書かれていることを読み取ろう。

T　まとめると，「インフォグラフィックスを作るときには，相手の立場から考える」ということを「話題」にしている（筆者の考えでもある）といえますね。

ノートに書かせたり，板書を写させたりする。

T　この考えは，②段落に書かれていますが，同じようなことを書いている段落があります。どこですか。

C　（読んで）⑤の「終わり」の段落だと思います。

T　では，②段落と同じようなことが，⑤段落では，どのような言葉で書かれているでしょうか。

「相手の目的に合わせて，…」というところだと思います。

「見る人の立場に立って作る，…」だと思います。

T　このように，筆者の考えは，「初め」と「終わり」の２つのところで述べられているのです。（双括型）

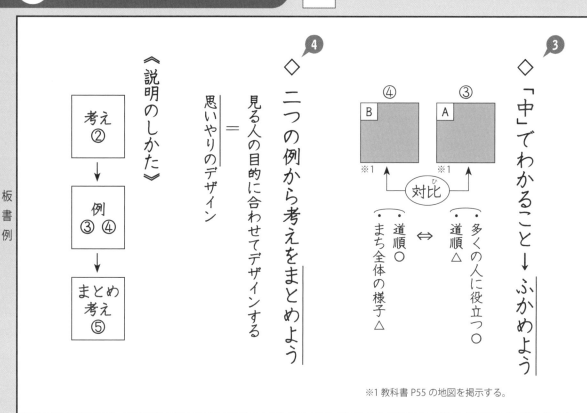

準備物
・案内図や絵文字などインフォグラフィックスの見本図（黒板掲示用）QR
・教科書P55のAとBの地図（黒板掲示用）

ICT
ピクトグラムやシャンプー・リンスのボトル等，ＵＤの実例を写真撮影してモニターに投影すると，文章と対応させることで「思いやり」の意味に迫れる。

思いやりのデザイン
木村（きむら）博之（ひろゆき）

め 筆者の考えをとらえよう

1 2 ◇話題をとらえよう

※インフォグラフィックスの見本図（または，QRコンテンツのカード）を掲示する。

〔初め〕
① インフォグラフィックス（知らせるための絵文字、案内図など）
② 作るときに大切にしていること「相手の立場に立って考える」

筆者の考え

〔終わり〕
⑤「相手の目的に合わせて…」「見る人の立場に立って…」

考えをもう一度

3 ③④の段落を読み，事例が書かれていることを読み取ろう。

T　では，「中」の③④の段落に書かれていることは何でしょうか。読んでみましょう。（音読）
C　ＡとＢの２つの案内図を比べています。
C　インフォグラフィックスの案内図の例です。
T　何のために，ＡとＢの案内図を出して，比べているのでしょうか。

②段落に「まちの案内図を例に，…」とあるので，③④段落の「中」は，①や②の例として…。

考えを分かりやすく説明するための，例だと思います。

T　では，このＡとＢの案内図を比べると，違いはどんなことだと書いてありますか。
C　Ａは，「多くの人に役立つけれど，目的地までの道順を知りたい人には分かりにくい」，Ｂは，「小学校までの道順は分かりやすいけれど，まち全体の様子は分かりにくい」です。

4 筆者の考えをまとめ，それについて感想を書き，話し合おう。

T　２つの例を比べて読むと，筆者のどんな考えが分かってきますか。
C　見る人が，何を知りたいのか，見る目的によって，案内図も違ってくること，変えることです。
T　それは，まとめて，どこにどのように書いてありますか。

⑤段落の「終わり」に，「インフォグラフィックスを作るときには，相手の目的に合わせて…」と，書いてあるところです。

「見る人の立場に立って…」と書いていることが，例からもよく分かります。

T　そう考えてインフォグラフィックスを作るのが…。
C　「思いやりのデザイン」です。
T　考えの段落と，例の段落はつながっていましたね。
T　伝えるときの，筆者のこの考え方について，どう思いましたか。感想を書きましょう。

自分の考えを書かせ，発表，交流させる。

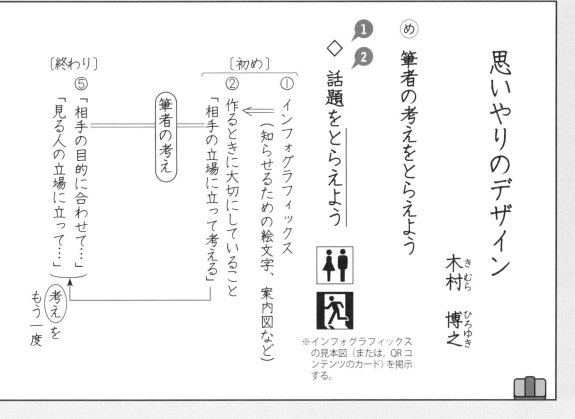

アップとルーズで伝える

第3時（3/8）

本時の目標　全文を読み通し，題名にあるアップとルーズの意味を読み取ることができる。

板書例

4

◎サッカーの試合の画面　例

※1

①　会場全体
両チームの選手
観客席
ルーズ

※1

②　コートの中央に立つ選手
顔、目の向き
アップ

①②の二つの例をもとに
アップ・ルーズとは？　を説明

3

③
初めの画面のように
・広いはんいをうつすとり方を（会場）　ルーズ
・ある部分を大きくうつすとり方を（選手）　アップ

※この部分は，①②段落説明部分より先に板書する。

※1 教科書 P56，57 の写真を掲示する。

POINT 『アップとルーズで伝える』の初めの時間。まずは正しく読めることを目指させ，音読など読む活動に一定の時間をかける。

1 題名について話し合い，全文を読み通そう。

T　今度は『アップとルーズで伝える』という説明文です。題名から，何か思ったことや気づいたことはありませんか。

C　「アップ」や「ルーズ」って何だろう，それで伝えるって，何を伝えるのかなと思いました。

既に読んでいる児童も多いだろう。話し合いは，興味をもたせる程度にして簡単に済ませ，教科書を開かせる。

C　写真がいくつも出ています。「アップ」とか「ルーズ」とかにも関係があるのかな。

T　これらの写真も，書いてあることと関係がありそうですね。まず，どんなことが書いてあるのか，読み通してみましょう。まず先生が読みます。

まずは，範読や斉読で正しく読めることを目標とする。その後，一人読みなどで読めるかどうか確かめさせる。

2 段落ごとに番号をつけ，文章全体を見通そう。

T　「アップ」と「ルーズ」の意味は分かりましたか。

T　筆者の言いたいこと，考えはどうでしょう。『思いやりのデザイン』で，筆者の考えが書かれた段落と例の段落を見分けたように読んでいきます。まず，『思いやりのデザイン』のように，段落の番号をつけましょう。

段落のはじめは，1マス空きのところだね。

「段落」の形式について再確認し，1段落ずつグループごとに読む，斉読して段落ごとに立ち止まるなどで，番号をつけながら8つの段落を確かめていく。

T　『思いやりのデザイン』のような,「初め」「中」「終わり」のまとまりにも気づいたでしょうか。また，考えが書かれている段落や例の段落にも気づいたでしょうか。

このときは，結論が出なくてよい。

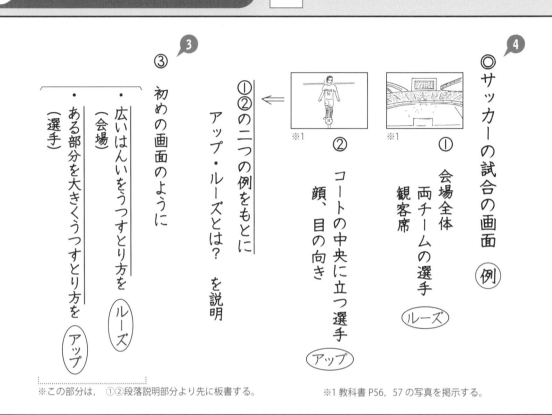

準備物
・教科書P56，57の写真（黒板掲示用）
・アップやルーズの画像 QR やイラスト

ICT
アップやルーズの画像やイラストのデータを配信すると，児童は説明文と対応して画像を見ながら，アップとルーズの意味に迫っていきやすくなる。

1 アップとルーズで伝える
中谷（なかや） 日出（ひで）

め 「思いやりのデザイン」での学習をいかして
アップとルーズの意味を読みとろう

2 段落（だん）とは、内容（よう）のまとまり、切れ目

①□テレビで
②□いよいよ
③□初めの
④□アップで
⑤□試合終了（りょう）直後の
⑥□このように
⑦□写真にも
⑧□同じ場面

一マスあきで分かる

『思いやりのデザイン』で学習したこともいかすようにする。

3 アップとルーズの意味が書いてあるところを考え，話し合おう。

T　読んでみて，題名にあった「アップ」と「ルーズ」とはどんなことなのか，分かったでしょうか。

T　「アップ」と「ルーズ」の意味が書いてあったところはどの段落でしょうか。分かった人は黙って手を挙げましょう。（多くの手が挙がるまで待つ）

T　では，書いてあるところを読んでください。

T　では，③段落をみんなで読んで確かめましょう。

C　広い範囲が「ルーズ」，ある部分を大きくが「アップ」です。

4 写真と①②の段落をつないで読み，段落の役割を考えよう。

T　他に，「アップ」と「ルーズ」とはどんなことなのか，分かるところはありませんか。

C　あっ，写真（P56，57）を見るとよく分かります。

C　右が「ルーズ」，左が「アップ」です。

教科書の写真を黒板に掲示する。

T　２つの写真のことで，もっとよく分かることが，文章に書かれていないでしょうか。

①と②の段落だと思います。①は，サッカーで，右の「ルーズ」の写真の撮り方を説明しています。
②の段落の説明は，左の「アップ」の写真のことです。

T　写真と見比べながら，①②段落を読みましょう。

（読む）①や②の段落は，どんな役割をしている段落だといえますか。

C　『思いやりの…』にもあった「例」の段落です。

T　もう一度，①②③の段落（「初め」）を読みましょう。

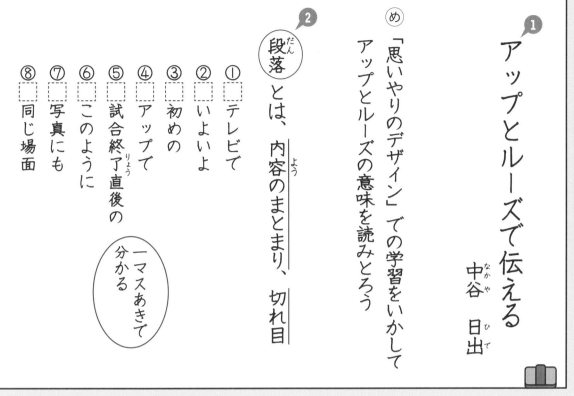

アップとルーズで伝える

第4時（4/8）

本時の目標　何かを映像で伝えるとき，アップとルーズを選んだり組み合わせたりすることが大切だ，という筆者の考えを読み取る。

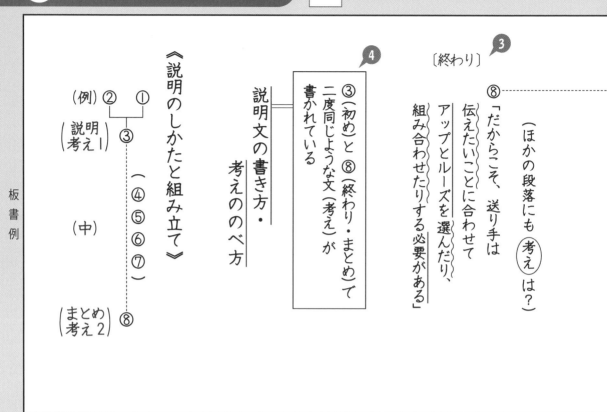

板書例

（ほかの段落にも考えは？）

〔終わり〕 ③

⑧「だからこそ、送り手は伝えたいことに合わせてアップとルーズを選んだり、組み合わせたりする必要がある」

④ ③（初め）と⑧（終わり・まとめ）で二度同じような文（考え）が書かれている

説明文の書き方・考えののべ方

《説明のしかたと組み立て》

①②（例）
③（説明 考え1）
（④⑤⑥⑦）（中）
⑧（まとめ 考え2）

POINT　発言は，文章をもとにして「こう書いてあるから」という言い方ができるように励ます。

1　めあてを聞き，筆者の考えが書かれた文を見つけよう。

教科書 P62 の「とらえよう」を参考に進める。
まず，①②③段落を音読させ，アップとルーズは，うつし方の違いだった，ということを振り返らせる。

T　今日は，筆者の考えを「とらえる」という勉強をします。今，読んだところで，筆者の考えは書かれていなかったでしょうか。その文に線を引きましょう。

T　筆者の考えが書かれた文はどれだと思いましたか。その文を選んだわけも言えるといいですね。

③段落の「何かを伝えるときには，このアップとルーズを選んだり，組み合わせたりすることが大切です。」という文です。

筆者が「大切だ」と思っていることが書いてあるからです。

C　それに，①②の段落は，アップやルーズの「例」なので，筆者の考えではないと思いました。

2　筆者の考えが書かれた文を書き写そう。③段落の他にもないか考えて読もう。

T　③段落のこの一文を選んだ人が多いようです。大事な文ですね。ノートに写しましょう。

筆写させ，見て回る。読みや話し合いだけでなく，正しく書くという活動も，授業では大切にしたい。

T　ところで，筆者の中谷さんの仕事は何でしょうか。

C　テレビ番組の企画・制作者と書いてあります。(P61)

T　だから，サッカーの中継をするときにも，アップとルーズを使っている人の考えなのですね。

T　この筆者の考えは，他の段落にも書かれています。④段落から後の文章を読んで，どの段落に書かれているのか，見つけて線を引きましょう。

どこだろうなあ。

斉読や一人読みで，丁寧に読ませるようにする。

準備物

ICT 児童がアップやルーズの画像やイラストのデータをモニターに投影して提示しながら説明文を読み取ったことを話し合っていくと，より学びを深められる。

アップとルーズで伝える
中谷日出（なかやひで）

め 筆者の考えをとらえよう
どこ（段落）に、どのような

テレビ番組で伝える人の
考え

1
2
〔初め〕
① ルーズとは
② アップとは

③で、「何かを伝えるときには、
このアップとルーズを選んだり、
組み合わせたりすることが大切です」

3 ③段落の他に，筆者の考えが書かれた段落や文を見つけて発表しよう。

T　筆者の考えは，③の他に，どの段落に書かれていたのか，また，どの文なのか見つけられましたか。
C　「アップとルーズを選んだり，組み合わせたりすることが大切」というのが，筆者の考えだから…。そんな言葉が使われている段落はどこかな。
T　見つけた自分の考えを発表しましょう。

わたしは，最後の⑧段落にも，筆者の考えが書かれていると思いました。「だからこそ，送り手は…必要があるのです。」の文が，③の文と同じみたいです。

ぼくも⑧段落だと思いました。アップとルーズを「選んだり」や「組み合わせたり…」は③の考えと同じだと思いました。

他の児童の考えも聞き，⑧にも筆者の考えが書かれていることを話し合い，筆写させる。

4 筆者の考えが２度書かれている理由を考え，段落の関係をつかもう。

T　筆者の考えを書いた同じような文が，③と⑧の段落で２度書かれているのは，どうしてだと思いますか。

『思いやりのデザイン』でも，筆者の考えは，「初め」と「終わり」で２度書かれていました。

⑧段落は「終わり」で，まとめの段落だからです。

筆者の言いたいことを分かってもらうために最後にもう１度書いていると思います。

T　このように，説明文で大事な筆者の考えは，初めと終わりで２回書かれることがある（多い）のです。
T　では，①②③の段落のつながりをまとめてみます。①②③は，何の段落といえばよいでしょうか。
C　①はルーズの「例」です。写真で説明しています。
C　②も「例」です。①と②は「例」の段落です。
C　③はアップとルーズの「説明と筆者の考え」の段落です。

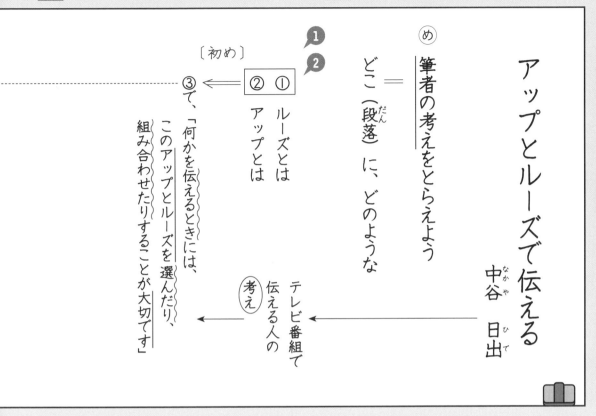

①②③から続けて⑧までの段落のつながりを説明する。（板書参照）

アップとルーズで伝える
第5時（5/8）

本時の目標　④と⑤の段落を対比させて読み，アップとルーズには伝えられることと伝えられないことがあることを読み取る。

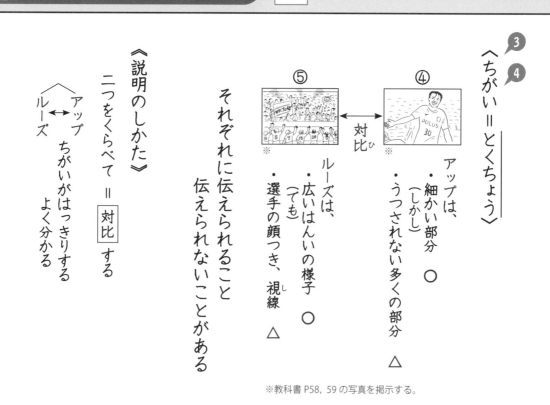

板書例

〈ちがい＝とくちょう〉

④ 
※

⑤ 
※

④ ↔ ⑤　対比（ひ）

アップは、
・細かい部分　○
（しかし）
・うつされない多くの部分　△

ルーズは、
・広いはんいの様子　○
（でも）
・選手の顔つき、視線（し）　△

それぞれに伝えられること
伝えられないことがある

《説明のしかた》
二つをくらべて＝対比 する
アップ ↔ ルーズ
ちがいがはっきりする
よく分かる

※教科書 P58，59 の写真を掲示する。

POINT　「対比」という書き方とともに，「問い」と「その答え」で説明する，という「説明のしかた」にも目を向けさせる。

1 ③の段落を読んで，「問い」の文を見つけ出そう。

T　①②③の段落のつながりは，①と②が例で，③で説明して，筆者の考えを書いていました。

T　③の段落には，もう一つ大事な文があります。③段落を読んで，その文に線を引きましょう。（音読）

「アップとルーズでは，どんなちがいがあるのでしょう。」という文だと思います。

「たずねている文」です。説明文の「問いかけ」の文です。

T　そうですね。説明文でよく使われる「問い（問いかけ）」の文です。③段落には「問いかけ」の文もあるのです。（板書）

T　では，問いの「アップとルーズの違い」は，どこに書いてあるのでしょうか。

C　多分，その後の段落で答えていると思います。

C　④や⑤の段落にその答えが書いてあると思います。

2 「問い」の答えが書かれているのはどの段落か，考え話し合おう。

問いを提示してそれに答えるという形は，説明文でよく使われる説明パターンであることに気づかせる。

T　では，その「問い」の答えはどこに書かれているのか，④段落から後を読んでみましょう。（音読）

教科書 P63 の「ふかめよう」を参考にする。

T　アップとルーズの違いを説明しているのは，どの段落でしょうか。

④段落ではアップで撮ったときのこと，⑤段落ではルーズで撮ったときのことを説明しています。

④段落と⑤段落で比べています。

比べて書いているので，違いがよく分かります。

T　アップとルーズ，どちらがよいと書いていますか。

C　どちらがよいとは書いていません。アップとルーズ，それぞれのよく分かるところ（よいところ）と，そうでないところを比べて書いています。

準備物
・教科書P58, 59の写真（黒板掲示用）

ICT
スライド機能等でアップとルーズの写真を並べて配置したデータを配信すると，児童は文章と対応させながら読み取り，その違いを文章から読み取る助けになる。

アップとルーズで伝える

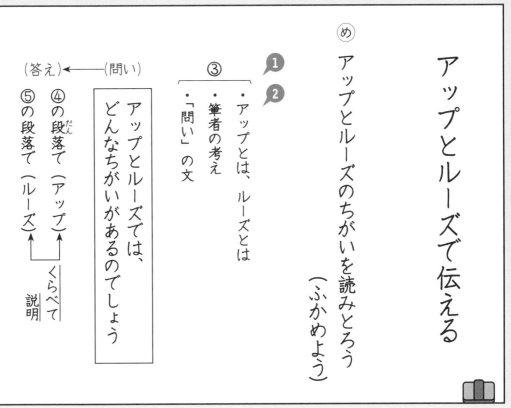

(め) アップとルーズのちがいを読みとろう
（ふかめよう）

1 2

③
・アップとは、ルーズとは
・筆者の考え
・「問い」の文

アップとルーズでは、どんなちがいがあるのでしょう

（問い）→（答え）

④の段落（だん）で（アップ）
⑤の段落で（ルーズ）
くらべて説明

---

3 アップで伝わること，そうでないことを読み取ろう。

T　つまり，特徴を比べて書いているのですね。では，特徴がまとめて書いてあるのは，どの文でしょうか。
線を引かせる。（または，筆写させる）
T　まず，アップについて，線を引いたところは，どこでしょう。

アップのよい（伝えられる）ところは,「細かい部分の様子がよく分かります。」という文です。大きくうつすからです。

反対に,「うつされていない多くの部分のことは, …分かりません。」という文もあります。これもアップの特徴です。

T　では，④段落を読んで，写真と比べてみましょう。
C　やっぱり，大うつしの顔で，喜びが伝わってきます。でも，応援席の様子は，これでは分かりません。
T　アップで伝えられること，伝えられないことがあるのですね。この２つをつないでいるのが，前と反対のことを書くときの「しかし」という言葉です。

4 ルーズの特徴を話し合い，説明のしかたについて考え，まとめよう。

T　では，ルーズのことは，どの文に書いていますか。
C　「広いはんいの様子がよく分かります」の文です。
C　「各選手の…なかなか分かりません」の文です。
C　ルーズで伝えられることと，「でも」から後に，伝えられないところがあることも書いています。
T　このように，④と⑤の段落では，アップとルーズを比べて説明していました。これを「対比」といいます。この説明のしかたを読んで，どう思いましたか。

アップとルーズを比べると，どちらにも伝えられることと，そうでないことの両方あることが，よく分かりました。
伝えられることは，アップとルーズでは反対みたいだと思いました。写真を比べるとそのことがよく分かりました。

T　ここで読んだアップとルーズの違いを整理してまとめて書いてみましょう。（板書参照）
③④⑤を斉読して学習を振り返り，まとめとする。

本時の目標 テレビ局や新聞写真でも，伝えたい内容や目的に合わせて，アップとルーズが使い分けられていることを読み取る。

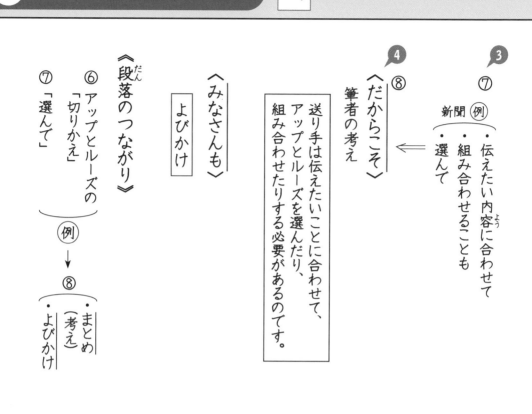

板書例

3
⑦
新聞 例
・伝えたい内容に合わせて
・組み合わせることも
・選んで

4
⑧
〈だからこそ〉
筆者の考え

送り手は伝えたいことに合わせて、アップとルーズを選んだり、組み合わせたりする必要があるのです。

〈みなさんも〉

よびかけ

《段落のつながり》
⑥アップとルーズの「切りかえ」
⑦「選んで」
例
↓
⑧
・まとめ（考え）
・よびかけ

POINT テレビ局での例，新聞に載せる写真の例を読むときも，「筆者の考えが書かれている文はどれか」を考えさせる。

1 アップとルーズの例を話し合おう。⑥⑦⑧段落を音読しよう。

T　④と⑤の段落では，アップとルーズで伝えられることが違ってくることが書かれていました。

アップとルーズの写真など，見たことを話し合わせる。

T　アップやルーズを使った画面や写真を見たことはありますか。

祇園祭の新聞の写真は，ルーズでした。何台もの山鉾が続いている賑やかな様子がよく分かりました。

テレビで，相撲で優勝した力士の顔を，アップでうつしていました。

T　例にあったサッカーの試合の他にも，アップとルーズは使われているのですね。⑥⑦⑧の段落にもそのようなことが書かれています。筆者の考えを読んでいきます。では，最後まで読みましょう。

写真なども見せ，斉読，一人読み，指名読みなど音読させる。

2 ⑥段落の，テレビ局でのアップとルーズの例を読もう。

T　まず，⑥段落には，何のことが書かれていますか。

C　「このように」と，④⑤の説明がまとめてあります。

C　テレビでは，何台ものカメラでうつして，アップとルーズを切り替えていることです。

T　ここで，筆者がいちばん言いたいことはどのことですか。筆者の考えは「何かを伝えるときには，このアップとルーズを選んだり，組み合わせたり…」でしたね。このことを考えると？

C　「…目的におうじてアップとルーズを切りかえながら…」の文だと思います。同じことを言っています。

筆者の考え，言いたいことの文に線を引かせてもよい。「何台ものカメラを用意して」「切りかえながら」については，教師からの補いの説明が必要。

T　この段落は，何の段落といえますか。

C　「テレビ局での（アップとルーズの切り替えの）例」です。

準備物	・アップやルーズが分かる映像や，新聞などの写真，または，イラスト ・画像 QR

ICT	アップやルーズが分かる映像や新聞の写真，イラスト等をデータ化し，文章や児童の発言に対応して提示できるようにしておくと，筆者の考えに迫りやすい。

アップとルーズで伝える

㋱ アップとルーズの使い方を読みとろう

1

アップとルーズの例

（サッカーの試合のほかに）

・ぎおん祭のようす（ルーズ）

・すもう（アップ）

※児童の発言を板書する。

〈ほかにも〉→⑥⑦で

2

⑥ このように（まとめ）

伝えられること

伝えられないこと

テレビ ㊕

・何台ものカメラ…いろいろなうつし方（アップもルーズも）

・目的におうじて切りかえて

3 ⑦段落の，新聞の写真でのアップとルーズの例を読もう。

T　次に，⑦段落での筆者の考えを読みましょう。

T　書いてあるのは，何の説明でしょうか。

C　新聞の写真にもアップとルーズがあることです。

T　ここで，筆者の考え，言いたいことが書いてあるところはどこでしょう。線を引きましょう。

C　「伝えたい内容に合わせて…」のところです。

C　「それらを組み合わせることもあります。」

C　「その中から目的にいちばん合うものを選んで…」

T　新聞の写真のことで，筆者が言いたいことを一つの文で書いてみましょう。

新聞に載せる写真も，伝えたい内容や目的に合わせてアップかルーズのどちらかの写真を選んでいる。

T　この⑦の段落は，何の段落といえますか。

C　「新聞の写真の（アップとルーズの使い分けの）例」です。

実物の写真も見せて「目的」など，説明で補う。

4 ⑧段落を読み，筆者の言いたいこと（考え）について話し合おう。

T　最後の⑧段落を読みましょう。

T　初めの２行の「同じ場面でも，アップとルーズのどちらで伝えるかによって伝わる内容がかわってしまう」とは，例えばどんなことなのでしょうか。

サッカーの例などから，具体化させて話させる。

T　もし，サッカーの試合をアップだけでうつすとすれば，見た人にはどう伝わるでしょうか。

一人の選手の喜びや，悔しさは分かるけれど…。

ボールの動きや他の選手の位置は分からない。

T　だから，選んだり組み合わせたりすることが大切なのですね。家で，テレビなどで確かめてみましょう。

T　ここは，何の段落といえばよいでしょうか。

C　「筆者の考えをまとめている」段落です。

最後の，筆者から読者への呼びかけを読ませる。

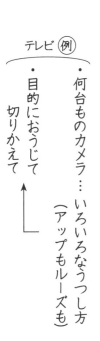

アップとルーズで伝える

第 7,8 時（7, 8/8）

本時の目標　『アップとルーズで伝える』を読んで考えたことを書き，発表し合うことができる。学習のまとめをする。

板書例

・お店
・町の神社
・お寺
・まちなみ
・〇〇の行事
・お祭り　など

◎そこで…
①まず、伝えたいことは「何か」を考えて
②アップとルーズのとくちょうをもとに「どこで」「どう使うか」を考えて

⇦

◇書いてみよう
〈本文のキーワード〉
・目的におうじて
・選んで
・組み合わせて
とり入れて

2
◇発表して聞き合おう

※第８時の板書例は省略。

POINT　第７時の「自分の考え」は難しく捉えすぎず，「読んで思ったこと」でもよしとする。そこにも児童の考えは出る。

1 （第７時）読んで，自分の考えたことを書こう。

T　『アップとルーズで伝える』を読んできて，今，大切だな，と思っていることはどんなことでしょうか。

アップとルーズについて，どんな違いがあるのかがよく分かりました。違いを知ることが大切だと思いました。

伝えるためには，使い分けが大事だと分かりました。

T　今日は，『アップとルーズで伝える』ということについて，自分の考えをまとめて書きます。

教科書 P63「まとめよう」で以下２項目を説明する。
〇人に何かを伝える（具体的な）場面を思い浮かべる。
〇本文を一部引用する。
教科書の２つの文例（総合的な学習の時間，朝のスピーチ）はかなり高度。「心に残った文」を聞き出し，また「祇園祭をうつすなら」など，写真を撮る場面やテーマを例示，助言して書かせるのもよい。児童によっては，感想や印象に残ったことを書かせてもよい。

2 自分の「考えたこと」を発表し，聞き合おう。

T　みなさんが書いた「このように伝える」という「考えたこと」を発表しましょう。

見学など，具体的な場面をもとにするのもよい。

わたしは，社会科での「和菓子屋さんの見学」で見たことを伝える場面を思い浮かべて書きました。お店の様子を伝える写真でも，アップとルーズを組み合わせることが大切だと思います。ルーズでうつしたいのは，商店街とお店全体の様子です。昔からあるお店だということを伝えたいからです。反対に，お店の古い木の看板とおいしそうな和菓子はアップでうつしたいです。
特に，和菓子の美しさは，アップでないと伝わらないと思ったからです。
（※下線部は，本文の引用部分）

C　ぼくは「お茶畑の見学」の場面です。茶畑の広さはルーズで，茶摘みの摘み方やその様子はアップで…。

発表を聞き合い，よいところをほめ合わせる。

準備物
・「この本、読もう」に出ている本
（図書館から借りておく）

ICT
文書作成機能を活用して，本文を読んで考えてきたことを文章表現し，共有機能を使って全体共有すると，児童間でそれぞれの考えを交流しやすくなる。

アップとルーズで伝える

（第７時）

㋱ 学習したことをもとにして
自分の考えを書いてまとめよう
（まとめ→ひろげよう）

1 「アップとルーズで伝える」ということについて

何を　人に何かを伝える場面を
どのように　本文も引用して

⇦

「どんな場面でアップやルーズを使うか
どう使うか、伝えたいことは何か」

◎ たとえば…
□ を見学して伝えたいこと

（第８時）
3 学習のまとめをしよう。「この本，読もう」で本を知ろう。

T　『アップとルーズで伝える』の学習を振り返りましょう。この説明文を読んで，よかったなと思うことや分かったこと，できるようになったことを簡単に書いて，話し合いましょう。（1～3文程度）

C　アップとルーズがあるなんて初めて知りました。写真を見るとき，気をつけて見るようになりました。

C　２つを比べて書いてあったので，いいところと，そうでないところが分かりやすいと思いました。

T　「ふりかえろう」と「たいせつ」も読みましょう。まず，具体的な例はどこに書かれていましたか。

初めの①と②の段落が，サッカーでのルーズとアップの例でした。例と，考えの段落（③,⑧）がありました。

他にも，アップとルーズを使い分けている例もありました。それは…。

T　「人に伝える」ことに関係する本もあります。

「この本，読もう」の本を見せ，紹介する。時間に応じて，一部を読み聞かせると効果的。

4 『考えと例』を読もう。例を使った話をしよう。

T　この『アップとルーズで伝える』では，サッカーの画面が例として使われていました。例が書いてあると，どんなよいところがあると思いましたか。

アップなどの言葉だけでは，どんなうつし方なのか分からないけど，サッカーでのアップとルーズの例があると，うつし方の違いがよく分かりました。

T　例があると，筆者の考えや説明したいことが，読む人に分かりやすくなるのですね。

T　例と考えは結びついていることを，教科書65ページの『考えと例』を読んで，確かめましょう。

T　自分の考えを「例」を使って書いて，話してみましょう。題は教科書の「どんな遊びが好きか」または，他のことでもいいです。（書いて発表）

C　わたしは本を読むのが好きです。例えば…。

書けた児童から読ませ，見本とする。

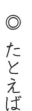

QRコンテンツ（画像） 第3時／第6時 QR

QRコンテンツ（画像） 第3時／第6時 QR

気持ちが伝わる手紙を書こう

お礼の気持ちを伝えよう

全授業時間 4 時間

◎ 指導目標 ◎

・相手や目的を意識して，経験したことなどから書くことを選び，集めた材料を比較したり分類したりして，伝えたいことを明確にすることができる。
・言葉には，考えたことや思ったことを表す働きがあることに気づくことができる。
・丁寧な言葉を使うとともに，敬体と常体との違いに注意しながら書くことができる。

◎ 指導にあたって ◎

① 教材について

メールやインターネットの発展する現代において，お礼や依頼，お詫びなどを表す形式は簡略化され，手紙を書くという機会が減ってきています。その一方で，日本的な文化である「和手紙」は，奥ゆかしく，他には負けない伝統文化のよさをもっています。手紙による文字の温かさや思いなどは，人の気持ちを動かす，価値あるものだということに気づかせます。

児童は，これまでの学習で簡単な手紙を書くことは経験しています。ここでは，お礼の気持ちを伝える手紙を例に，手紙の基本的な型，後付けの書き方，宛名や住所の書き方などを学びます。お世話になったことが役立ったことを具体的に書くことで，より感謝の気持ちが伝えられることなどにも気づかせます。

4 年生では，社会科見学や総合的な学習などで，学校以外の様々な人と触れ合い，お世話になる機会も出てきます。そんなとき，礼状を書いたり，この学習を応用して依頼状や案内状などを書いたり，学んだことを実際に活用していくことができます。

② 個別最適な学び・協働的な学びのために

形式を学習するだけではなく，手書きのよさを味わえる時間としたいものです。教材に組み込まれているから手紙を書く，という動機ではなく，「手紙そのもののよさ」「お礼を伝えるのに，手紙がどのようによいのか」などを話し合わせます。主体性をもって取り組ませることで，これまで何気なく書いていたものより充実した内容の手紙とすることを目指します。

また，手紙独特の書き言葉を知り，日本語の奥ゆかしさに触れる時間にもなるでしょう。

◎ 評価規準 ◎

知識 及び 技能	・言葉には，考えたことや思ったことを表す働きがあることに気づいている。 ・丁寧な言葉を使うとともに，敬体と常体との違いに注意しながら書いている。
思考力，判断力，表現力等	「書くこと」において，相手や目的を意識して，経験したことなどから書くことを選び，集めた材料を比較したり分類したりして，伝えたいことを明確にしている。
主体的に学習に取り組む態度	進んで相手や目的を意識して伝えたいことを明確にし，学習の見通しをもって，お礼の手紙を書こうとしている。

◎ 学習指導計画 全 4 時間 ◎

次	時	学習活動	指導上の留意点
1	1	・学習の見通しをもつ。 ・教科書 P9 を見て，「書くこと」についての既習の学習を振り返り，「気持ちが伝わる手紙を書こう」という学習課題を設定して，学習計画を立てる。	・3 年生のはがきを書く学習からの発展なので，混同しないようにする。 ・「思いを込めて書く」という軸がぶれないようにする。
2	2	・誰に，何のお礼を伝えるのかを決める。	・これまでお世話になった人に，どんなお礼ができるかを話し合わせる。
	3	・手紙の型に沿って，内容を考える。 ・「初めの挨拶」「本文」「結びの挨拶」「後付け」という手紙の型を確かめる。 ・何に対してお礼を言いたいのかを明確にするため，詳しく書き出す。 ・手紙の型に沿って書き，読み返す。 ・文末の表現や文字の間違い，言葉づかいに誤りがないかを確認する。	・自分の伝えたいお礼を具体的に書き出すことによって，何が書きたいか精選させる。 ・手紙によく使う言葉例を，たくさん出し合わせて例示した後，各自で言葉を選ばせて使わせる。ただし，間違った使い方にならないように，机間巡視する。
3	4	・教科書 P69 を参考にして，封筒に宛名と差出人を書く。 ・手紙で気持ちを伝えることのよさを話し合う。 ・教科書「ふりかえろう」などから，学習を振り返り，身につけた力を押さえる。	・封筒や宛名も，文面を書くときと同様に，丁寧に書かせる。 ・できたことを話し合わせ，次に手紙を書くときにいかせるようにする。

お礼の気持ちを伝えよう

第1時（1/4）

本時の目標 書くことについて振り返り，「気持ちが伝わる手紙を書こう」という学習課題を設定し，学習計画を立てることができる。

板書例

2 〈手紙とはがき〉

手紙　…ふうとうに入れて、あらたまった内容
　　　お礼じょう、あいさつじょうなど

はがき…かんたんな内容
　　　だれに見られてもいい

3 〈手紙のマナー〉

・返事は早く返す
・正しく、ていねいに
・ペン書きがのぞましい
・字をまちがえずに書く
・気持ちをこめる

※

4 〈学習の進め方〉

1 だれに、何のお礼を伝えるのか考えよう
2 型（かた）を知ろう
3 手紙を書こう
　読み返してまちがいがないようにしよう
4 手紙を送ろう（あて名、あて先）

POINT 手紙とはがきの違いに気をつけさせる。思いのこもったものであるということに気づかせたい。

1 これまで友達に「手紙」を書いたことがあるか尋ねてみよう。

T　今まで手紙を書いたことはありますか。

ありります。年賀状とか，暑中見舞いとか。

おばさんに入学祝でお手紙をもらったから，お礼の手紙を書きました。

導入として，これまで誰にどんなことを書いたことがあるか，出し合わせる。

T　誰に書いたか，隣の人に尋ねてみましょう。
C　友達に書いた。よく手紙のあげ合いをしているよ。
C　先生や，親せきのおじさんにも書いたことがある。
T　どんなことを書きましたか。
C　「お元気ですか」とか書きました。

手紙ついては，３年生で「案内状の書き方」を既習なので，時間をあまり取らずに進める。ここで，教師のもらった手紙（できれば礼状）を見せてもよい。

2 手紙とはがきの違いを確かめよう。めあてを聞こう。

T　手紙とはがきは，何が違うか，隣の人に知っているか聞いてみましょう。
T　手紙とはがきは，同じようで，少し違います。

両方同じじゃないの？何か知ってる？

手紙は封筒に入れるよね。あとは，貼る切手の値段が違う。

教師から，以下の内容を簡単に説明し，押さえておく。

手紙は，封書で出す正式なもの。はがきは，手紙に比べ，あらたまった挨拶を省き，簡潔な内容を記すものである。また，本人以外の目にも触れるので，見られて困ることは避けるのがマナーとなっている。

T　今回は「気持ちが伝わる手紙」を書く学習です。
C　クリスマスカードとか，お誕生日祝いのカードは，封筒に入った手紙だね。

準備物
・教師がこれまでにもらった手紙（できれば礼状）

ICT
文書作成機能を活用して作成した手紙と，全く同じ文面の手書きの手紙を横に並べて比較してみると，思いの伝わり方などの違いに目を向けることもできる。

お礼の気持ちを伝えよう

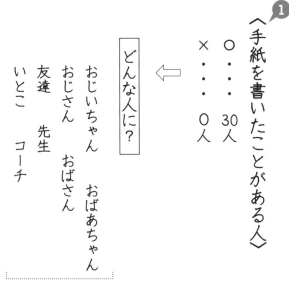

(め) お礼の手紙を書くための学習計画をたてよう

❶ 〈手紙を書いたことがある人〉
○・・・ 30人
×・・・ 0人

⇦ どんな人に？

おじいちゃん　おばあちゃん
おじさん　おばさん
友達　先生
いとこ　コーチ
※

※児童の発言を板書する。

3 手紙を送るときに大事なことが何かを話し合おう。

T　手紙を出すときに，一番大事なことは何でしょう。

まず，各自考えたことをノートに書かせ，次に，その考えを，グループ内で発表させる。

T　では，グループで一番大事だと思うことを話し合いましょう。

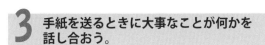

気持ちが一番大事だと思う。早さより，自分の気持ちを込めることが大事だよ。
早く返事をすることが大事。お礼とお詫びはすぐに，と聞いたことがある。
タイミングが大事かもしれない。もらって嬉しいなと思うときがあるから。

グループで出たことを全体で出し合わせ，児童から出たそれぞれの意見を確かめ合わせる。

T　どれが一番とは決められません。手紙を書く上では，どれも大事なものですね。

4 3年生での学びを確かめ，学習計画を立てよう。

T　手紙を書く以外に，これまで「書く」ということについてどんなことを学んできたか，確かめましょう。

T　教科書９ページの「三年生で学んだこと」を，「書くこと」についての４つの流れを確かめながら，読んでみましょう。

まず，何を書くか決めないとだめだね。
次に，内容をどんなことにするか，組み立てないとね。

教科書 P9 下段をさっと読み，確かめさせる。続いて，教科書 P66「見通しをもとう」を見て，今回の学習も同じような流れで取り組んでいくことを確かめさせる。

T　最後に，手紙を送ります。封筒に宛名と住所を書くので，それまでに手紙を送る相手の住所と宛名を調べておかないといけませんね。

お礼の気持ちを伝えよう

第2時（2/4）

本時の目標　誰に何のお礼を伝えるか決めることができる。

板書例

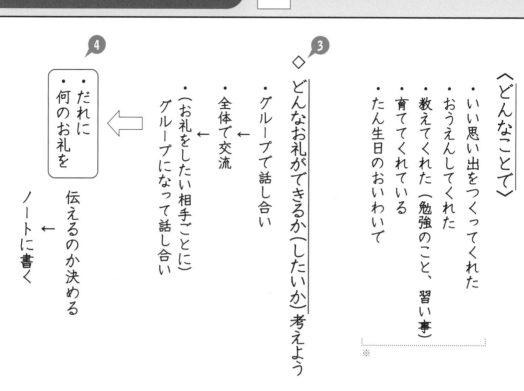

〈どんなことで〉
・いい思い出をつくってくれた
・おうえんしてくれた
・教えてくれた（勉強のこと、習い事）
・育ててくれている
・たん生日のおいわいで
※

3
◇どんなお礼ができるか（したいか）考えよう
・グループで話し合い
←
・全体で交流
←
・（お礼をしたい相手ごとに）グループになって話し合い

4
・だれに
・何のお礼を
⇐
伝えるのか決める
←
ノートに書く

POINT　すぐに手紙を書くことに進むのではなく，手紙を書くまでに様々なことを膨らませ，手紙を書く意欲につなげたい。

1 これまで手紙でお礼をしたり，されたりした経験を出し合おう。

T　これまで，お礼の手紙を書いたり，もらったりしたことがありますか。

あります。おばさんのお見舞いに行った後に，お礼の手紙をもらいました。
この前，転勤した先生に手紙を書きました。

ここでは，いろいろな手紙の話題にならないよう，「お礼」の手紙に絞って出し合わせる。

T　どうして，お礼をするのか，考えてみましょう。
C　自分がいろんなことをやってもらったからです。
C　ありがたい，と思ったからです。
T　お礼の気持ちを伝える手紙のよさを考えましょう。
C　もらった人が嬉しいと思います。
C　スマホとかのメールより温かさはあるかもしれないけど，ちゃんと書くのが難しそうです。

2 自分の経験や思い出を友達に話そう。

T　みなさんは，これまで，どんな人にお世話になってきたと思いますか。

グループになって，どんな話題からでもいいので，思いついたことを出し合わせる。

T　あなたがお世話になった人は，誰でしょうか。先生は，自分の親や，先生方にいろいろと面倒を見てもらいました。

おばあちゃんは，遊びに行くと，いつもぼくが食べたいものを作ってごちそうしてくれる。

T　友達の話から，思い出したことをどんどん出していきましょう。

祖父母，幼稚園や保育所の先生など，全体交流で出てきた意見を板書していく。

準備物

ICT　文書作成機能やスライド機能などで手紙を書く相手や内容について，テキストボックス（付箋）を使って整理すると，手紙に書くことをイメージしやすくなる。

お礼の気持ちを伝えよう

め　だれに、何のお礼をするか考えよう

1　お礼…感しゃの気持ちを伝える

2　〈どんな人に〉
・これまでの先生
・ほ育園やようち園の先生
・お父さん、お母さん
・おじいちゃん、おばあちゃん
・親せきの人
・野球のコーチ
・習い事の先生
※

※児童の発言を板書する。

3　どんなお礼がしたいのか，話し合ってみよう。

T　お世話になった人に自分ならどのようなお礼ができるか，どのようなお礼がしたいか話し合いましょう。

例えば，お世話になった旧担任の先生には，毎日楽しい話をしてくれたことにお礼を言えると思う。
わり算の計算で助けてもらったことのお礼をしたくなった。
それ，いいね。

T　グループで話し合ったことを，発表してください。

全体で交流してから，3～4人グループに切り替え，意見を出させる。このとき，お世話になった人別にグループを作り，話し合わせてもよい。

親（保護者）への手紙は，今までの感謝の気持ちをあらたまって伝える機会となる。学校やクラスの実態によっては，特別な場を設け，最後に親（保護者）にお礼の手紙を渡すことをめあてとして進めていくのもよい。

4　誰にどんなお礼の手紙を書くかを決め，ノートに書こう。

T　今までの話し合いで，誰にどんなお礼の手紙を書くか，決めましょう。決めた人は発表してください。

何人かに発表させる。

ぼくは，転勤した先生に，3年生のときのことについて，お礼の手紙を書きます。
いつもお世話になっているお母さんに手紙を書こうと思います。口では言えないことを，手紙に書きたいです。

T　決めた人は，誰に，何についてのお礼を書くのか，ノートに書いておきましょう。

「誰に」「何のお礼か」を明確にさせ，書き留めておかせる。あわせて，学習課題に沿って，前時でおさえたところも，読み返しておく。

T　次の時間から，手紙の型に沿って，内容を考えていきます。

お礼の気持ちを伝えよう

第3時（3/4）

本時の目標 手紙の「型」を確かめ，手紙を書くことができる。

板書例

※教科書 P68 の手紙の例文を掲示する。

①初めのあいさつ
・季節の言葉や
相手の様子をたずねる言葉
・自分のしょうかいなど

②本文
・伝えたいこと
☆相手がしてくれたこと
☆そのときに感じたこと

③むすびのあいさつ
・相手を気づかう言葉
・わかれの言葉

④後づけ
・日づけ
・自分の名前
・相手の名前

〈気をつけること〉
・相手にお礼の気持ちが伝わるように
・ていねいな言葉で
・読みやすい字で
☆文字は、「太く」「こく」「正しく」

※手紙の例文のどの部分が①～④にあたるのか確かめる。

POINT 手紙の型のワークシート枠を使って，「初めの挨拶」「本文」「結びの挨拶」「後付け」など役割をおさえさせる。

1 手紙に書く内容を考え，詳しく書き出してみよう。

T　手紙に書くことを考えましょう。

T　教科書 67 ページの「伝えたいことを書き出すときは」を読みましょう。

C　相手がしてくれたことや，そのときに感じたことなども書くと，気持ちがよりよく伝わるんだね。

T　教科書の「安田さんのメモ」を見て，みなさんもどんなことがあったか，書いてみましょう。

算数のわり算の時間に，ヒントで九九の段を言ってくれたことを書こうかな。

音楽会で表情をよくほめてくれたことを書こう。それで自信がついたから。

一つだけで書き終わっている児童には，机間指導で教師から助言したり，同じようなことを書いている児童に発表させたりする。なかなか書けない児童には，ささいなことでも何か一つ書き，そこに自分の思いをのせればよいと声掛けしていく。

2 手紙の型について知り，教科書の例文で確かめよう。

T　教科書 68 ページ下の「手紙の型」を読みましょう。

T　型に沿うことで，どんなよいことがあるでしょう。

C　読みやすいし，書く方も書きたいことがまとめやすいです。

型に沿って書くよさを出し合わせ，教科書に示されている型「初めの挨拶」「本文」「結びの挨拶」「後付け」の内容を確かめさせる。

T　教科書 68 ページの手紙の例文を読んで，手紙の型を確かめてみましょう。

例文のどこの部分が，手紙の型のどれにあたるか確認し，4つの構成をはじめにおさえさせておく。

T　4つの型に合わせて書くことを考えましょう。本文が「伝えたいこと」です。

ワークシート（手紙の型）QR を配り，大まかな内容を箇条書きさせる。ワークシート（季節の言葉）QR で季節の言葉の練習をさせてもよい。

準備物
・教科書P68手紙の例文（黒板掲示用）
・ワークシート QR
・便箋をコピーした用紙(児童数)
・便箋(児童数)

ICT
教科書の手紙の例文のデータをモニターで拡大投影し，内容をまとまりごとにマーキングしていくことで，手紙文の構造をつかみやすくなる。

お礼の気持ちを伝えよう

め 手紙の型をたしかめ、手紙を書こう

1 〈手紙に書きたいこと〉
・何に対するお礼か
・どんな出来事だったか
・相手がしてくれたこと
・そのとき感じたこと
・言いたかったこと
・言い足りなかったこと
・自分の思い
・感しゃの気持ち
・知らせたいこと
など

3 書き出したことを，手紙の文章にして書いてみよう。

T　4つの型に沿って，書くことが大体決まりましたね。では，教科書の例文のように，手紙の文を書いてみましょう。

便箋をコピーした用紙を配る。

T　「初めの挨拶」は，季節の言葉や，様子を尋ねる言葉ではじめましょう。

「桜の花が咲き，春の訪れを感じる季節となりました。お元気ですか。」でいいかな。

T　「結びの挨拶」は，相手を気遣う言葉や，別れの言葉で締めくくります。

C　くれぐれもお体にお気をつけお過ごしください。

C　次にお会いできることを楽しみにしています。

T　相手にお礼の気持ちが伝わるように，読みやすい字で，丁寧な言葉を使って書くことが大切です。

教科書の例文で，丁寧な言葉遣いや語尾などの書き方を確かめさせる。

4 間違いがないか，相手や目的を意識した表現かどうか読み返し，清書しよう。

T　書き終わったら，自分で見返したり，隣の人と読み合ったりしましょう。

T　声に出して読んでみましょう。文のつながりがうまくいっているかなどにも気をつけて読み返しましょう。

教師も一度は目を通し，文末表現や文字の間違い，言葉遣いなどに誤りがないか確認する。

T　清書は，便箋に丁寧に気持ちを込めて書きましょう。時間をかけて，受け取る相手を想像して書くといいですね。

便箋（清書用紙）を配る。清書は，できるだけ丁寧に楷書で書かせる。本来ならば，ペン書き，ボールペン書きが望ましい。えんぴつで書く場合は，「太く」「濃く」「正しく」消しゴムを使うことなく，書くよう指導する。

お礼の気持ちを伝えよう
第4時（4/4）

本時の目標 正しい宛名の書き方で，書くことができる。学習の振り返りで，身につけた力を確認できる。

板書例

〈美しいふうとうのポイント〉
□まっすぐにあて名や住所を書く
□切手をはる（まっすぐ）
□相手のあて名や住所にまちがいはないか
□字の大きさ（バランスよく）
□あて名はふうとうの真ん中に書く
（住所より一文字分下げて）
□数字の書き方（漢数字で）
…15は十五と書く

4
◇ふりかえろう
〈知る〉
気持ちを表すために、どんな言葉を使ったか
〈書く〉
お礼の気持ちが伝わるように何をくわしく書いたか
〈つなぐ〉
手紙で気持ちを伝えるよさとは？

POINT 封筒にも，宛名や住所を，中身の手紙と同じくらい丁寧に書かせる。

1 宛名や住所の書き方を知ろう。

T 宛名や住所を書くときに，気をつけることは何でしょうか。

まっすぐ書くこと？
きれいに書くこと？

T 宛名や住所が，ただ分かればいいというわけではありません。せっかく丁寧に書いた手紙を入れるのですから，宛名や住所の美しさも大切です。

教科書の例を参考に，住所と宛名を提示し，ポイントをおさえる。

○まっすぐ書けているか
○切手は貼ってあるか（まっすぐ）
○相手の宛名や住所に間違いはないか
○空白をバランスよく使えているか
（宛名は封筒の中央に，住所より１字分下げて）
○数字の書き方（15は十五と書く，など）

2 宛名や住所を丁寧に書こう。

ワークシート（封筒の表と裏）QR を配り，練習をさせる。練習にもじっくり時間をかけて書かせる。

T 郵便番号を正しく書くと，住所の都道府県名などは省くこともできます。住所や名前で難しい文字があるときは，先生に相談してください。

T 練習も本番と一緒です。美しく，丁寧に，バランスを考えて書きましょう。

バランスなんて，これまで気にしたことがなかったな。
宛名は一番大きな字で中央にまっすぐ書くのね。

丁寧に練習で書けたら，本番用に封筒を配る。切手なども貼れるのなら，準備して，丁寧に貼らせる。そのとき，切手を舐めるのではなく，水か糊で貼らせる。

準備物
・教科書P69封筒書き方例（黒板掲示用）
・ワークシート QR
・封筒(児童数)
・切手（必要に応じて）

ICT
実際に手紙を書く場合は，下書きをする際に文書作成機能を活用すると，文章の入れ替えや使う言葉の修正といった文章の推敲をしやすくなる。

お礼の気持ちを伝えよう

(め) あて名や住所の正しい書き方を知ろう
学習をふりかえろう

1 2

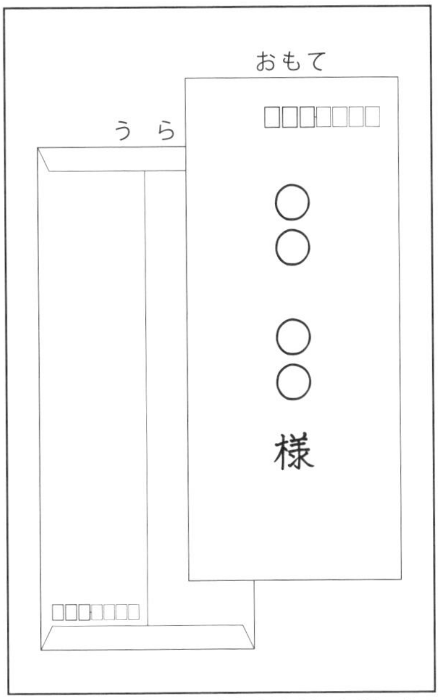

※教科書 P69「封筒の宛名書き例」を掲示する。

3 手紙で気持ちを伝えるよさとは何か，振り返ってみよう。

T　手紙で気持ちを伝えるよさを振り返りましょう。手紙の書き方を学んで，思ったことを発表しましょう。

伝えたい気持ちについてあらためて考えて書くと，分かりやすくなりました。

型に沿って書くと，美しく見えるし，あらたまった気持ちを伝えられたと思います。

丁寧に書くと，気持ちがよりこもっている気がします。

T　これまで書いてきた手紙と比べるとどうでしたか。グループで話し合ってみましょう。
C　こんなに丁寧に手紙を書いたことはなかったよ。
C　時間をかけてきれいに書いたから，気持ちもこもって見えるんじゃないかな。

グループで話し合ったことを発表させ，共有させる。

4 学習したことを振り返ろう。

教科書 P69「ふりかえろう」を読み，学習を振り返らせる。3つの各項目に対し，自分の学んだことや考えたことをノートに書かせる。

自分の気持ちを表すために，話し言葉より，丁寧な言葉を使うように心がけました。

お礼の気持ちが伝わるように，ただ，「ありがとう」だけでなく，どんなことをしてもらったとか，そのときの嬉しい気持ちを詳しく書きました。

T　振り返りが書けたら，ノートを机の上に置き，見せ合いましょう。見たノートに意見や感想があれば，赤えんぴつで書き込むか，直接伝えましょう。

グループ，または全体で交流させる。

T　これからは，お礼だけでなく，お願いやお詫びの気持ちなどでも手紙でうまく伝えられたらいいですね。

ワークシート　お礼の気持ちを伝えよう

手紙の型

名前（　　　　　　　　）

● 手紙の型にあわせて、手紙の内容を考えて書きましょう。

部分	書く内容
初めのあいさつ	
本文	
むすびのあいさつ	
後づけ	

※ かじょう書きでかんたんに書きましょう。

喜楽研

ワークシート　お礼の気持ちを伝えよう

季節の言葉

名前（　　　　　　）

(1) 季節の言葉を入れたあいさつの例文を書き写しましょう。

【春】春らしいあたたかさになりました。

【夏】つゆもあけて、明るい空が広がっています。

【秋】秋晴れの、気持ちがいい日がつづいています。

【冬】寒さのきびしい季節になってきました。

(2) 季節を決めて、あいさつを考えましょう。

【　　】

【　　】

喜楽研

漢字の広場２

全授業時間２時間

◎ 指導目標 ◎

・第３学年までに配当されている漢字を書き，文や文章の中で使うことができる。
・間違いを正したり，相手や目的を意識した表現になっているかを確かめたりして，文や文章を整えることができる。

◎ 指導にあたって ◎

① 教材について

前学年の配当漢字を与えられた条件で使うことで漢字の力をつけようとする教材です。「漢字の広場２」では，「夏の楽しみ」がテーマになっています。夏休み前の時期，児童もイラストを見ながら楽しそうなことの想像を膨らませることでしょう。イラストに沿って「それぞれの人になったつもりで」提示された漢字を使った短作文の練習をします。

また，ここでは，主語と述語のつながりや，句読点に気をつけて読み直しをすることも課題として提示されています。ただし，この単元のねらいは前学年の配当漢字の復習です。このねらいを忘れずに，あまり高度な要求にならないように気をつけたいところです。

② 個別最適な学び・協働的な学びのために

児童に，自分がイラストで描かれている人になったつもりで，夏の体験を自由に語らせることは，書く抵抗を和らげる一つの手法です。ここでは，できるだけ多くの漢字を使って短文を作らせたいところですが，作文や漢字が苦手な児童は手が止まってしまいます。漢字を正しく書けているかどうかを，教科書の字をよく見ながら確認させることが大切です。友達と見せ合う前に，教師が机間指導の段階で間違いを見つけ指導することで，児童の「失敗感」は減るでしょう。友達に指摘されるより，先生に指摘されたほうが児童の自尊心は傷つきにくいと考えられるからです。また，間違いやすい複雑な漢字を重点的に指導するという視点も大切です。

◎ 評価規準 ◎

知識 及び 技能	第３学年までに配当されている漢字を書き，文や文章の中で使っている。
思考力，判断力，表現力等	「書くこと」において，間違いを正したり，相手や目的を意識した表現になっているかを確かめたりして，文や文章を整えている。
主体的に学習に取り組む態度	進んで第３学年までに配当されている漢字を書き，これまでの学習をいかして，文を書こうとしている。

◎ 学習指導計画　　全２時間 ◎

次	時	学習活動	指導上の留意点
1	1	・教科書 P70 を見て，３年生で習った漢字の読み方を確かめる。 ・絵を見て，それぞれの場面を想像し，話し合う。 ・提示された漢字を書く。	・絵に描いてあるものだけでなく，絵から想像したことも話し合わせ，次時の文作りの素地を作る。 ・間違えやすい漢字や部分に気をつけて書く練習をさせる。
	2	・絵を見ながら，提示された言葉を使って夏の楽しみを文に書く。 ・書いた文の主述のつながりや句読点が適切かどうかを確かめ，間違いを直すなど推敲する。 ・書いた文を友達と読み合い，交流する。	・夏の楽しみを「自分だったら」というように置き換えて考えることで，イメージを確かにさせる。「なったつもり」「したつもり」の文でよい。

漢字の広場２

第１時（1/2）

本時の目標　3年生で習った漢字を正しく読み書きでき，夏の楽しみの絵から，いろいろ想像して書くことができる。

板書例

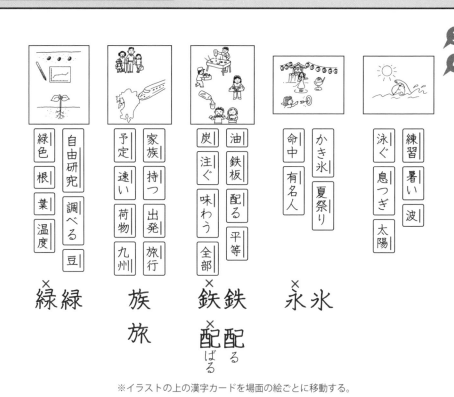

◇ 絵からそうぞうしたことを発表しよう

自由研究　調べる　豆
緑色　根　葉　温度

家族　持つ　出発　旅行
予定　速い　荷物　九州

油　鉄板　配る　平等
炭　注ぐ　味わう　全部

かき氷　夏祭り
命中　有名人

練習　暑い　波
泳ぐ　息つぎ　太陽

×緑　緑
族
旅
×鉄　鉄
×配（ばる）　配（る）
×永　氷

3　4

※イラストの上の漢字カードを場面の絵ごとに移動する。

POINT　復習のための取り組みである。絵から想像し，考えたことを自由に書くことで，意欲的に漢字学習に取り組ませたい。

1　3年生の漢字を声に出して読もう。

T　3年生で習った漢字です。1つずつ読み方を確かめましょう。指をさしていきますので，読みましょう。

れんしゅう，あつい，なみ，…。
かきごおり，なつまつり，…。

漢字が苦手な児童の数は３年生配当漢字から増えてくる。４年生の間にしっかり復習して，完全に身につけさせたい。学習に入る前に，漢字を学ぶ必要性について考えを出し合わせてもよい。

まず，読みの段階から丁寧に進めていく。

T　読めない字が１つでもあった人はいますか。（挙手させる）

T　久しぶりに見た字で忘れていたものがあっても，今思い出せば大丈夫です。

読みを確認させる。意味が分からない言葉は，教師が説明するか，辞書で調べさせる。

2　場面ごとに絵を見て，見つけたことや想像したことを出し合おう。

T　この絵は，夏の楽しみについて描いてあります。いろいろな楽しみがありますね。みなさんの夏の楽しみは何ですか。隣どうしで話をしましょう。

ぼくは，夏休みにおじいちゃんの家に行くのが楽しみ。
わたしは，プールが楽しみ。

どんなことが楽しみか話をさせて想像を膨らませる。夏休み前の授業のため，児童も自分のことと重ね合わせて，いろいろ想像することができる。

T　教科書の絵を見て，見つけたことを話しましょう。

C　夏祭りに有名人が来ているのかな。

C　あと，出店でダーツもしているよ。

C　バーベキューでは，お父さんは調理係なのかな。

いろいろな想像を，友達と出し合わせることで，次時の文作りへつなげさせる。「絵を見て話す（想像する）」という設定から離れすぎないように，声をかけておく。

準備物	・漢字カード QR ・教科書の挿絵 または，黒板掲示用イラスト QR ・（必要なら）国語辞典

ICT	漢字カードにある言葉を1つずつ分解してデータ化し，黒板掲示用イラストデータと共に配信すると，児童は言葉集めをすることもできる。

漢字の広場 2

㋲ 三年生で習った漢字を正しく読み、夏の楽しみの絵からいろいろそうぞうしよう

1
2

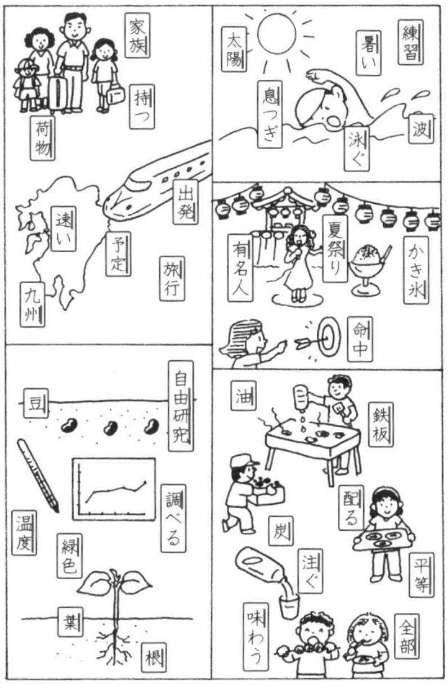

※教科書の挿絵（または，QR コンテンツのイラスト）を掲示し，イラストの上に QR コンテンツの漢字カードを貼る。
※イラストは 5 枚に切り離せるようにしておく。

3 夏の楽しみの絵から想像したことを話し合おう。

5 つの場面に分けて，いろいろ想像を膨らませて 2 人組で出し合ったことを，全体で発表させる。

T　海で泳いでいる絵から，どんな想像をしましたか。
C　海で泳ぐと，波があるから息つぎが大変そうです。
C　暑い中で，とても長い距離を泳いでいるのかな。
T　自由研究の絵からどんなことが想像できますか。

豆を植えて，温度と成長の関係を調べているようです。

夏休みの宿題で，2 学期になったら発表するのかな。

T　他の絵はどうですか。
C　近所の人たちとバーベキューをしたのかな。平等に配っているのは，お母さんかな。
C　炭を使って鉄板で焼いたお肉は美味しいだろうね。
C　だから，全部味わって食べきったみたいです。

4 漢字を正しく書こう。間違えやすい漢字を確かめよう。

T　次の時間に，ここに出ている漢字を使って文を作ります。正しく書けるように練習しましょう。特に，「緑」「鉄」「配る」の字や送り仮名に気をつけましょう。

間違って覚えていたな。正しい漢字を覚えよう。

他に，間違えやすい漢字として「旅」，「族」の字がある。

クラスの実態に合わせて，進め方は工夫できる。前回の「漢字の広場 1」の指導のときから，まだ苦手なままの児童には，さらに丁寧に個別支援をしていく。

T　正しい字を間違わずに書いて，覚えられましたか。

早くできた児童には，教師のチェックを受けさせてから，困っている友達のサポートをさせてもよい。

漢字の広場２
第２時（2/2）

本時の目標 教科書に提示されている3年生で習った漢字を正しく読み書きできる。

板書例

◇ 3 それぞれの人になったつもりで文を書こう

〈例〉わたしは、夏休みに、家族で九州へ旅行に行きます。

・ぼくは、夏休みに、泳ぐ練習をします。太陽の日ざしが暑くても、波があってもうまく息つぎできるようになるまでがんばります。

・わたしは、夏休みの自由研究で、豆の育ち方を調べます。

〈旅のしおりのように〉

・旅行二日目。わたしは、夏祭りで有名人の歌を聞き、かき氷を食べる予定です。

※児童の作った文を板書する。

◇ 作った文章を読み直そう

・漢字のまちがい
・主語と述語（じゅつ）のつながり
・句（く）読点「。」「、」の使い方
・て、に、を、は　など

◇ 4 友達の文章を読み合おう

POINT 「自分だったら」「その人になりきって」と考えさせる。既習漢字でも，漢字を間違えて書く児童がいると思って机間巡視

1 これまでに習った漢字を読もう。

T　漢字はもう読めるかな。みんなで確認しましょう。

前時と同じように，指した字を読ませていく。列指名や，声をそろえて言う，読める漢字は立って読む，などをして，効率的に進める。読めない漢字が読めるようになった人から，立っている状態から席に座らせるのもよい。

既習漢字を新出漢字と同じように扱っていては，定着の成果は出にくくなる。間違えやすい部分を重点的に取り上げるなど，軽重をつける必要がある。

後半の時間確保のために，さっと進めていく。

2 教科書の例文で文の作り方を確かめ，作ってみよう。

T　今日は，この漢字や言葉を使って，文を作ります。教科書の例文を読みましょう。

C　「わたしは，夏休みに，家族で九州へ旅行に行きます。」

T　例文には教科書のどんな言葉が使われていますか。

C　「家族」「九州」「旅行」です。絵の女の子になったつもりで，文を作っているんだね。

T　このように「それぞれの人になったつもりで」夏の楽しみを文章に書きます。誰か考えられた人，発表してみてください。

ぼくは，夏休みに，海で泳ぐ練習をします。

わたしは，夏祭りで有名人が歌を歌うのを見に行きます。

T　例文は１文ですが，１文でも２文でもいいです。教科書の言葉をできるだけたくさん使いましょう。

何人か作った児童に発表させ，文の作り方を理解させる。

準備物
- 漢字カード QR
- 教科書の挿絵 または，黒板掲示用イラスト QR
- 付箋

ICT 児童がノートに書いた文章や挿絵を写真撮影して共有機能を使って全体共有すると，様々な文章表現に触れられ，対話的に文章の推敲もできる。

漢字の広場２

1

2

め 三年生の漢字を使って、夏の楽しみを文章に書こう

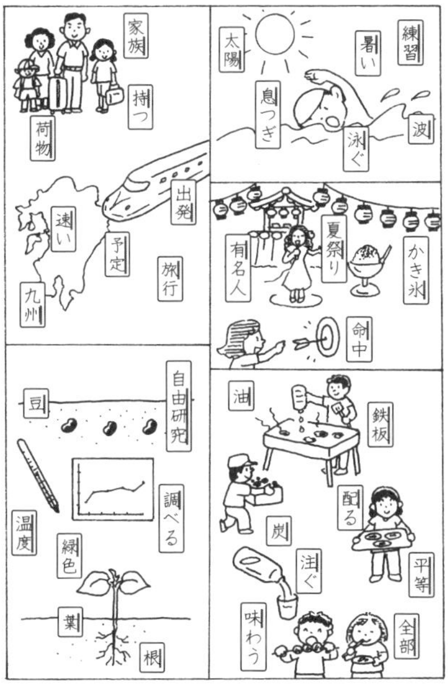

※教科書の挿絵（または，QR コンテンツのイラスト）を掲示し，イラストの上に QR コンテンツの漢字カードを貼る。

する。言語指導なので，間違いは指摘する。

3 夏の楽しみの絵から想像して書いた文をノートに書こう。

T　絵の人になったつもりで，夏の楽しみを文に書きましょう。書くときは，主語と述語のつながりや，句読点に気をつけましょう。

T　いいですよ。1日目，2日目，などという言葉を使ってつなげるのもいいでしょう。

「なったつもりで」を忘れて書いている児童がいるかもしれない。机間巡視や全体で早めに確認する。

使い終わった漢字に○をつけておくと，どれだけの漢字を使って文が書けたかが分かることも伝えておく。

T　ノートに書けたら，自分で間違いがないか読み直しましょう。

ここがメインの活動になるので，時間を 15 分～ 20 分確保する。ある程度の時間で区切って，隣の人と書いた文章を読み合い，間違いなど確かめ合わせてもよい。

4 みんなで文を読み合い，確認しよう。

T　書けた文を何人かに発表してもらいます。どんなところが工夫されたかを考えながら聞きましょう。

クラス全体で 2，3 人に発表させる。その後，ノートを自分の机の上に置き，「ノート博覧会」をする。友達の書いた文を読み，どこがよいか付箋や赤鉛筆でコメントを書き込ませるとよい。

T　友達が書いた文を見て回りましょう。

教科書の言葉もたくさん使って文が作れているね。
うまく日記ふうに書いてある。1日目が海で，2日目がバーベキューのことだね。

読み終わった後に，どんな文にどんなコメントがあったかを全体で交流させ，お互いにできていたことや，参考になったことを確認させる。

場面をくらべて読み，心にのこったことを伝え合おう

一つの花

全授業時間７時間

◎ 指導目標 ◎

・登場人物の気持ちの変化や性格，情景について，場面の移り変わりと結びつけて具体的に想像することができる。
・様子や行動，気持ちや性格を表す語句の量を増し，話や文章の中で使い，語彙を豊かにすることができる。

◎ 指導にあたって ◎

① 教材について

戦争の時代，食べ物はもちろん，あらゆる物が乏しくなり，子どもにも「一つだけ…」としか言えなかったころの物語です。ごく普通の人々の戦時下と戦後のくらし，また悲しみや願いが，ある一家族の姿を通して語られています。

物語は，大きくはお父さんが出征するまでの戦中と，「それから，十年の年月がすぎました」という戦後の二つの場面で構成されています。その間の十年は，読者の想像に任されています。その中で「一つだけ」というゆみ子の口癖は，お父さんが手渡した「一つの（コスモスの）花」へ，そして「コスモスの（花の）トンネル」へと続いていることがイメージできます。お父さんの思いともいえる「一つの花」は，厳しいくらしの中での「一つの豊かさ，子への愛情，幸せ，希望…」を表しているようです。そして，それはゆみ子の十年後として描かれています。そこにお父さんは（戦死して？）いませんが，いっぱいのコスモスの花とともに，一日一日を，前を向いて生きようとする姿が読み取れます。これが，この物語の主題といえるでしょう。ただ，「戦争は悲惨だ」「かわいそう」というだけの読み方にならないようにします。

「場面をくらべて読み，心にのこったことを伝え合おう」という学習課題で進めます。ですから，戦時中の様子とも比べながら，十年後の場面をどう読むかが大切になります。場面ごとの人物の様子や行動，言葉に着目して読み進めます。

② 個別最適な学び・協働的な学びのために

「心にのこったことを伝える」という学習活動自体が，主体的な学びといえます。また，それを友達と交流することは，対話的で深い学びとなります。友達の感想への共感とともに，見方や感じ方は異なることにも気づかせます。そこに，児童個々のくらしが反映しているからです。一方，心に残ったことを書く前提として，場面設定や人物の行動，会話の意味が読み取れていることが必要です。語り手の視点に立って読み，その場面を自分はどう見たのかを，書き留めさせておくのもよいでしょう。なお，戦後約八十年，戦争に関わる言葉や当時の様子については，教師からの説明が必要です。

◎ 評価規準 ◎

知識 及び 技能	様子や行動，気持ちや性格を表す語句の量を増し，話や文章の中で使い，語彙を豊かにしている。
思考力，判断力，表現力等	「読むこと」において，登場人物の気持ちの変化や性格，情景について，場面の移り変わりと結び付けて具体的に想像している。
主体的に学習に取り組む態度	粘り強く，登場人物の気持ちの変化や性格，情景について，場面の移り変わりと結び付けて具体的に想像し，学習の見通しをもって，心に残ったところを伝え合おうとしている。

◎ 学習指導計画　全７時間 ◎

次	時	学習活動	指導上の留意点
1	1	・全文を読み，物語の概要を捉える。 ・学習課題を聞き，初めの感想を書く。	・学習課題は「場面をくらべて読み，心にのこったことを伝え合おう」とする。
2	2	・場面分けをして，1の場面の設定を話し合い，戦争中のゆみ子のくらしを読み取る。	・「一つだけ…」がゆみ子の口癖であったことと，そのわけを読み，話し合わせる。
	3	・ゆみ子の将来を心配しながらも，出征するお父さんと，見送るゆみ子たち家族の様子を読み取る。	・「高い高い」をするお父さんの姿や，何も分からず，「一つだけ」というゆみ子の姿を読み取らせる。
	4	・最後の別れに「一つの花」をゆみ子に渡したお父さんと，ゆみ子の姿を読み取る。	・「一つだけ…」が「一つの花」になったこと，ゆみ子が喜んだことに気づかせる。
	5	・「それから十年…」後のゆみ子の姿とくらしぶりを，それまでの時代と比べて読み，違いを話し合う。	・お父さんはいない。また，くらしも豊かではないが，ゆみ子は元気に成長したこと，いっぱいのコスモスに気づかせる。
3	6・7	・全文を読み返し，十年後の場面には「一つだけ」という言葉が出てこない理由を考え，話し合う。 ・学習課題に沿って，心に残ったことを書く。	・「場面をくらべて読み…」という課題に沿って，お父さんの願いも考えながら，戦中と戦後の場面を読み比べさせる。 ・『一つの花』の意味を考えさせる。
		・書いた文章を発表・交流する。 ・学習を振り返り，まとめをする。	・教科書の「ふりかえろう」を参照する。 ・戦争や平和に関わる読み物を紹介する。

一つの花
第1時（1/7）

本時の目標　全文を読み通し，初めの感想を書くことができる。学習課題を知る。

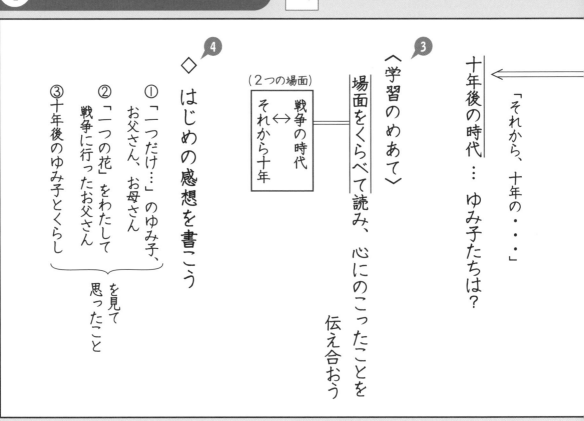

板書例

「それから、十年の・・・」
十年後の時代 … ゆみ子たちは？

3
〈学習のめあて〉
場面をくらべて読み、心にのこったことを
伝え合おう

（2つの場面）
戦争の時代 ↔ それから十年

4
◇はじめの感想を書こう
①「一つだけ…」のゆみ子、お父さん、お母さん
②「一つの花」をわたして戦争に行ったお父さん
③十年後のゆみ子とくらし
を見て思ったこと

POINT　初めて物語に触れる。初めは教師の上手な範読を聞かせる。次に，学習の基礎として正しく音読できるよう援助する。

1 『一つの花』という物語を読み，学習しよう。

T　これから『一つの花』という物語をみんなで読んで学習していきます。どんなお話なのか，初めの言葉を読みましょう。（教科書P71をみんなで読ませる）

T　「戦争がはげしかったころの，ある家族のお話」とあります。今から約80年前，戦争をしていました。これまでにも，そんな頃のお話を読んだことはありますか。

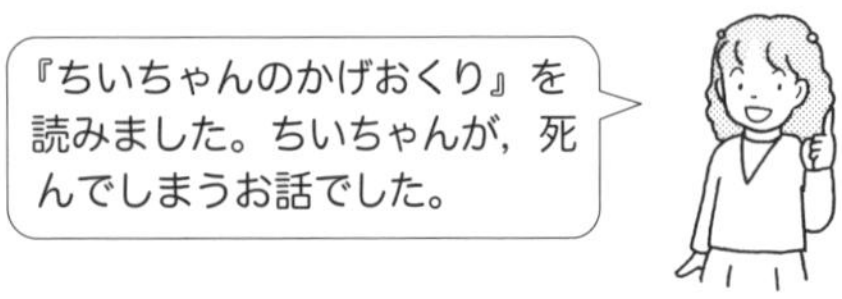

『ちいちゃんのかげおくり』を読みました。ちいちゃんが，死んでしまうお話でした。

T　『一つの花』は，その頃（ちいちゃんのかげおくり）と同じ時代のお話です。

T　題名は『一つの花』です。題名をどう思いましたか。

C　『一つの花』って何の花なのかなと，思いました。

C　「一つ」って何か変な感じ。「たった一つ」っていうことなのかなあ。大事なもの，特別な花なのかな。

2 全文の範読を聞き，音読をしよう。

T　では，『一つの花』を読みましょう。はじめに先生が読みます。出てくる人は誰で，どんなお話なのでしょうか。「一つの花，今西祐行。『一つだけちょうだい。』これが，…」

まず，『一つの花』とはどんな物語なのかを，教師の範読で聞かせる。（約7分）

C　『一つの花』とは，お父さんがゆみ子にあげた一つのコスモスの花でした。

T　他にも，分かったことや思ったことがあったでしょう。今度は，自分で読んでみましょう。

各自，音読させる。読みにくい児童の側について，援助する。読みがなをつけさせてもよい。

この後「配給」や「空襲」，また，「いつ」「どこで」「どの国と」など，この戦争の概要を説明する。

準備物	・戦争のことを説明するための資料（地図，写真など，また，当時の防空頭巾など実物があれば） ・（できれば）原稿用紙

ICT	スライド機能等を活用して「1枚ポートフォリオ」に振り返りを書きためていくと，本時から単元末に至るまでの自己の読みの変容を捉えるのに役立つ。

一つの花

め 全文を読み、学習課題をとらえよう

1 2 「戦争がはげしかったころ」のお話

（八十年以上前） 中国と戦争

戦争の時代

一九四一年十二月 アメリカとも戦争

（ゆみ子の時代）
・物がない
・ばくだん
・配給

一九四五年八月 戦争が終わる（日本が負けた）

3 学習課題を捉えよう。

T　出てくるのは誰で，どんなお話なのか分かったと思います。この『一つの花』で勉強することを確かめましょう。82 ページ「目標」を読みましょう。

C　「場面と場面をくらべながら，…。」

T　この『一つの花』には，大きく分けると，2 つの場面（時代）があったことは，分かりましたか。

C　はい，戦争中と，その十年後です。

C　十年後，ゆみ子は，もう小学生になっています。

C　お父さんが，戦争に行く日の場面もありました。

T　『一つの花』の場面を大きく分けると，「お父さんが戦争に行くまでの場面」と，「その十年後，ゆみ子が大きくなったときの場面」になります。様子は随分違いますね。このような場面と場面をくらべて，心に残ったことを書くのです。

十年後は，時代も違うし，ゆみ子も大きくなっている。

4 はじめの感想を書こう。

T　読むと，いろいろ思うことも出てきたでしょう。今の気持ち，はじめの感想を書いておきましょう。

T　こんなことを考えて書くといい，ということ（観点）を，いくつか挙げておきます。

① いつも「一つだけ」と言っていたゆみ子や，お父さん，お母さんを見て。
② 「一つのコスモスの花」をゆみ子に渡して，戦争に行ったお父さんを見て。
③ 十年後の（小学生になった）ゆみ子とくらしを見て。

初発の感想は，教師にとっても児童の考えを知り，今後の授業の展開を考える上での参考になる。「はじめの感想」は，「何でもいい」でもよいが，いくつかの観点を示す方がよい。

ノートに書かせてもよいが，原稿用紙などに書かせて回収し，教師が目を通しておくと，今後の授業にいかすことができる。

書けた児童から何人か発表させる。主には，次時の始めに読み合う。教師が目を通し，選んでおく。

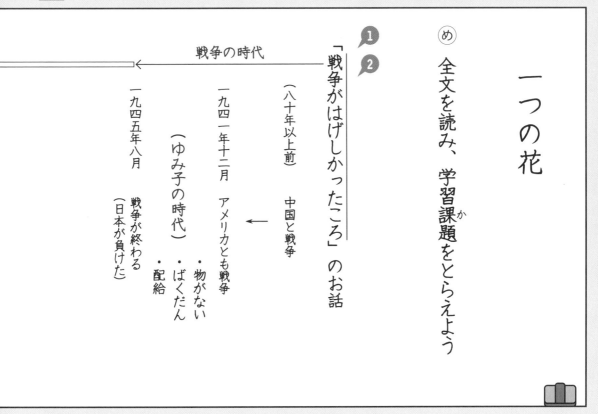

一つの花
第2時（2/7）

本時の目標
『一つの花』の設定を捉え，戦争中のくらしぶりと，ゆみ子たち，人物の様子を読み取る。

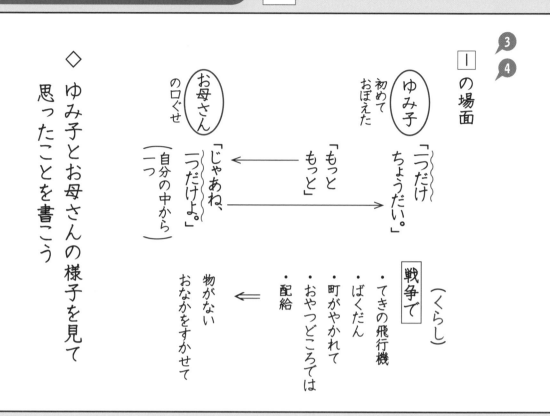

板書例

3 4

1の場面

ゆみ子　初めておぼえた
「一つだけちょうだい。」
「もっともっと」

お母さん　の口ぐせ
「じゃあね，一つだけよ。」
（自分の中から一つ）

（くらし）
戦争で
・てきの飛行機
・ばくだん
・町がやかれて
・おやつどころでは
・配給
⇐ 物がない
おなかをすかせて

◇ゆみ子とお母さんの様子を見て思ったことを書こう

POINT　学習する内容が多い。効率よく進める。戦争については，教師が随時説明を入れる。年代や期間，当時の言葉などを解説する。

1 初めの感想を発表し，聞き合おう。全文を通読し，場面分けを考えよう。

前時に書いた初めの感想から選んでおき，何人かに発表させる。いくつかをプリントしておき，読み合うのもよい。友達の多様な考えを知り合わせる。

T　『一つの花』を音読しましょう。いくつの場面があるのか，また場所や出てくる人物も確かめましょう。

斉読や一人読みなどで，場面を意識させる。

T　場面は，いくつに分かれていましたか。確かめましょう。まず，1つ目の場面は，どこまででしょうか。

「おぼえてしまったのです。」までです。
1行空いています。

【場面分け】　※第2場面は，2つか3つに分けてもよい。
第1場面　戦争中のくらしと，ゆみ子の口癖
第2場面　①「なんてかわいそうな子…」～
　　　　　②それから，まもなく…
　　　　　③ところが，いよいよ汽車が…
第3場面　それから，十年の年月が…

2 いつ，場所，人物など，各場面の設定を話し合おう。

教科書P82「とらえよう」を読み合い，手引きとさせる。

T　3つの場面について，いつ，どこ，出てくる人物，出来事など，場面ごとに整理してみましょう。

3の場面だけが，戦争の後の時代のことです。でも，季節は秋です。

T　3の場面だけが，時代が違うのですね。

C　それに，ゆみ子は大きくなっているし，お父さんもいない。場面が大きく変わっています。

T　そうです。大きく2つの場面でできている物語です。まず，1の場面（の設定）を確かめましょう。

C　時代は，戦争中の時代。場所は，ゆみ子の家です。

C　人物は，2歳くらいのゆみ子とお母さんです。食べるものがあまりなくて，お腹をすかせています。

準備物	・戦争中のくらしが分かる資料（地図，写真など） （児童の様子に応じて，適宜説明に使う）

ICT	戦時中のくらしが分かる写真・動画データを用意しておき，必要に応じて提示すると，戦時の生活に関する知識を補いながら読み進めていくことができる。

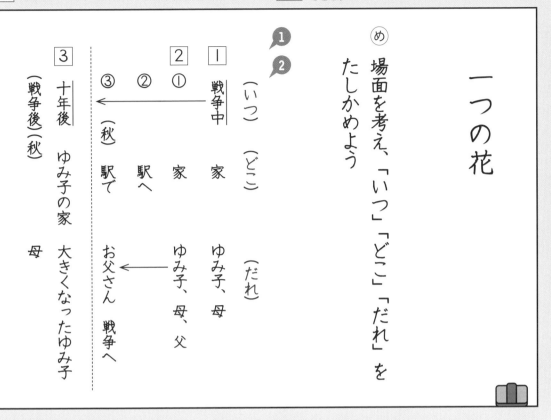

一つの花

め 場面を考え、「いつ」「どこ」「だれ」をたしかめよう

1 2

	（いつ）	（どこ）	（だれ）
1	戦争中	家	ゆみ子、母
2 ①		家	ゆみ子、母、父
②		駅へ	
③	（秋）	駅で	お父さん　戦争へ
3	十年後 （戦争後）（秋）	ゆみ子の家	大きくなったゆみ子 母

3 1の場面から，ゆみ子たちのくらしぶりを読もう。

1の場面にならって，2，3の場面設定も確かめ合わせる。主に時代，場所，人物を中心に捉えさせる。様子や出来事は，今後，場面ごとに読んでいかせる。

T　まず，1の場面を読みましょう。ゆみ子とお母さんの様子やくらしぶりは，どう書いてあるのでしょうね。（斉読，指名読みなど）

C　戦争中は，お菓子なんてどこにもなかったんだね。

T　世の中の様子も書いてあります。文章から分かることはどんなことでしょうか。

「お米の代わりに…」と書いてあるので，お米がなかったことが分かります。びっくりしました。どうしてだろう。

「毎日，てきの飛行機が…」から，町が焼かれて，多くの人も死んだのだろうと思いました。怖いな。

「…だの」や「そんな物は…」「…といえば」などの心情的な表現も，時間に応じて取り上げる。

4 ゆみ子とお母さんの様子を読もう。

T　ゆみ子とお母さんの様子も書かれています。様子が分かる文や言葉に線を引き，横に思ったことも書いて発表しましょう。

「『一つだけちょうだい。』これがゆみ子の…」の文からも，ゆみ子はいつもお腹をすかせて…。

「一つだけ…」は，子どもが初めて覚える言葉としては，普通ではないことにも気づかせる。

T　お母さんの様子は，どうでしょうか。

C　「自分の分から一つ…」から，お母さんは，精一杯ゆみ子を育てたい，食べさせてやりたい気持ちです。

C　「一つだけ，一つだけ…。」の口癖から，…。

「…を読んで」など，文を踏まえた発表をさせる。

T　こんなゆみ子やお母さんの様子を見て，どう思いましたか，今の気持ちを書きましょう。

語り手の視点で書かせて，発表させる。

一つの花

第3時（3/7）

本時の目標　②の場面の途中までを読み，高い高いをするお父さんの様子や，出征するお父さんを見送るゆみ子たちの様子を読み取る。

板書例

② それからまもなく、
お父さんも戦争に行かなければならない日

（遠い汽車の駅へ）
見送り
駅

ゆみ子
「一つだけちょうだい、
おじぎり、――」
⇐ みんな食べて

他にも（見送り）
「ばんざい」
軍歌

お母さん
ゆみ子
お父さん

ホームの
はしの方で

別れ ＝ さいごかも？
戦争になんか
行く人では
ないかのように

◇ ゆみ子たち家族の様子を見て
思ったことを書こう

POINT　お父さんの長い言葉（独白）は，詳しくは扱わない。「かわいそうな子」は，ゆみ子を不憫に思い，将来に希望を見いだせ

1 ①の場面の感想を発表しよう。②の場面を音読しよう。

T　①の場面について書いた感想を発表して，聞き合いましょう。（教師が発表者を決めておく）

本時までに1枚文集にしておき，読み合わせてもよい。前時の振り返りは，このような感想発表の形で行う。

T　今日は，②の場面を読みます。お父さんも出てきます。ゆみ子をどう思っているのでしょうか。

まず，P75「高い高いするのでした。」まで音読させる。

C　家でゆみ子の「一つだけ…」のことを話しています。

T　お母さん，お父さんの言葉を読んでみましょう。

「一つだけ」と欲しがるゆみ子を，お母さんは，「なんてかわいそうな子…」と，言っています。きっと，お母さんも悲しかったと思います。

お父さんは，「どんな子に…」と，ゆみ子の「一生」を心配しています。

2 ②の場面①　お父さんとお母さんのゆみ子への思いを読もう。

お父さん，お母さんは，ゆみ子を「かわいそうな子」と思っているが，どうもしてやれない。音読と話し合いを通して，その様子や思いに気づかせる。

T　お父さんの様子としたことが書いてあるところに線を引いて，分かることをメモしましょう。

「深いため息を…」から，お父さんの気持ちが分かる。

「そんなとき…めちゃくちゃに高い高い」からも，お父さんのつらさが分かる。

T　「めちゃくちゃに高い高い」をしたお父さんを，どう思いましたか。気持ちも想像してみましょう。

C　ゆみ子をとても大事に思っています。でも，何もしてやれない。だから「高い高い」をしました。

T　お母さんとお父さんの言葉を読んで，また様子を見て，思ったことを書きましょう。（書いて発表）

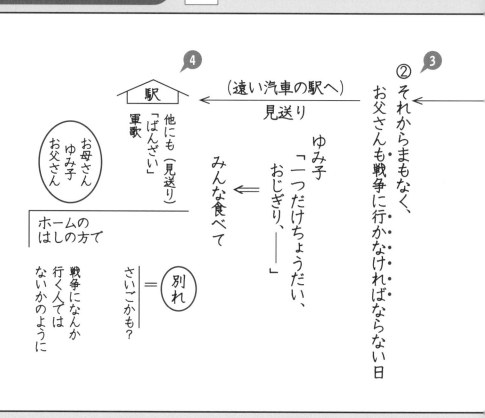

準備物		ICT	文書作成機能やスライド機能等を活用してゆみ子たち家族の様子を見て思ったことを書くと，共有機能を使って全体共有しやすく，児童の見取りにも役立つ。

一つの花

㋱ 人物の会話や行動をたしかめて読もう

❶

2 の場面

❷

① お母さん →ゆみ子 「なんてかわいそうな子」

お父さん →ゆみ子 「みんな一つだけ。大きくなって、どんな子に」

決まってめちゃくちゃに高い高い （かわいそう つらいなあ）

※児童の発言を板書する。

ないでいる心情といえる。

3 2の場面② お父さんが出征する場面を読もう。

T　この後，ゆみ子の一家に大きな出来事が起こります。それは，何でしょう。

C　お父さんが，戦争に行くことになったことです。

T　では，続きを読みましょう。

「それからまもなく，」から「…行く人ではないかのように。」までを，みんなで読ませる。

T　場面が変わりましたね。家ではありません。まず，書かれているのは，いつ，どこでのことでしょうか。

出征の様子，服装，持ち物，かばんの中身，軍歌など，分かりにくいところは簡潔に説明，解説する。

また，ゆみ子の関心事は，お父さんではなく，もっぱら「食べること」だったと気づかせる。

4 駅のプラットホームでのゆみ子たちの様子を読もう。

T　駅での様子は，どうだったのでしょう。「駅には…」から後を読みましょう。（斉読または，指名読み）

「他にも戦争に行く人」「人ごみ」「ばんざい」などは，P76の挿絵も押さえながら，その場面を想像させる。

T　ゆみ子の家族は，駅のどこにいますか。（板書の図を指す）「万歳」や，「勇ましい軍歌」と比べてどうでしょうか。

駅のホームの，端っこの方です。
大勢の人たちとは，離れたところにいます。
ゆみ子の家族は，何となく寂しそうです。

T　お父さんの様子はどう書かれていますか。

C　「まるで，戦争になんか…。」

T　このときのゆみ子の家族を見て，思ったことを書きましょう。

書いた感想を発表させ，聞き合わせる。

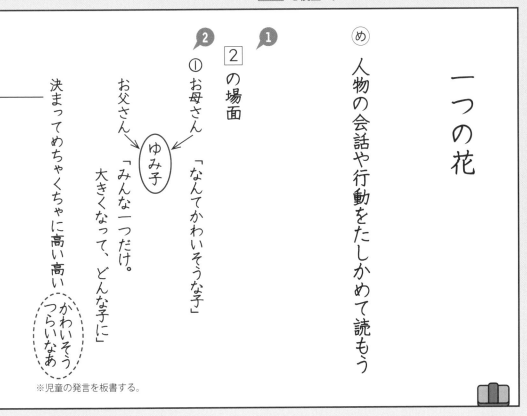

一つの花
第4時（4/7）

本時の目標 お父さんが，別れ際にゆみ子に「一つの花」を渡したときの様子を読み取る。

板書例

〈お父さん〉
ぷいと・・・
コスモスの花を見つけた

※1

ホームのはしっぽ

4
「ゆみ。さあ、一つだけあげよう。
一つだけのお花、大事にするんだよう。」

※1

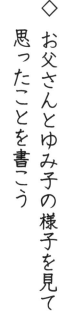

〈ゆみ子〉
キャッキャッと
足をばたつかせて
よろこび・・・
（おにぎりではないのに）

⇩

〈お父さん〉
にっこりわらうと
何も言わずに・・・
一つの花を
見つめながら――。

◇お父さんとゆみ子の様子を見て思ったことを書こう

※1 QR コンテンツのイラストを貼り，動かす。

POINT 「一つの花」を渡したときのお父さんの言葉や様子と，ゆみ子の喜びようを文に即して読み取らせる。その理由は問わなくて

1 [2]の場面前半の①②を音読し，前時の感想を発表，交流しよう。

T　[2]の場面をはじめから読んで，人物の様子や出来事を振り返りましょう。（音読）

C　お父さんが戦争に行くのを，見送る場面でした。

練習の意味でも，音読の機会を設ける。一人読み，斉読の他，指名読みなど多様なやり方で音読させる。

T　[2]の場面，②で書いた「見て思ったこと」を発表しましょう。

ゆみ子は，お父さんが戦争に行くことを全然分かっていないと思います。そこが余計かわいそうでした。

他に見送りの人がいないなんて，どうしてだろうと思いました。

ここで，前時に書いた感想を発表し合わせる。（短時間）前もって目を通しておき，いろいろな考えや思いを知り合わせる。そのため，指名して読ませるのもよい。

2 [2]の場面後半の③『一つの花』の場面を読もう。

T　いよいよ，お父さんが汽車に乗って行ってしまう場面です。どんなことが起こるのでしょうか。今日学習するところを音読しましょう。（P78 L2–P79 を音読）

T　「ところが，いよいよ汽車が…」の文をもう一度読みましょう。「汽車が入ってくる」ということは，どういうことですか。

お父さんが，もう行ってしまうということです。お別れです。

戦争に行くのだから，二度と帰ってこないかもしれません。

T　そのとき，起こったことは何でしょう。

C　ゆみ子の「一つだけちょうだい」が始まりました。

T　どんな気持ちになりますか。

C　なんでこんなときになってぐずるの，やめて，何とか機嫌を直して…という気持ちになります。

C　お母さんは，もう泣きたい気持ちだったかもしれません。

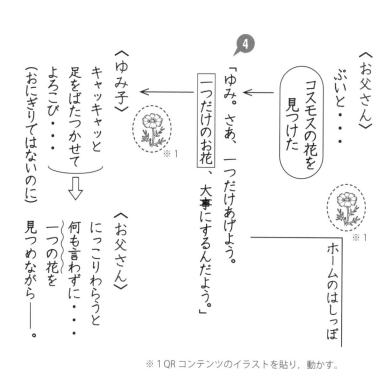

準備物	・(あれば) 実物のコスモスの花 または，黒板掲示用イラスト QR ・画像 QR	ＩＣＴ	文書作成機能やスライド機能等を活用して父とゆみ子の様子を見て思ったことを書くと，共有機能を使って全体共有しやすく，話の流れを捉えやすくなる。

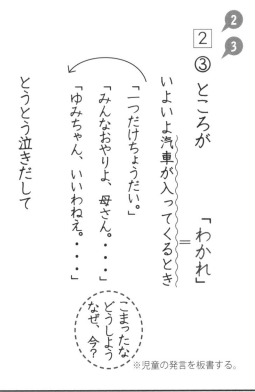

一つの花

㋱「一つの花」をわたしたお父さんの様子や会話に気をつけて読もう

2 ③ ところが

「わかれ」＝いよいよ汽車が入ってくるとき

「一つだけちょうだい。」

「みんなおやりよ、母さん。・・・」

「ゆみちゃん、いいわねえ。・・・」

とうとう泣きだして

こまったな
どうしよう
なぜ、今？

※児童の発言を板書する。

よい。

3 お父さん，お母さんがゆみ子にしたことを読もう。

T　そこで，ゆみ子の「一つだけ…」を見た，お父さん，お母さんがしたことは，どう書いてありますか。そこを読んでください。

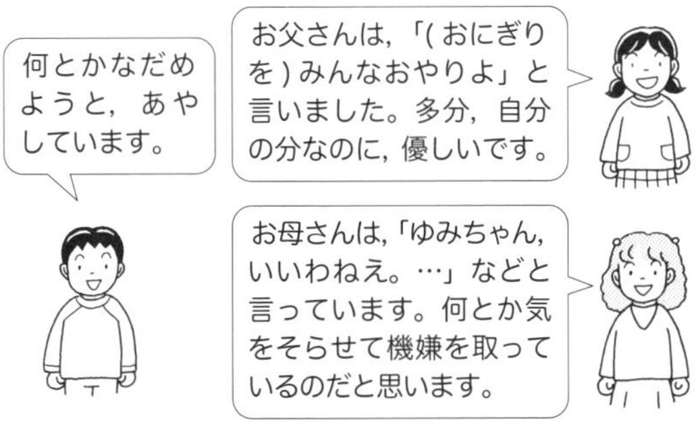

何とかなだめようと，あやしています。
お父さんは，「(おにぎりを)みんなおやりよ」と言いました。多分，自分の分なのに，優しいです。
お母さんは，「ゆみちゃん，いいわねえ。…」などと言っています。何とか気をそらせて機嫌を取っているのだと思います。

T　それでもゆみ子は…と，いうと？

C　「ゆみ子は，とうとう泣きだしてしまいました。」

T　そこで，お父さんのしたことは何でしょう。読んでみましょう。

線を引かせる。「ぷいと…」「わすれられたように…」「コスモスの花が…」と，語り手の視点で書かれている。

4 「一つの花」をゆみ子にあげたお父さんとゆみ子の様子を読もう。

T　コスモスの花を見つけたお父さんの言葉を読みましょう。別れが来たお父さんの言葉です。

お父さんの思いを込めて音読させる。(数人に指名)

T　その結果，どうなったのか，読みましょう。まず，ゆみ子はどうですか。

お父さんもお母さんも，ほっとしたと思います。

T　お父さんの様子は，どう書いてありますか。

C　「にっこり…」「何も言わずに…」「一つの花を見つめながら…」(戦争に) 行ってしまいました。

C　お父さんは「よかったな」という気持ちかなあ？

T　この場面を見て，みなさんは今どんな気持ちでしょう。思ったことを書いて話し合いましょう。

思ったこと感じたことを書き，発表させる。

一つの花
第5時（5/7）

本時の目標　「それから十年」後の，ゆみ子の家族の様子を読み，それまでとの違いを読み取ることができる。

板書例

2 3

くらしは？
○とんとんぶきの
小さな家
（でも）
○コスモスの花で
いっぱいに
（中から）
○ミシンの音
＝
お母さんの仕事？

（十年前とくらべて）
お父さんは
いないけれど――

「一つだけ」 ←→ 選べる

「お肉とお魚とどっちがいいの。」…選べる

買い物かごをさげたゆみ子
・スキップをしながら
・コスモスのトンネルを…
・小さなお母さんになって

4

◇書いてみよう
それから十年のゆみ子（たち）を見て
思ったこと・言いたいことについて

POINT　十年後のくらしでは，お父さんがいないという負の面とともに，「いっぱいのコスモス」に象徴される，成長や明るさ，

1　③の場面の設定を話し合い，ゆみ子のくらしの様子を読もう。

T　今日は，③の場面を読みます。「それから，十年の年月がすぎました。」（一旦，止まって）この「それから」とは，いつからのことなのですか。
C　お父さんと駅で別れてからの，十年後です。
C　「一つの花」をもらって別れてから，十年後です。
T　では，続きを読みましょう。（範読，一人読み）
T　十年後は，どのような様子でしょうか。場所はどこですか。戦争はどうなったのでしょう。出てくる人物は誰ですか。

ゆみ子の家（の見えるところ）です。

大きくなったゆみ子が出てきます。

お母さんは家の中にいるみたいです。

戦争はすでに終わっていることなど，時代の変化を説明する。ゆみ子の家も，おそらくは空襲で焼けて，とんとん葺き（要説明）なのかもしれない。

2　十年後の，ゆみ子の姿を読もう。

この場面も，語り手が眺める視点で語られている。

T　ゆみ子のお家やくらしの様子は，どう書いてありますか。分かることを，書いて発表しましょう。

お家は，小さなとんとん葺きです。

でも，今は「コスモスでいっぱい」です。季節は，十年前と同じで秋ですが，前は「一つの花」でした。

箇条書きなどで簡単に書かせる。想像も入ってよい。なお，このコスモスをお父さんがくれたコスモス（が増えた）と，考える児童もいる。

T　ゆみ子の様子も，十年前と比べてみましょう。
C　ゆみ子は，お昼を作れるくらい大きくなっています。十年後だから小学校の5，6年生かな。
C　「スキップを…」から，ゆみ子はとても元気そう。それに，コスモスのトンネルをくぐって楽しそう。

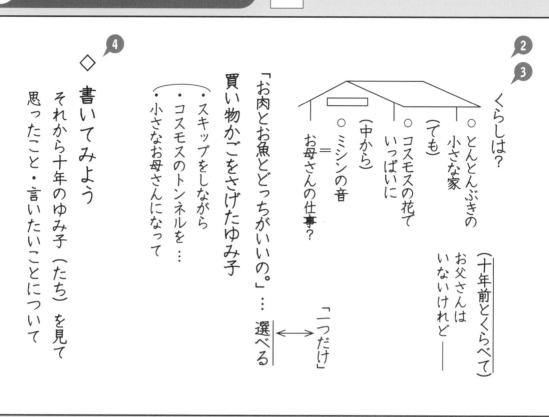

準備物
・黒板掲示用イラスト QR
・画像 QR

ICT
画像（コスモス）をモニターに投影して提示しながら物語を読み進めると，情景を思い浮かべつつ読み，コスモスのもつ意味合いにも迫っていくことができる。

一つの花

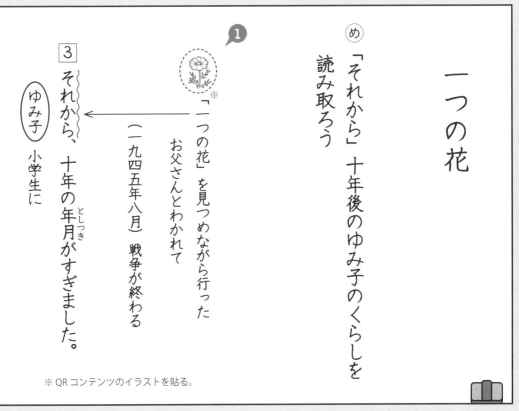

(め)「それから」十年後のゆみ子のくらしを読み取ろう

1

※
「一つの花」を見つめながら行った
お父さんとわかれて
（一九四五年八月）戦争が終わる

3
それから、十年の年月（としつき）がすぎました。
(ゆみ子) 小学生に

※ QR コンテンツのイラストを貼る。

健気さなどの面を捉えさせる。

3 家族のくらしの様子を読み，話し合おう。

お母さんの仕事などのくらし向きも想像させる。

T　くらしの様子が分かるところはありませんか。
C　お母さんは，ミシンをかけています。なんだか，忙しく縫い物の仕事をしているみたいです。
C　「お肉とお魚とどっちが…」と聞いているので，もう食べるものには困っていないと思います。十年前の戦争のときは「一つだけ」でした。
T　では，十年前と比べて，大きな違いは？…といえば，何でしょうか。

今は，お父さんがいないことです。戦争で死んだのかもしれません。

だから，今はゆみ子とお母さんの二人暮らしです。前は三人だったのに。

簡単に，この十年のことを想像させるのもよい。

T　この場面を，もう一度，読みましょう。（音読）

4 あれから十年後のゆみ子を見て，どう思ったのかを書こう。

T　十年後のゆみ子とくらしの様子が書かれていました。それを見てどう思いましたか。書いてみましょう。

お父さんは，「どんな子に育つだろう」と心配していたけれど，ゆみ子が明るく元気な子になっていてよかったです。

でも，「お父さんの顔も覚えていない」のはかわいそうでした。やっぱりお父さんもいてほしいな，と思いました。

お父さんはいなくても，ゆみ子もお手伝いをしてがんばっている。コスモスの花もいっぱい。ゆみ子，がんばれ，と思いました。

T　このお話には，大きく分けて戦争の時代とその十年後の２つの場面がありました。今，話し合ったようにくらしの様子も変わりました。次の時間は２つの「場面をくらべて読み」心に残ったことを書きます。

一つの花

第 6,7 時（6, 7/7）

本時の目標 戦争中とその十年後の場面を比べて読み，心に残ったことを書いて交流することができる。学習の振り返りができる。

板書例

〇コスモスの花でいっぱいに
〇コスモスのトンネルを
〇小さなお母さんになって
十年後
・幸せ
・平和
・一つでない
・生きる
※

一つの花

花とは（お父さんの願い？ 一つの幸せ？）大切なもの
※

「いっぱいのコスモス」（成長したゆみ子のすがた）に

◇心にのこったことと、その理由を書こう
・『一つの花』について
・ゆみ子の様子を見て

③ ◇書いたことを発表して聞き合おう

④ ◇ふりかえろう

※児童の発言を板書する。

POINT 6時目の「心に残ったこと」を書く時間を確保する。また，書きにくい児童には，個別の援助をする。「心に残ったこと」は，

（第 6 時）

1 学習課題を確かめ，物語を読み直そう。

T　学習課題は，「場面をくらべて読み，心にのこったことを伝え合おう」でした。また，82 ページの「問いをもとう」のところに，「物語に出てきた，『一つだけ』や『一つ』という言葉について…」とあります。この２つを考えて，読み返しましょう。

２つの課題を板書し，全文を斉読か一人読みさせる。

T　この「一つだけ…」という言葉は，最後の場面には出てきていません。２つの場面を比べて読んで，その理由を考えましょう。どうしてでしょう。

ゆみ子が，「…お肉とお魚とどっちがいいの。」と聞いているように「一つだけ」と言わなくてもよい時代になったからだと思います。選べるくらいに…。

それは，やっぱり戦争が終わったからです。

コスモスもいっぱい，「一つだけ」じゃないからです。

2 場面を比べて読み，心に残ったことを書こう。

T　この「一つだけ」という言葉とよく似た言葉がありましたね。何でしょうか。

C　お父さんがゆみ子にあげた「一つの花」です。

C　題名と同じです。どちらも「一つ」です。

T　この「一つだけ…」と「一つの花」は似ていますが，違うところはありますか。

ゆみ子の「一つだけ」は「ちょうだい」でした。でも，「一つの花」は「ちょうだい」ではありません。

「一つだけ」は，食べ物です。花とは違います。食べ物ではないのに，ゆみ子は喜んだところが…。

T　では，２つの場面（戦中と十年後）を比べて読んで，心に残ったことと，その理由を書きましょう。

教科書 P83 の「まとめ方の例」をもとに，書き方を説明する。「学習」（P82, 83）の内容はかなり高度で難しい。解説が必要。

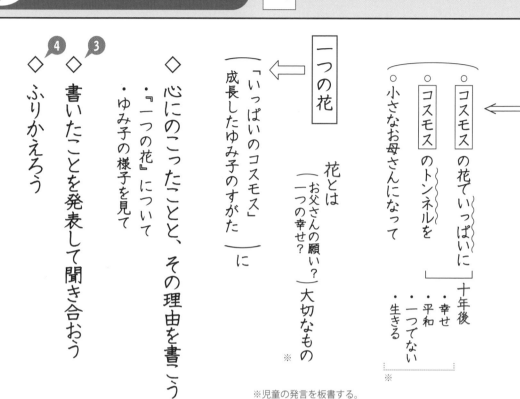

準備物	・「この本，読もう」に紹介されている本（図書館で借りておき，見せる。時間があれば読み聞かせをする）

ICT	文書作成機能を活用して心に残ったことを記すと，全体共有しやすくなる。1枚ポートフォリオに整理していれば，自己の読みの変容も捉えることができる。

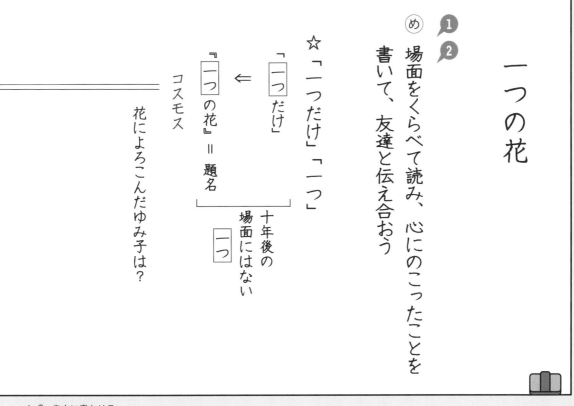

一つの花

1
2
め 場面をくらべて読み、心にのこったことを書いて、友達と伝え合おう

☆「一つだけ」「一つ」

「一つだけ」
⇐
『一つの花』＝題名
十年後の場面にはない 一つ

コスモス

花によろこんだゆみ子は？

まず，自由に書かせる。

3 （第７時）書いたことを友達と伝え合い，交流しよう。

T　書いた文章を発表しましょう。

お父さんとゆみ子たちが別れる場面が，いちばん心に残りました。お父さんは「一つの花」に喜んだゆみ子を見て，「一つだけちょうだい」のゆみ子ではないことが分かったのだと思います。だから，「にっこり」と笑って，別れたのだと思いました。それは，十年後のゆみ子の姿に…。

C　十年後，お父さんがいなくてもがんばっているゆみ子（の姿）に感動しました。それは，十年前には…。

C　お父さんがあげた「一つの花」が，コスモスのトンネルになったみたいで，いいなと思いました。

前もって教師が読んでおき，発表させる感想文は選んでおく。発表のしかたは，クラスの実情に応じて，グループでの読み合い，全体での発表・交流など。どこに心を寄せているのかを知り合い，伝え合わせる。

4 心に残った場面を振り返ろう。学習のまとめをしよう。

T　題名の『一つの花』には，どんな気持ちや願いが込められているのでしょうか。

たった『一つの花』だけど，とても大事なものという意味だと思いました。

一つの「幸せ」とか，「元気に育って」という，ゆみ子への「願い」が『一つの花』だと思いました。

T　「ふりかえろう」を読みましょう。特に心に残った会話や人物の行動，様子はどんなことでしょうか。

C　「一つだけちょうだい」という，ゆみ子の言葉です。でも，十年後，ゆみ子はもう言いませんでした。十年後のゆみ子の姿がいい。応援したいです。

C　お父さんが「一つの花」を見つめて別れた場面と，十年後のゆみ子とコスモスが心に残っています。

「この本，読もう」に紹介されている本を紹介し，戦争や平和について考えることを呼びかける。

つなぎ言葉のはたらきを知ろう

全授業時間２時間

◎ 指導目標 ◎

・接続する語句の役割について理解することができる。

◎ 指導にあたって ◎

① 教材について

「だから」や「しかし」のような言葉を「つなぎ言葉（接続語）」と言います。つなぎ言葉は，ただ，文と文とをつなぐというだけでなく，前の文と後の文との関係を表す働きをしています。例えば，「しかし」があると，その後ろには前の文の内容とは逆になるような文が続く（逆接）ことが分かります。文と文の関係がつかめるのです。また，つなぎ言葉を使うことによって考えが明確になり，文意も伝わりやすくなります。考えを進める上でも，大切な働きをする言葉です。

本単元では，このようなつなぎ言葉（接続語）の働きと使い方について学習します。つなぎ言葉は，「だから」や「しかし」の他にも，「また」や「そして」「つまり」などいろいろな言葉があり，使う文脈も異なります。これらのよく使うつなぎ言葉については，教科書でも説明されていますが，文例も使った教師からの説明も必要でしょう。そして，例文に多く触れたり，つなぎ言葉を使った文を作ったりすることを通して，その働きとともに，使う場面や使い方に気づかせるようにします。

② 個別最適な学び・協働的な学びのために

わたしたちは，言葉を使ってものごとを考え，また考えを進めています。つまり，思考力は言葉の力に支えられています。特につなぎ言葉は，論理的に考えたり意見を述べたりするときに，重要な役割を果たしています。ですから，このようなつなぎ言葉を使って文章を書いたり，対話したりすることは，言葉の力とともに思考力や表現力を高める上でも大切なことです。

４年生頃からは，意見を述べるときも，「それは，…」「なぜなら，…」などのつなぎ言葉を使って，その理由を述べることもできてきます。国語科に限らず他の教科でも，これらのつなぎ言葉を意識的に使うことをすすめ，使えるように指導します。特に，意見を述べる場面の多い主体的で対話的な学習では，「だから」「つまり」などのような，つなぎ言葉を使った発言をほめ，広げるようにするとよいでしょう。

◎ 評価規準 ◎

知識 及び 技能	接続する語句の役割について理解している。
主体的に学習に取り組む態度	積極的に接続する語句の役割を理解し，これまでの学習をいかして，つなぎ言葉を使って文を書こうとしている。

◎ 学習指導計画　全 2 時間 ◎

次	時	学習活動	指導上の留意点
1	1	・「問いをもとう」を読み，つなぎ言葉とその役割について考える。 ・表を見て，「だから」などの他にもいろいろなつなぎ言葉があることを話し合う。 ・教科書 P87 の問題1を見て，問題の文の後に続くつなぎ言葉と文を考えて書く。	・「だから」や「しかし」のような言葉を，「つなぎ言葉」ということを知らせる。 ・文と文の関係によって，使うつなぎ言葉も違っていることに気づかせる。 ・つなぎ言葉一覧表も参考にさせる。
	2	・P87 の問題1で作った文を発表し，つなぎ言葉がうまく使えているかどうか，話し合う。 ・つなぎ言葉を使った文を作り，発表，交流する。 ・つなぎ言葉によって，気持ちも表せることを話し合う。 ・学習のまとめをする。	・使えるつなぎ言葉は 1 つではなく，後の文によって複数あることに気づかせる。 ・友達の作った文を聞き合い，多様なつなぎ言葉の使い方を知り合わせる。 ・教科書の2の問題を考え，「だから」と「しかし」を使ったときの気持ちの違いを話し合わせる。

つなぎ言葉のはたらきを知ろう

第1時（1/2）

本時の目標　「だから」や「しかし」は，文と文をつなぐつなぎ言葉であることを知り，その働きや使い方が分かる。

板書例

つなぎ言葉 …文と文のつながり方を表す

3 〈いろいろなつなぎ言葉〉

(1) だから、それで
(2) しかし、でも
(3) また、そして
(4) それとも、または
(5) つまり、要するに
(6) では、さて

4 〈練習問題 1〉

① 明日は台風が来るらしい。［？］、――。

POINT 「つなぎ言葉」は，教科書の説明だけでは分かりづらい。文例も挙げて教師が説明で補う。例文の音読を通して，つなぎ

1 文と文の間に入る言葉を考えて，2つの文をつなげよう。

まだ教科書は開けさせないで，教科書 P85「問いをもとう」の1つめの文を「雨がふりそうだ。〔　〕，かさを持っていく。」と，つなぎ言葉を抜いて板書する。

T　先生が黒板に2つの文を書きました。この文の間の〔　〕には，どんな言葉が入ると思いますか。ヒントは，「だから」か「しかし」のどちらかです。

入るのは「だから」です。雨が降りそうだ，ということは，傘がいります。「雨が降りそう。だから，傘を持っていく」と，前の文とうまくつながるからです。

T　「だから」がないと，どうでしょうか。
C　ある方が，（考えが）分かりやすいです。
C　雨が降りそうなら，傘を持っていくのは当たり前だから，「だから」を入れるとうまくつながります。

2 文と文をつないでいる「つなぎ言葉」を知ろう。

同様に，教科書 P85「問いをもとう」の2つめの文を，つなぎ言葉を抜いて板書する。

T　では，この文ではどうでしょうか。
C　今度は，「しかし」が入ります。
T　「しかし」がないと，どうでしょうか。

雨が降りそうなら傘を持っていくものなのに，それと反対の文が後ろにあるから，分かりにくいです。

T　それぞれの文に「だから」と「しかし」を入れて読んでみましょう。入れて読んだときの方が，文と文のつながり方がはっきりしますね。
T　初めの文が同じでも，後の文によって〔　〕に入る言葉は違ってくるのですね。この「だから」や「しかし」は，前の文と後ろの文をつないでいるのです。このような言葉を「つなぎ言葉」といいます。

教科書 P85 を読み，「だから」と「しかし」はどういうときに使うのか，働きを考えさせ，説明で補う。

準備物	・黒板掲示用カード QR ・ワークシート（児童数）QR

ICT	ワークシートのデータを配信して，そこに児童がつなぎ言葉を使った文を書くようにすると，共有機能を使って全体共有しやすくなる。

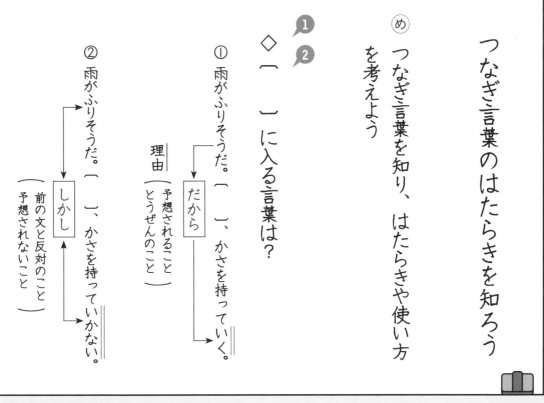

つなぎ言葉のはたらきを知ろう

め つなぎ言葉を知り、はたらきや使い方を考えよう

1

2

◇〔　〕に入る言葉は？

① 雨がふりそうだ。〔　〕、かさを持っていく。

だから

理由（予想されることとうぜんのこと）

② 雨がふりそうだ。〔　〕、かさを持っていかない。

しかし

（前の文と反対のこと 予想されないこと）

言葉の使い方を耳で捉えさせる。

3 いろいろなつなぎ言葉を知ろう。

ここで，まとめ的に「だから」や「しかし」を使った文作りや，問題作りを取り入れてもよい。

T 「つなぎ言葉」は，「だから」や「しかし」だけでしょうか。他にもよく使っているつなぎ言葉は，ありませんか。

「そして」とか，「でも」「また」もよく使います。
「でも」は，「しかし」の代わりにも使えます。

T 教科書 86 ページの表を見てみましょう。いろいろなつなぎ言葉が，「はたらき別に」出ています。文章の例も出ています。どんなつなぎ言葉がありますか。

C 「だから」と「しかし」もあります。

C 「しかし」のところに，「でも」や「それでも」も出ています。同じなかまなんだな，と思います。

「はたらき」の説明とともに，例文を読みながら，いろいろなつなぎ言葉と，その使い方を分からせる。

4 練習問題1 つなぎ言葉を考えて，文を書こう。

T いろいろなつなぎ言葉があることが分かりました。今度は，このようなつなぎ言葉を正しく使って，文を書いてみましょう。（教科書 P87 上の問題1）

ワークシート QR を使ってもよい。

T □に入るのは，つなぎ言葉です。86 ページの表も見て，つなぎ言葉を選び，後の文を考えて書きましょう。

T まず，①の問題をしましょう。書けたら，「明日は台風が来るらしい。」の続きを発表しましょう。

〔だから〕，外では遊べない。
〔しかも〕大型で強いらしい。

まず，①の問題を全員で考え，つなぎ言葉は，後に続く文の内容と合っていなければならないことを確かめる。

続いて残りの問題をさせる。1 つの課題で 2 つの文を作らせてもよい。つなぎ言葉が変われば，後の文も変わってくる。個別の指導もする。

時間上，書いた文の発表は，次時に回してよい。

つなぎ言葉のはたらきを知ろう
第2時（2/2）

本時の目標
つなぎ言葉を使って，短い文を書くことができる。

板書例

⑥ 昨日、・・・ました。
〔そして〕〔それで〕〔また〕〔しかし〕、——。

⑦ あの大工は、・・・良い。
〔だから〕〔しかし〕〔しかも〕、——。

2 3 ◇つなぎ言葉を使って、文を作ろう

（例）
□□は、○○がすきです。
〔　〕、——。

4 〈練習問題 2〉

・徒競走のとき、必死で走った。
〔だから〕、二着だった。（予想される）
〔しかし〕二着だった。（反対）

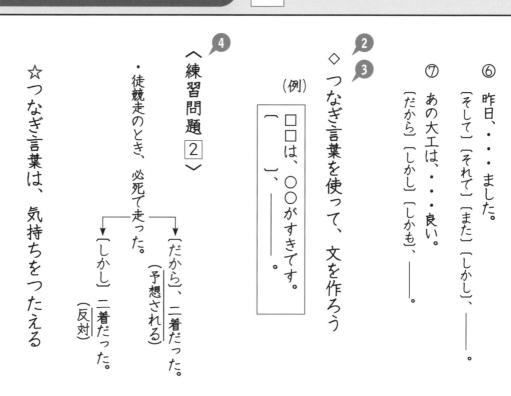

☆つなぎ言葉は、気持ちをつたえる

POINT 教科書 P86 の「つなぎ言葉一覧」の表は，児童数コピーして配布し，文作りで使わせる。文作りは，児童のくらしから

1 1の問題の文に続く，つなぎ言葉と，後の文を発表しよう。

前時の教科書 P87 問題1（ワークシート）で書いた②から⑦の課題について発表させる。グループ内で発表し合わせてもよい。前時に終わっていれば，文作りに進める。

T　問題②「村田さんは，リコーダーをふくのが上手です。」の文に続くつなぎ言葉と文を発表しましょう。どんなつなぎ言葉を使って，その後にはどんな文を作れたでしょうか。聞き合いましょう。

〔だから〕，クラスの友達にも，よく教えています。

〔しかし〕，ピアノを弾くのは，得意ではありません。

〔また〕，ギターも弾けるそうです。

T　同じ文でも，いろいろなつなぎ言葉が使えますね。

聞き合い，明らかに間違ったつなぎ言葉の使い方や文については，「こうするといい」と教師が助言する。問題⑦まで，できれば全員１文ずつ，発表できるとよい。

2 つなぎ言葉を使った短い文を書こう。

T　では，このような「つなぎ言葉」を使って，２つの文をつないだ文を，自分でも考えてみましょう。

まず，教師が見本を作ってみせるとよい。

T　先生が作った文は，「八木さんは，本を読むのが好きです。〔だから〕，よく図書館へ行って，本を借りています。」です。どうですか。

それなら，わたしにも作れそうです。

児童が書きにくいようであれば，「□□は，○○が好きです。〔つなぎ言葉〕，…」などと，問題1にならって文型を例示してもよい。

T　３つは作ってみましょう。つなぎ言葉は，86 ページの表の言葉を参考にします。また，「だから」と「しかし」を使った文は，必ず作ってみましょう。（国語辞典で「しかし」などを引くと，例文が載っている）

準備物	・ワークシート（前時に書いたもの） ・教科書P86「つなぎ言葉一覧」（児童数） ・黒板掲示用カード QR ・国語辞典
ICT	前時に児童が作った文が書かれたデータを，共有機能を使って全体共有すると，対話的につなぎ言葉の使い方に迫っていくことができる。

つなぎ言葉のはたらきを知ろう

め つなぎ言葉を使って、文を作ってみよう

1 〈練習問題1〉

② 村田さんは、・・・上手です。
〔だから〕、よく友達にも教えています。
〔しかし〕、ピアノをひくのはとく意ではありません。
〔また〕、ギターもひけるそうです。

※児童の発表を板書する。

③ 全員・・・ね。
〔では〕〔でも〕、＿＿＿。

④ 飲み物は、・・・ですか。
〔それとも〕〔あるいは〕〔または〕、＿＿＿。

⑤ 休みの日は、・・・ます。
〔だから〕〔しかし〕〔また〕、＿＿＿。

材料を見つけさせたい。

3 つなぎ言葉を使った文を発表・交流しよう。

文作りに時間をかける。書けた文は，クラスに応じて，以下のような方法で発表させる。

○ 各自が1つの文を選んで，全員の前で発表
○ グループ内で，各自が発表し合う。後で代表者が全員の前で発表

T うまくできたと思う文を，発表しましょう。

「和田さんは，カレーは好きですか。〔それとも〕，ハンバーグが好きですか。」

「明日は野球の試合がある。〔だから〕，今夜は，早く寝よう。」

つなぎ言葉の使い方で，おかしいところがあれば，耳で聞いて分かるだろう。教師がそれを説明する。

みんなで聞き合い，特におかしくなければ，拍手などで認め合い，ほめ合うようにする。

4 問題2を考えよう。学習のまとめをしよう。

T つなぎ言葉を使うと，気持ちを表すこともできます。問題2を読んで，考えてみましょう。

T まず，〔だから〕を入れて，読んでみましょう。

C 「徒競走のとき，必死で走った。だから，二着だった。」

T 今度は，〔しかし〕を入れて読んでみましょう。

C 「徒競走のとき，必死で走った。しかし，二着だった。」

T つなぎ言葉の前と後ろの文は同じです。〔だから〕と〔しかし〕を入れると，違いはあるのでしょうか。

〔だから〕のときは，必死で走ったので，2着になれた。「嬉しい」「がんばった」という気持ちが出ています。

〔しかし〕を入れると，必死で走ったのに2着にしかなれなかった。「くやしい」「残念」という気持ちが出ています。

教科書P87「いかそう」を読み，発表や作文につなぎ言葉を使っていくことを話し合わせる。

声に出して楽しもう

短歌・俳句に親しもう（一）

全授業時間１時間

◎ 指導目標 ◎

・易しい文語調の短歌や俳句を音読したり暗唱したりするなどして，言葉の響きやリズムに親しむことができる。

◎ 指導にあたって ◎

① 教材について

短歌３首と江戸時代の俳句３首を声に出して読みます。どれも，昔から人々の口に上ってきたものです。ここでは，１首，１句ずつ丁寧にその内容を読み取ることよりも，音読を通して口調のよさやリズムを感じ取らせる（体感させる）ことが，主な学習活動になります。また，好きになった短歌や俳句を暗唱しようと呼びかけます。いくつかのお気に入りの歌や句を覚えておくのもよいことです。

短歌（和歌）や俳句は，文字からその内容を読み取ることとともに，声に出して音の響きやリズムを味わうところに，鑑賞のおもしろさがあります。「石走る垂水の上のさわらびの…」という歌では，「の」の響きで，滝から早蕨へと視点が移っていっている（ズーム）様子が感じ取れます。五七や七五の調子（リズム）も，音声化を通して「いいなあ」と思えるもので，日本語の感覚を磨くことにもつながります。

一方，短歌や俳句には古語も多く，「石走る」「垂水」「さわらび」などの言葉は，児童にはほぼ分かりません。教科書には「大意」もありますが，補いも必要です。ここは，教師が言葉の意味や短歌，俳句の情景や心情を教えるのがよいでしょう。暗唱が好きな児童も多いのですが，ある程度の内容と情景の理解は必要です。

② 個別最適な学び・協働的な学びのために

45分で３首と３句を読み，味わうのはかなり難しいことです。ですから，軽重をつけて鑑賞し，音読するようにします。あるいは，２時間扱いにして，短歌と俳句を分けて取り上げるのも一方法です。暗唱の時間もゆっくり取れ，他の短歌や俳句も紹介できます。児童の実態に対応するのも，児童の主体性を大切にすることになります。それぞれの短歌，俳句についての感想の交流は，時間的に厳しいところですが，音読を聞き合うことも一つの対話であり交流だといえます。

◎ 評価規準 ◎

知識 及び 技能	易しい文語調の短歌や俳句を音読したり暗唱したりするなどして，言葉の響きやリズムに親しんでいる。
主体的に学習に取り組む態度	進んで言葉の響きやリズムに親しみ，学習課題に沿って，短歌や俳句を音読したり暗唱したりしようとしている。

◎ 学習指導計画　　全１時間 ◎

次	時	学習活動	指導上の留意点
1	1	・3 つの短歌の意味の切れ目や，五七五七七の音数に気をつけて，声に出して読む。 ・3 つの俳句を，声に出して読む。 ・気に入った短歌や俳句を発表し合い，音読したり暗唱したりする。	・音読は，教師のあとに続いて読むなどさせ，まずは正しい読み方ができるようにする。 ・短歌や俳句の意味や内容については，教科書にある「大意」を活用するとともに，古語の意味や情景などは，教師の説明で補う。

◇ 指導書では 1 時間扱いですが，ゆとりをもって進めるなら 2 時間扱いにして，短歌と俳句を分けて取り上げてもよいでしょう。
◇ それぞれの短歌や俳句の意味（時代背景・古語も）を確かめておきます。

短歌・俳句に親しもう（一）

第1時（1/1）

本時の目標　短歌や俳句に詠まれている情景を思い浮かべ，そのリズムを感じ取りながら声に出して読むことができる。

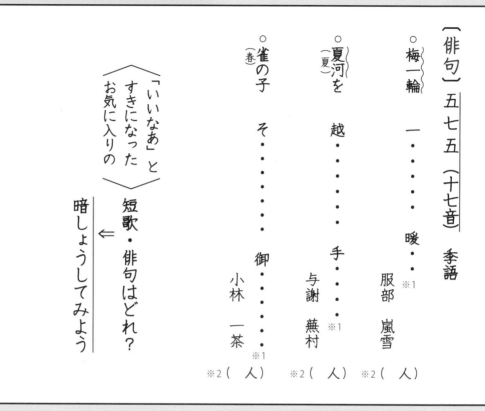

板書例

〔俳句〕五七五（十七音）季語

○梅一輪（季語）　一・・・・・暖・・ ※1　服部嵐雪　※2（　人）

○夏河を（夏）　越・・・・・・手・・・・ ※1　与謝蕪村　※2（　人）

○雀の子（春）　そ・・・・・・御・・・・・ ※1　小林一茶　※2（　人）

〈「いいなあ」と　すきになった　お気に入りの〉　短歌・俳句はどれ？

⇐　暗しょうしてみよう

POINT　「先生の後について」「列ごとに」「全員で」など，いろいろな読み方をして音読の回数を増やす。全員が，一人ずつ読む

1　短歌や俳句について振り返ろう。めあてを聞こう。

T　短歌と俳句を勉強します。短歌と俳句について振り返っておきましょう。

T　これまで読んだり聞いたりして，知っている短歌や俳句はありませんか。

３年生のとき，勉強しました。
「古池や…」芭蕉の俳句です。
「あしびきの　山鳥の尾の…」お正月の百人一首の歌です。

T　よく覚えていますね。いいことですよ。

T　短歌や俳句には，決まりがありましたね。

C　短歌は，五七五七七の音数で作られていました。

俳句についても，音数や季語について振り返る。

T　短歌が３首，俳句が３句，教科書に出ています。これを声に出して読む勉強をします。

2　区切りを考え，声に出して読もう。

T　はじめは，志貴皇子の歌（短歌）です。まず，先生が１回読みます。そのあと区切って読んでいきますから，読む後について読んでいきましょう。

最後の「なりにけるかも」まで，読んでいく。

T　今度は，上の句と下の句に分けて，後について読みましょう。（同様に，教師の後について読ませる）

T　今度は，１人で読んでみましょう。（複数回読ませる）

続いて「みんなで声を揃えて」「列ごとに」音読させる。

T　どんな場所や様子を歌っているのでしょうか。

「大意」を読み，「垂水」など言葉の説明もする。

同様に，あと２つの短歌も声に出して読ませる。

準備物	・(あれば) 短歌や俳句に出ているものの実物や画像 ・(使うなら) 教科書QRコードの音声データ	ICT	スライド機能を使って選んだ短歌・俳句や選んだ理由をまとめると，共有機能を使って全体共有しやすく，学級のみんなで短歌・俳句集も作ることができる。

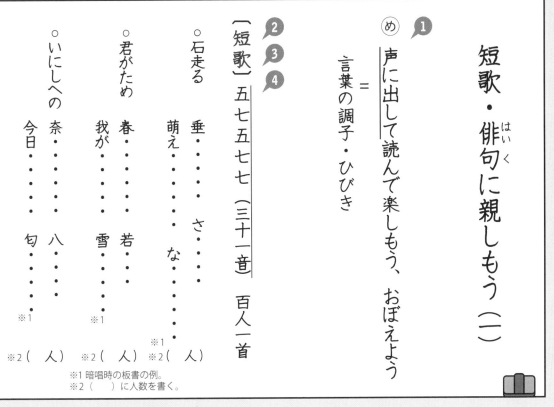

短歌・俳句（はいく）に親しもう（一）

1 め 声に出して読んで楽しもう、おぼえよう
＝言葉の調子・ひびき

2 3 4 【短歌】五七五七七（三十一音）百人一首

○石走る　垂・・・・　さ・・・・　萌え・・・・・　な・・・・・・ ※1　※2（　人）

○君がため　春・・・・・　若・・・　我が・・・・・　雪・・・・・ ※1　※2（　人）

○いにしへの　奈・・・・・　八・・・・　今日・・・・　匂・・・・・ ※1　※2（　人）

※1 暗唱時の板書の例。
※2（　）に人数を書く。

場面も作りたい。

3 俳句を音読し，大意を捉えよう。

T　短歌の次に，３つの俳句を読んでみましょう。はじめは，服部嵐雪の俳句です。

T　先生と一緒に読みましょう。

T　全部通して読みますよ。

　このように，口移しに読み方を教えた後，1人で読ませたり，斉読や列ごとに音読させたりする。

T　どんな様子を，俳句にしているのでしょう。解説（現代語訳・大意）を読みましょう。

　他の２つの俳句についても，音読させ，大意を説明する。
　昔の言葉や時代背景なども，簡単に説明する。
　時間に応じて，教科書 QR コードの音声データを聞かせるのもよい。

4 「いいなあ」と思った短歌や俳句を覚えてみよう。

T　読んでみて，「いいなあ」「気に入った」と思った短歌や俳句はどれですか。

ぼくは「雀の子…」がやさしいなと思いました。
「石走る　垂水の上の…」がいいです。きれいな谷川の春が，目に浮かびます。

C　わたしも「石走る…」が好きです。「萌え出づる」がいいです。

　気に入った短歌，俳句に挙手させるのもよい。

T　今度は，短歌，俳句の文字を見ないで読む練習です。

　初めの１文字だけ残してあとを消す。(板書参照)

C　できるかなあ。(全員で黒板を見て暗唱)

T　「いいなあ」と思った短歌や俳句は，見ないで言えるように，覚えてしまいましょう。(練習タイム)

　練習後，短歌や俳句ごとに暗唱させる。多様なやり方で取り組ませるとよい。

[じょうほう] 要約するとき

全授業時間 2 時間

◎ 指導目標 ◎

・目的を意識して，中心となる語や文を見つけて要約することができる。
・考えとそれを支える理由や事例，全体と中心など情報と情報との関係について理解することができる。

◎ 指導にあたって ◎

① 教材について

物語や説明文などの長い文章を短くまとめることを「要約する」といいます。ここでは，主に説明する文章や意見文を要約するやり方を学習します。もとの文章にもよりますが，どちらかというと，要約することが苦手な児童は多いようです。また，大人でも要旨を踏まえ，また制限字数内で要約することは難しいものです。あれもこれも大切と，結局，たいして短くはなっていない「要約」もあります。

要約の出発点は，当然のことですが，その文章が読めて，理解できていることです。意見文や説明文なら，筆者は何をいいたいのか，文章の骨格は何かがつかめていることです。また，意見と事例の部分を見分けることも必要です。要約するときは，普通，事例は省くからです。このように，字数制限のある要約では，どの文を省き，どの文を残すのか，その判断には総合的な読みの力が関わってきます。

裏を返せば，要約をすることは，語句の意味はもちろん，筆者の主張は何かなど，文章を丁寧に読み，要旨をつかむ練習にもなります。要約を通して，読み書き全般の力が高められます。要約する際に，もとの文章の重要な言葉や文をメモしておくのも一つの方法，技術です。ただ，要約は簡単には上達しません。機会を見つけて，文章を「短くまとめる」練習が必要です。

② 個別最適な学び・協働的な学びのために

ここでは，『思いやりのデザイン』の文章を，人に説明するつもりで 100 字程度に要約します。どの文，どの言葉を残すかなど，要約はその児童なりの主体的な判断が表れる活動です。また，要約した文章は，児童の間で読み合えるようにします。対話的な学習活動です。友達の要約文を読むと，「自分はここを見落としていた」「ここは余分だった，省いた方がよい」などと，気づくところが出てきます。このような文章を読み合う対話によって，要約も少しずつうまくなります。要約の上達には，積み重ねや試行錯誤的な面もあるのです。

◎ 評価規準 ◎

知識 及び 技能	考えとそれを支える理由や事例，全体と中心など情報と情報との関係について理解している。
思考力，判断力，表現力等	「読むこと」において，目的を意識して，中心となる語や文を見つけて要約している。
主体的に学習に取り組む態度	粘り強く目的を意識して中心となる語や文を見つけ，学習課題に沿って，文章を要約しようとしている。

◎ 学習指導計画　全 2 時間 ◎

次	時	学習活動	指導上の留意点
1	1・2	・要約が必要な場面について話し合い，本時のめあてを捉える。 ・教科書の要約された文例を基に，要約のしかたを考える。	・本などの内容を短くまとめて伝えるときに，要約が役立つことに気づかせる。 ・説明的文章の『アップとルーズで伝える』をどう要約しているのか，話し合わせる。
		・説明文『思いやりのデザイン』を人に紹介するつもりで，100 字程度の文章に要約する。 ・友達の書いた要約した文章を読み，まとめ方の工夫などを学び合う。 ・P138『あせの役わり』の要約に取り組む。 ・学習を振り返る。	・まず，もとの文章を丁寧に読ませ，筆者の考えが書かれているところ（要点）に，線を引かせたりメモさせたりする。 ・「どのように要約したのか」など，要約のやり方についても話し合わせる。

要約するとき

第 1,2 時（1, 2/2）

本時の目標　長い文章を短くまとめる要約のしかたが分かり，文章を要約することができる。

板書例

（例）『アップとルーズで伝える』では

・話題の中心は？
・よく出てくる言葉（アップ、ルーズ）
・中心となる文は？

（中心）要約した部分

わたしは、・・・

〈物語で〉

人物、いつ、どこ、何をするのか
出来事、人物のへんか
をまとめる

（第２時）

③ め 要約してみよう

『思いやりのデザイン』

◎百字ていど（90～110字）で

⇐ 要約 ⇐ 読み合う ④

POINT 『思いやりのデザイン』を要約する文章は，文字数オーバーになることが多い。書き直しの時間も見込んで書く時間を

1 （第１時）要約する場面について話し合い，本時のめあてを知ろう。

T　自分が読んだ本や聞いたお話を，簡単にまとめて人に伝えたり書いたりしたことはありませんか。

C　社会科見学でのお話を簡単にまとめて書きました。

C　テレビドラマを，簡単に友達に教えてあげました。

T　このように，人に伝えるときには，本などの元の内容を短くまとめなければならないことがあります。短くまとめることを「要約」といいます。今日は，この短くまとめて書く要約のしかたを勉強します。

T　教科書 90 ページにも，「要約をするとき」の場面が出ています。どんな場面でしょうか。

前に習った『アップとルーズで伝える』の内容を，お父さんに紹介しようとしています。

こんなときに，短くまとめる「要約」が役に立ちそうです。

P90 下段も読み，要約する上で大事なことを確かめさせる。

2 文例をもとにして，要約のしかたを考え，話し合おう。

T　文章が，説明文と物語では，要約のしかたも少し違います。まず，『アップとルーズで伝える』の文章ならどう要約するのか，読んでみましょう。

P91 上段を斉読し，一人やグループでも何回か音読させる。

T　３つのまとまりに分けて，書かれていますね。真ん中（中）が「要約して書いた」中心の部分です。どんなことをまとめて書いていますか。

アップとルーズのうつし方の違いを書いています。

アップとルーズでうつしたものの特徴をまとめています。

「２つを使い分けること」も書いています。

T　この要約した部分には，何か抜けていませんか。

C　抜けていません。よく分かります。

P91 下段を読み，物語の要約のしかたについても考えさせる。

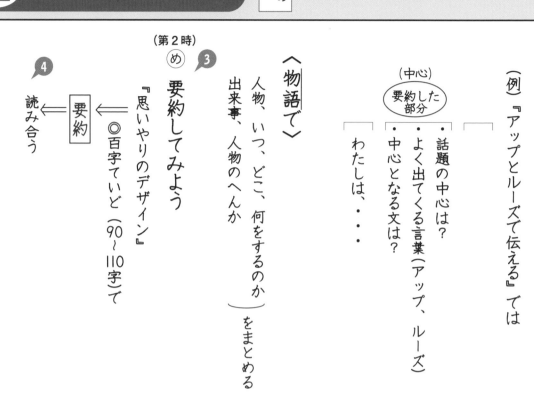

準備物	・要約した文章を書くための用紙（マス目の用紙か，200字詰め原稿用紙など）

ICT	文書作成機能を使って要約文を書き，共有機能を使って全体共有すると，推敲もしやすく，対話的に要約文の書き方やよさに迫っていくことができる。

（第１時）

要約するとき

㋱ 要約するときに大切なことを考えよう

❶ 《要約とは？》

元の本、お話の内容（よう）

短くまとめて ↓ 伝える

要約 ＝

人に説明、しょうかい

❷ 〈説明する文章で〉

確保する。制限の字数を意識させる。

（第２時）

3 『思いやりのデザイン』を要約して文に書こう。

T　では，『思いやりのデザイン』（既習）を，内容を知らない人に紹介するつもりで，100字程度に要約しましょう。

100字程度とは，一応90字～110字とする。字数が分かるように原稿用紙などを配布する。

T　まず『思いやりのデザイン』を読み直しましょう。

T　ここは，筆者が言いたいことで大事なところだなと思ったところに線を引きましょう。（メモでもよい）

C　「インフォグラフィックス」のことを書いています。「相手の立場から考え…」なども大切です。

T　では，傍線やメモをもとに要約文を書きましょう。

【要約の文例】

伝えたいことを，絵や文字で表したものをインフォグラフィックスといいます。これを作るときに大切なのは，使う相手の立場に立ち，その目的に合わせて，どう見えると分かりやすいのかを考えてデザインすることです。（100字）

※「自分の意見」部分は，省略。

4 要約のしかたを話し合い，書いた要約の文章を読み合おう。

T　書いてみて，「こんなふうに要約した」というやり方や，思ったことについて話し合いましょう。

C　ぼくは，地図の事例の部分を全部省きました。

（このように，要約では普通「事例」の部分は省く）

C　⑤の「終わり」に筆者の考えがまとめられていたので，その文章を使って短くまとめました。

T　では，友達の書いた「要約」を読み合いましょう。

全体発表や，グループで読み合いの形で進める。

T　友達の要約文を読んで，「まとめ方をくふうしているな」と思ったところや，「入れておいた方がよいこと」を教え合いましょう。

「インフォグラフィックス」という言葉は，残しておいた方がいいと思うよ。
「相手の目的に合わせて」は，ぼくも大事だと思ったよ。

P138『あせの役わり』の要約にも取り組ませる。

学習したことを振り返らせ，教科書P91「いかそう」を確認させる。

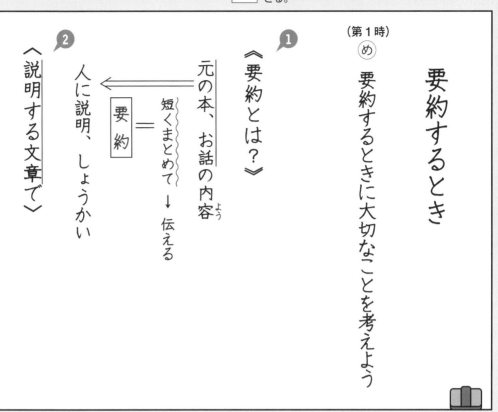

見せ方を工夫して書こう

新聞を作ろう

〔コラム〕アンケート調査のしかた

全授業時間 10 時間

◎ 指導目標 ◎

・書く内容の中心を明確にし，内容のまとまりで段落を作ったり，段落相互の関係に注意したりして，文章の構成を考えることができる。
・比較や分類のしかた，必要な語句などの書き留め方，引用のしかたや出典の示し方を理解し使うことができる。
・相手や目的を意識して，経験したことや想像したことなどから書くことを選び，集めた材料を比較したり分類したりして，伝えたいことを明確にすることができる。

◎ 指導にあたって ◎

① 教材について

これまで新聞は，情報を伝えたり，情報を得たりするための媒体として活用されてきました。本単元では，生活経験や調べて分かったことから伝えたいことを見出し，新聞の形に表現していくことを通して，新聞の特徴を捉え，分かりやすく相手に伝える書き方を学習していきます。しかし，そもそも最近は新聞自体をとっていない家庭も増えてきており，生活経験として新聞と触れることが少ない児童も多くなってきています。したがって，まずは新聞に触れることから始めていくとよいでしょう。

新聞の記事を書くときには，「事実」を伝えることが基本となります。その事実を得る方法として，まずは取材を基本とし，自身で見たり聞いたり，触ったりするなど，五感を使って調べることを中心に据えたいものです。また必要に応じて，アンケートを取るようにします。その補助的手段として書籍や新聞，インターネットなどを活用して調べることも念頭においておくようにします。その際，情報リテラシーについても触れておくとよいでしょう。特にインターネットを活用した調べ学習は要注意です。記事の内容がインターネット上の情報のコピーアンドペーストにならないよう，「自分の言葉」で伝えたいことを書けるように留意しましょう。

② 個別最適な学び・協働的な学びのために

新聞を書く際には，個人・ペア・グループといったように，様々な形態で学習していくことになります。ペアやグループでの協働作業になることが多いと思いますが，記事の内容などは，役割分担を決め，それぞれの個人作業によりできた記事をつなぎ合わせていくことになります。自由に対話をできる空間の中で，一人一人の記事の見出しや内容を見合い，話し合いながら，新聞作りを進められるようにすると，個性をいかしながら，対話的・協働的に学習を進めていくことにつながるでしょう。

◎ 評価規準 ◎

知識 及び 技能	比較や分類のしかた，必要な語句などの書き留め方，引用のしかたや出典の示し方を理解し使っている。
思考力，判断力，表現力等	・「書くこと」において，相手や目的を意識して，経験したことや想像したことなどから書くことを選び，集めた材料を比較したり分類したりして，伝えたいことを明確にしている。 ・「書くこと」において，書く内容の中心を明確にし，内容のまとまりで段落を作ったり，段落相互の関係に注意したりして，文章の構成を考えている。
主体的に学習に取り組む態度	進んで書く内容の中心を明確にして構成を考え，学習の見通しをもって，新聞を作ろうとしている。

◎ 学習指導計画　全10時間 ◎

次	時	学習活動	指導上の留意点
1	1	・実際の新聞を見て，特徴や読み手に伝える工夫を見つける。 ・学習の見通しをもち，学習計画を立てる。	・新聞をグループ数だけ用意する。同じ日の違う新聞社の新聞がよい。 ・新聞によって，同じ出来事でも，書き手によって，変わってくるということに気づかせる。
2	2・3	・新聞記事の内容について話し合い，計画を立てる。 ・新聞の特徴をつかみ，作り方の手順や割り付けの工夫について話し合う。	・大きなテーマを設定し，そこから内容を分岐させていくようにする。 ・同じ出来事でも，書き手によって記事の書き方が変わることに着目させる。
	4	・アンケートについて知る。	・アンケートには，記述式，選択式があることに気づかせる。まとめ方も考えさせる。
	5・6	・取材やアンケートのしかたについて話し合い，どのような方法をとるか考える。 ・出来事や事柄を正確に伝えるための視点を考え，取材やアンケートの準備をする。 ・取材やアンケートを行う。	・アンケートやインタビュー，写真，動画撮影，文献調査など広く想定しておく。 ・取材のアポイントメントの取り方，時間設定などについて考えさせるようにし，必要な支援をする。
	7・8・9	・取材メモを基に最も大きく取り上げたいもの，必要な大きさや場所，写真や図などの割り付けを考える。 ・取材メモを基に，担当する記事を書く。 ・記事を推敲し，清書して，仕上げる。	・記事を書くときの注意点を確認して書かせるようにする。 ・見出しの書き方を工夫させるようにする。 ・グループで検討しながら活動を進めさせる。
3	10	・作成した新聞を読み，感想を伝え合う。 ・学習を振り返る。	・よいところを見つけて伝え合わせる。 ・レポートやリーフレット作りなど，教科横断的に活用できるようにする。

新聞を作ろう

第1時（1/10）

本時の目標　新聞の特徴や工夫をつかみ，学習の見通しをもつことができる。

板書例

3 〈なぜ新聞を作る?〉

- 知っているとよいこと
- 生活がよりよくなる
- みんなに見てほしい

※1

4 ◎単元（たんげん）のめあて

事実を分かりやすくほうこくする
学級新聞を作ろう

〈学習の見通し〉

① 新聞のとくちょうをつかむ
② どんな新聞を作るか話し合う
③ 取材やアンケートをする
④ わり付け（つ）や記事の内容（よう）を話し合う
⑤ 記事を書く
⑥ 記事の校正をする
⑦ 新聞交流会を開く

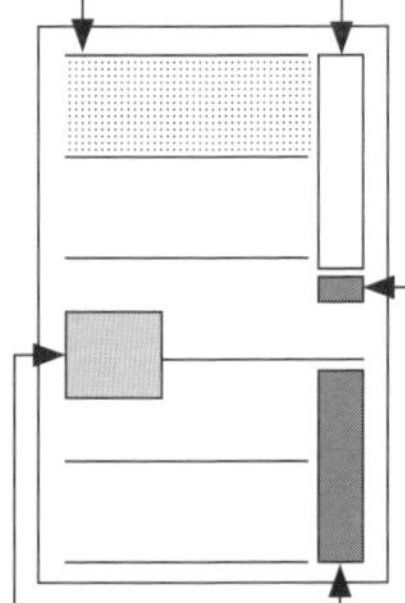

※ 教科書 P93 の新聞を拡大したものを掲示する。

POINT 新聞の特徴を捉えるためには，実物を見てみるのが一番である。学校に届く新聞など，数日分を集めておく。最低でも班の

1 新聞にはどのような情報が書かれているか実物を見て話し合おう。

新聞を見せる。

T　これは何か分かりますか。みなさんのお家では購読していますか。
C　新聞です。わたしの家では購読していません。
C　わたしの家では親が新聞を読んでいます。毎朝，家に届きます。
C　大人の新聞は難しいから，小学生新聞を読んでいます。

各グループに新聞を配る。

T　では，グループで新聞を読んでみましょう。どんな情報が書かれているでしょうか。
C　新しい情報がたくさん載っています。天気とかニュースとか。
C　事件や事故もたくさん載っているよね。
C　わたしはスポーツやテレビ欄をよく見ます。
C　4コマまんがもあるよね。
T　いろいろな情報が載っているのですね。

2 実物を見て，新聞記事の表現のしかたで工夫されていることを話し合おう。

T　では，これらの新聞記事にはどのような工夫がされているでしょうか。記事をよく見て，考え，グループで話し合いましょう。

大きい字のところがあるね。
それは「見出し」だね。他にも写真や図，表も使われているね。
カラーの部分と白黒の部分があるね。カラーの図や写真の方が目立つね。
広告もたくさん載っているね。

教科書 P93「新聞のとくちょうと工夫」を読み，確かめ合わせる。

T　これらの新聞記事が，すべて文字だったらどう思いますか。なぜこのような工夫をしているのでしょうか。グループで話し合いましょう。
C　これが全部文字だったら読む気がなくなっちゃうね。
C　写真や図，表などでうまくまとめて，読者に伝わりやすくなるように工夫しているのかな。

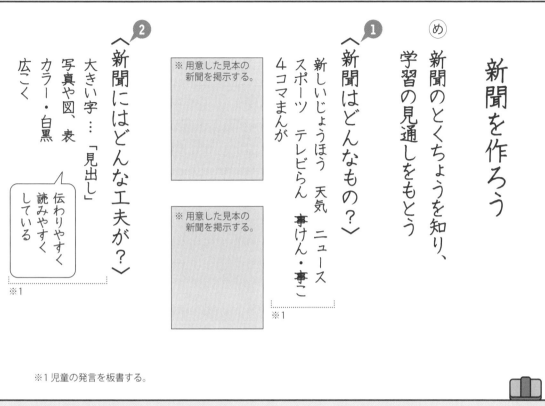

準備物
・見本の新聞（グループ数及び黒板掲示用）
・教科書P93の新聞（黒板掲示用）

ICT
各社の一面記事を写真に撮って共有すると，記事を比較して見たり，気づきを書き入れたりしやすくなる。

新聞を作ろう

㋱ 新聞のとくちょうを知り、学習の見通しをもとう

1 〈新聞はどんなもの？〉
新しいじょうほう　天気　ニュース
スポーツ　テレビらん　事けん・事こ
4コマまんが
※1

※用意した見本の新聞を掲示する。

※用意した見本の新聞を掲示する。

2 〈新聞にはどんな工夫が？〉
大きい字…「見出し」
写真や図、表
カラー・白黒
広こく

伝わりやすく読みやすくしている
※1

※1 児童の発言を板書する。

数だけは用意しておくとよい。

3 何のために新聞を作るのか考え，話し合おう。

T　なぜこのような新聞を作っているのでしょうか。

全国や地域であったことをみんなに知ってほしいからかな。

知っているといいことを伝えたいのかな。

世の中のことを知って，生活がよりよくなるようにしているんじゃないかな。

新聞を作っている人たちの思いや願いに目を向けさせるようにする。

新聞作りのテーマについては，学級新聞だけでなく，地域にまで枠を広げるなど，児童の発想をいかした設定となるようにする。

4 新聞作りの進め方について話し合い，学習計画を見通そう。

T　次の授業から事実を分かりやすく報告する学級新聞を作っていきます。どのような手順で新聞作りを進めていくとよいか，グループで話し合いましょう。
C　実際の新聞をもっとしっかり読んで，特徴をつかめたらいいな。
C　まずは，どんなテーマで新聞を書くのか話し合いたいな。
C　みんなに聞きたいことは取材をしたりアンケートを取ったりして調べ，グラフや表で表したら，結果が伝わりやすいんじゃないかな。
C　割り付けもみんなで相談したいね。
C　新聞が一旦でき上がったら，何回も読み直して，推敲したいな。よりよい記事にしたいから。
C　最後は交流会をみんなで開きたいな。他のグループの新聞も読んでみたい。

グループやペアで新聞作りを行わせるようにすると，必然的に対話を通して学び合う姿につながる。

新聞を作ろう
第 2,3 時（2,3/10）

本時の目標　新聞の内容や特徴，新聞作りの工夫について話し合い，計画を立てることができる。

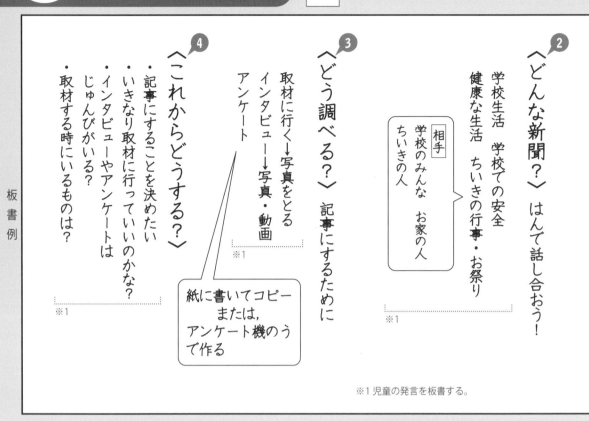

板書例

2 〈どんな新聞？〉はんで話し合おう！

学校生活　学校での安全
健康な生活　ちいきの行事・お祭り

相手
学校のみんな　お家の人
ちいきの人

※1

3 〈どう調べる？〉記事にするために

取材に行く→写真をとる
インタビュー→写真・動画
アンケート

※1

紙に書いてコピー
または，
アンケート機のうで作る

4 〈これからどうする？〉

・記事にすることを決めたい
・いきなり取材に行っていいのかな？
・インタビューやアンケートは
じゅんびがいる？
・取材する時にいるものは？

※1

※1 児童の発言を板書する。

POINT　基本的には児童自ら取材に行ったり，アンケートを行ったりすることで調査を進めさせ，情報を集めさせるようにする。

1 新聞はどんな目的で作られていて，どんな工夫がされているのか考えよう。

T　これから班のみんなで新聞作りをしていくのでしたね。そもそも新聞はどんな目的で作られているのでしょうか。班で考えを聞き合いましょう。

みんなに情報を伝えるためじゃないかな。

いろんな人たちが新聞を読んでいるよね。

地域の人たちや全国の人たちに伝えるためかな。

最近は戦争とか災害の情報も多いね。天気とかも。

T　新聞にはどんな工夫が隠されているでしょうか。実際に新聞を見ながら，班で話し合いましょう。

見出しがあるとインパクトがあって目がいくね。

実際の写真や絵，図，表もあって分かりやすいね。

文字の大きさも，全部が同じではないよ。

カラーの記事もあれば，白黒の記事もあるね。

2 どんな新聞を作るか，誰がどの記事を書くかを，班で話し合って決めよう。

T　実際の新聞を細かく見てみて気づいたことをいかして，今度は班で協力して新聞作りをしていきます。どんな内容にしたいか，誰に向けて発行するか，班で話し合いましょう。

学校行事のお知らせも含めて，学校の門に貼って，地域の人たちにも伝えたいな。

みんなが楽しみにしている学習発表会について入れるのはどうかな。

学校のみんなに向けて，学校生活のことについて伝えられないかな。

最近，校内でのけがが多いから，けがをしやすい場所を伝えて，みんなが安全に過ごせるようにしたいな。

大きなテーマを１つ決めてから，その中の細かな内容を決めていくと，新聞作りをイメージしやすく，話し合いをスムーズに進めることができる。

準備物
・見本の新聞（グループ数及び黒板掲示用）

ICT
データを児童と共有し，共同編集機能を使って新聞作りをすると，協働的に作業を進めていくことができる。

新聞を作ろう

(め) 新聞記事の内容を話し合い、わり付けの工夫と手順を考えよう

❶ 〈新聞の目的〉

みんなにじょうほうを伝える

ちいきの人・全国
わかい人
年れいは関係ない
※1

せいじ・けいざい
国さい・天気・テレビ
4コマまんが
※1

〈新聞の工夫〉

見出し…インパクト
文字の大きさ・色づかい
写真・絵・図・表
※1

正しいじょうほう
分かりやすく
伝わるように

※用意した見本の新聞を掲示する。

※用意した見本の新聞を掲示する。

児童が，自分の目で確かめて，正しい情報をつかむことをベースとする。

3 どのように調べたらよいか，割り付けをどうするか，イメージしよう。

T　<u>記事にする内容が決まったら，それをどうやって調べるかを考えましょう。</u>

保健室に行って，けがが多い場所を聞いてみたらいいんじゃないかな。

インタビューするときに，様子を写真と動画に撮っておこうよ。

校長先生や教頭先生にも聞いてみたいね。いきなり行っても大丈夫かな。

アンケートを取って，みんなの意見も聞いてみたいね。

T　内容や調べ方のイメージができてきたら，だいたいの割り付け方についても話し合いましょう。
C　「けがが多い場所ランキング」は，その場所の写真も入れて，大きく取り上げようよ。
C　いいね。保健室の先生へのインタビューはそれよりも少し小さめで，ランキングのすぐ横に入れて，写真を使って，実際に聞いてみたことが伝わるようにしたいな。

4 今日の学習を振り返って，これからの学習の進め方をイメージしよう。

T　今日の学習を振り返りましょう。
C　新聞をみんなで作るのが楽しみです。
C　実際の新聞の工夫を，新聞作りにいかしたいです。
T　これから先の学習の進め方についてイメージしましょう。
C　記事にすることを，もう少ししっかりと固めていきたいね。
C　取材って，いきなり行っても大丈夫なのかな。先に時間や場所を約束しておいた方がいいのかな。
C　アンケートはどうしたらいいかな。ちゃんと計画を立てないと，うまくいかないような気がするなあ。

<u>他の教職員などにアンケートやインタビューに行くという計画や要望があるとつかんだら，前もって教員から当該教職員などに伝えておくようにする。</u>

次時に，教科書 P98，99 の「アンケート調査のしかた」を確認させる。

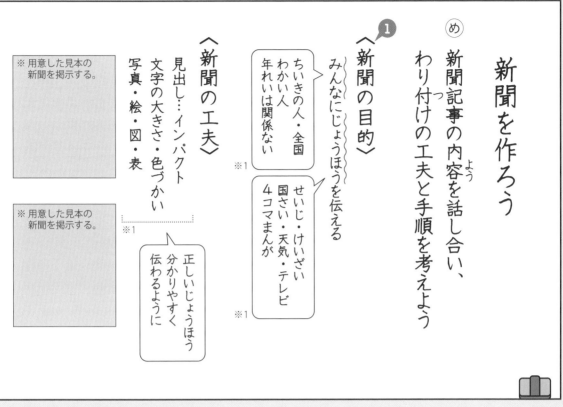

新聞を作ろう（アンケート調査のしかた）

第4時（4/10）

本時の目標　アンケート調査のしかたや集計のしかたを考え，正確に情報を取り扱うことの大切さを捉える。

板書例

※ 教科書 P98 のアンケート用紙の例を掲示する。

※ これまでに行われてきた学校でのアンケートなどを例として掲示する。

③ 〈アンケートの集計〉

● 文章の回答…にたものはまとめて

ひと言でまとめる

● 表やグラフで表す

④

※ 教科書 P99 の表を掲示する。

数が分かりやすい ※1

↓

※ 教科書 P99 のグラフを掲示する。

パッと見てわかる ※1

※1 児童の発言を板書する。

POINT　算数科の学習では，表や棒グラフなどにまとめる学習をする。カリキュラムマネジメントをして，教科横断的に取り扱う

1　アンケートを作って行うときに大切なことはどんなことか考えよう。

T　調査をするときに，アンケートをすることもできますね。アンケートを作るときに，まずは，どんなことが大切になるでしょうか。

誰に，何を聞くかをしっかりと決めてから，アンケートを作りたいです。

目的に応じて，計画的にアンケートの質問などを設定していくことができるように意識づける。

2　アンケート用紙の作り方について確認しよう。

T　アンケートの質問のしかたや回答のしかたにはどんなものがありますか。班で，教科書 98 ページのアンケート用紙の例を見ながら，気づいたことを聞き合いましょう。

文章で答える質問があるよね。わたしはこれに答えるのが苦手なんだ。
できるだけみんなが答えやすい質問にしないと，ちゃんとした回答が集まらないかもね。
記号などを選んで答える質問もあるよね。これは回答がしやすいかもしれないね。選ぶ数が決まっているものもあれば，決まっていないものもあるね。
聞きたいことに合わせて，どちらの聞き方にするか決めたいね。紙でもアンケート機能でもどちらでも作れそうだね。

これまでに行われてきた学校でのアンケートなどを用意して各班に配ると，アンケートの形式について事例をもとに考えることができる。

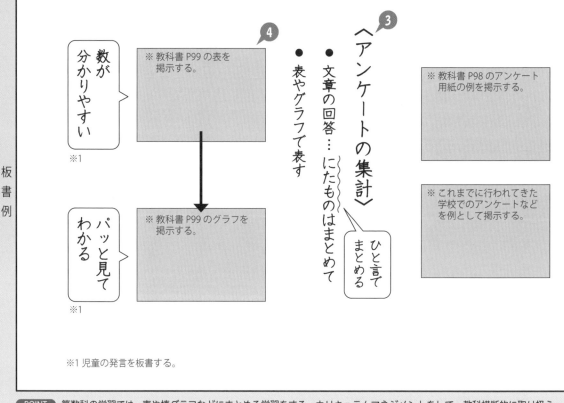

準備物	・教科書P98のアンケート用紙の例（黒板掲示用） ・これまでに行われてきた学校でのアンケート（グループ及び黒板掲示用） ・教科書P99の表とグラフ（黒板掲示用）

ICT	アンケート機能を使うと，児童自身が集計を簡単にでき，教師も児童の学習する姿を見取りやすくなる。

新聞を作ろう

め アンケート調査のしかたを考えよう

1 〈アンケートを作るとき〉

● 何を調べたいのか？
● 「だれに」「何を」きく？
● 答えやすいように工夫

回答をおおまかに予想
回答のしかたを決める

2
● 文章で答えるもの
● 選んで答えるもの
（数が決まっている・いくつでも）

紙をコピー
アンケート機のう

ことで，より意味のある学習にすることができる。

3 アンケートを集計するときには，どんな形にまとめることができるか話し合おう。

T　アンケートの集計をするときには，どんな形にまとめることができるでしょうか。

文章で回答する質問は，集計するのが大変そうだね。
似ている回答をまとめて数えていったらいいんじゃないかな。
自分たちも考えやすくなるけれど，それだけではなくて，新聞を読んでくれる人にも伝わりやすくなるよね。
集計したら，表やグラフに表すと，自分たちで考えるときに分かりやすいよね。

本単元では文字や図，表，写真など様々な方法を使って事実や考えを新聞の読者に伝える。相手に伝えるという，「他者意識」をもてるようにする。

4 表やグラフを作ってみよう。表やグラフで表すと，読み手にとってどうか考えよう。

T　では，班で協力して，実際に表やグラフを作ってみましょう。

外でドッジボールやサッカー，バスケットボールをして遊ぶ人が多いね。少ないけれどうんていや鉄棒で遊ぶ人もいるね。
じゃあ数が多い順に並べてかいてみようか。見やすいかな。
昼休みには，室内で折り紙をしたり，読書をしたりして過ごす人も，少ないけれどいるね。表やグラフで表す順番は，どうしたら見やすいかな。
数が多い順に並べた方が，バラバラにかくよりも見やすいかな。新聞とかもそうなっていたような気がするよ。

T　表やグラフに表してみると，読み手にとってどうですか。
C　表だと「数」がはっきりと分かり，グラフだと「どれがどのくらい多いか」がパッと見て分かります。
C　しかも多い順に並べると，すごく見やすいです。新聞作りにいかしたいです。

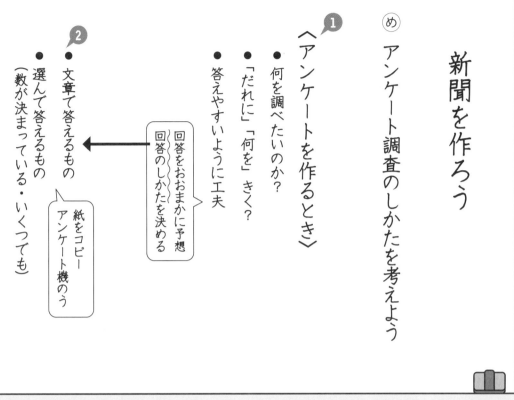

新聞を作ろう
第5,6時（5,6/10）

本時の目標　アンケート調査や取材の計画を立て，それらをもとに，正確な情報を集めることができる。

板書例

3
〈取材の計画を立てよう〉
① だれに・どこに→約そく
② 調べる方法を決める
（アンケート・インタビュー・さつえい・
本・インターネットなど）
③ はんのみんなで共有（きょうゆう）→話し合い・整理

4
〈取材に行こう！〉
① 正しく記録する
② 数や名前のまちがいはないか
③ 写真や動画のさつえい（聞いてから）
④ ルール・マナーを守る→めいわく×

※アンケートについて，用紙かアンケート機能などのデータか，
どちらを使うかは，学校やクラスの実態に合わせる。

POINT　校内の先生などにアンケート調査やインタビューなどを行う場合は，事前にアポイントメントを取らせる。教員からも

1 なぜ，取材やアンケート調査，インタビューをするのか確かめ合おう。

T　次の時間は，取材に行きますが，取材にはなぜ行くのでしょうか。

やっぱり正しい情報を集めるためだと思います。
記事を書くのに使う写真や動画を撮って，読者に事実を見せるために取材に行きたいです。
自分の目で見て調べて，感じることが大事だと思います。
取材に行って調べたことから，自分でも考えてみて，いろんな人たちに伝えたいです。

T　みなさんが言ってくれたように，正しく「事実」を伝えるために，自分で「確認」して，「見せる」ことができるといいですね。

2 どんな人に取材やアンケート調査，インタビューをするとよいか考えよう。

T　どんな人やどんなところに取材やアンケート調査，インタビューをしに行くといいでしょうか。

健康や安全のことなら保健室の先生に聞いてみるといいと思います。
図書のことなら図書館司書さんに聞くのが一番です。あと図書委員会の人なら分かるかもしれません。
担任の先生や友達，お家の人に聞いてみたり，アンケート調査をしたりするのもいいと思います。
学校のことなら校長先生や教頭先生が詳しそうです。

記事の内容や読み手を意識づけるようにする。
取材内容と取材先が一致するように計画を立てることができるように，意識づける。

準備物
・タブレット（動画・写真機能）
・アンケート機能 または，アンケート作成用紙
・取材記録用紙

ICT
アンケート機能を使ったアンケートの作成や，動画や，静止画の撮影等，計画を立てると，スムーズに活動が進められる。

新聞を作ろう

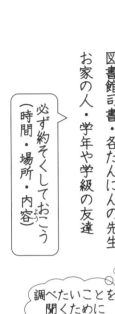

め 取材の計画を立てて、正かくなじょうほうを集めよう

1 〈取材の目的は？〉

正しいじょうほうを集める → 事実

自分の目で見て かくにんする ・知る・考える

記事に使う写真をとる → 見せる

2 〈取材先は？〉

（例）校内安全・健康
学校行事・図書など

ほ健室の先生・校長先生・教頭先生

図書館司書・各（かく）たんにんの先生

お家の人・学年や学級の友達

必ず約そくしておこう
（時間・場所・内容（よう））

調べたいことを
聞くために

※児童の発言を板書する。

事前に依頼する先生に伝えておくとよい。

3 取材やアンケート調査，インタビューの計画を立てて，準備をしよう。

T　取材やアンケート調査，インタビューの計画について話し合って，準備をしましょう。

明日の２時間目にインタビューに行かせてもらえるか，約束しに行ってみるよ。
じゃあ，わたしは，アンケートフォームを作るね。みんなに聞くことを整理して，データを共有するね。
学校行事のことについては，校長先生や教頭先生にインタビューに行こう。
けがが起こりやすい場所は，保健室の先生が一番よく知っていそうだから聞いてみよう。

アンケートフォームの作成方法を確認しておく。
アンケート用紙を使う場合は，児童から受け取ったら必要部数をコピーして渡すようにする。

4 取材やアンケート調査，インタビューをして，正しい情報を集めてまとめよう。

T　計画を立てたことをもとに，取材に行きましょう。ルール・マナーを守って気をつけて取材に行ってきてくださいね。

体育の時間のけがが多いみたいだよ。あとは廊下や階段でのけがも多いらしいよ。
「けがが多い場所ランキング」は表にして，あとは文章で伝えるのはどうかな。
廊下や階段で走る人が多いからかな。写真を載せて注意するように伝えるのはどうかな。
校長先生に学習発表会のことを聞いてみたけれど，「楽しみにしている」って言っていたよ。

取材をして集めてきた情報は，随時，班で共有して，大切なことを話し合って整理していくように支援する。

新聞を作ろう
第7,8,9時（7, 8, 9/10）

本時の目標　集めた情報を整理して，読者に伝わるように工夫して，記事に表現することができる。

板書例

〈「すいこう」しよう〉

① 字のまちがいや、ぬけはないか
② 文章におかしいところはないか
③ より伝わりやすい表現（げん）にならないか

読み手を意しきして、より分かりやすく！

※児童の発言を板書する。

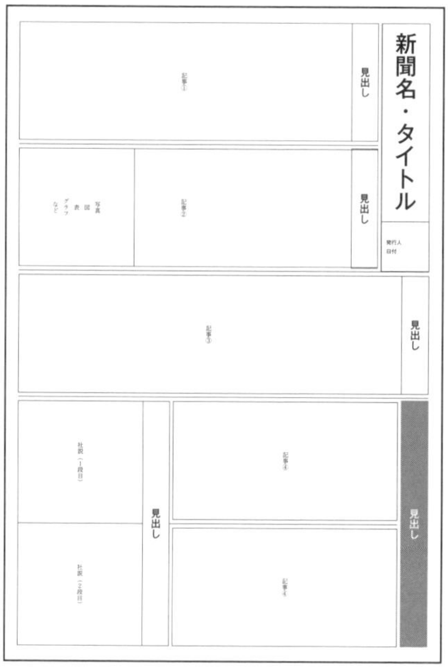

※ QR コンテンツの「新聞のひな形」を掲示する。

記事の工夫
タイトル
見出し・小見出し
字の大きさ
色づかい
写真・絵・図・表

POINT　班ごとにメンバーだけの共同編集用シート（データ）を共有させておく。画用紙などを切って作成させることもできる。

1 集めてきた情報をもとに，記事の割り付けについてもう一度話し合おう。

T　取材はうまくできましたか。今日は，取材をして集めてきた情報を整理して，新聞記事を書いていきます。前に割り付けを考えましたが，改めて，その割り付けについて班で話し合って，計画を立て直しましょう。

学習発表会の全クラスの出し物を調べてきたよ。今の時期にはピッタリかもね。

各クラスの出し物や「けがをしやすい場所ランキング」は，表にすると分かりやすいよね。どうかな。

それいいね。じゃあ学習発表会の記事を大きくして，上の方の場所にしよう。

インタビューをした先生方は許可をもらったから，写真を載せて，吹き出しをつけて言っていたことを書こうよ。

新聞記事の工夫をいかすように意識づける。

2 集めてきた情報を整理して，担当する記事を書こう。

T　話し合ったことをもとに，集めてきた情報を整理して，担当する記事を書いていきましょう。必要に応じて，班で話し合って協力し合いましょう。

正しい情報を整理して記事にするのって難しいね。

写真を使うと，事実が伝わりやすいね。図や表にするとスッキリと見やすくなるね。

見出しのつけ方を，インパクトのあるものになるようにしたいな。

ここの文章は，どう書いたらみんなに伝わりやすくなるかな。

班で情報の整理のしかたや記事の書き方などについて対話しながら表現できる空間作りを意識する。

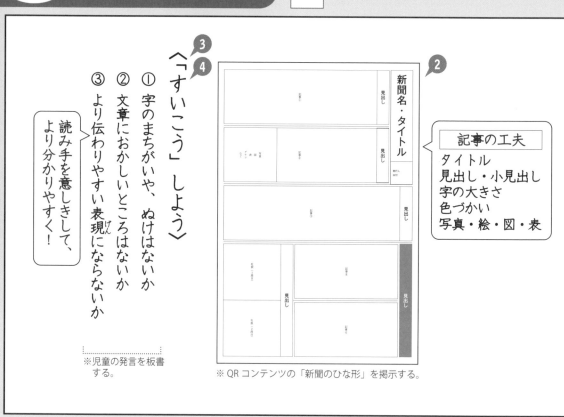

準備物	・見本の新聞 ・新聞のひな形 QR ・取材で集めた情報 ・新聞作成用ソフト または，画用紙，ペンなど
ICT	文書作成ソフト等の共同編集機能を使うと，互いの活動状況を確認しながら協働的に記事を作っていくことができる。

新聞を作ろう

め 集めたじょうほうを整理して、伝わるように新聞記事を書こう

1 〈「わり付け」の計画を立て直そう〉

① じょうほうの重要度をはんだんしよう
② 記事の大きさと場所を決めよう
③ 見出しをどうするか
④ どの写真や絵、図、表を入れるか

※用意した見本の新聞を掲示する。

※用意した見本の新聞を掲示する。

インターネットの情報などのコピーアンドペーストにならないよう留意する。

3 記事を書いたら，推敲して，読者に内容がより伝わる記事にしよう。

T　記事を書いたら，文章などを推敲して，読者に内容がより伝わる記事にしていきます。どのようなことに着目して，記事の見直しをしたらよいか，班で話し合いましょう。

まずは，間違っている字や抜けている字がないか見直したいね。

T　話し合ったことに気をつけて，記事の推敲をして，よりよく読み手に伝わる新聞記事にしましょう。

4 班のみんなで記事を読み合い，出来上がった記事の最終確認をしよう。

T　最後にもう一度，班のみんなで記事を読み合って，出来上がった記事を最終確認しましょう。

最後に見直しておいてよかった。意外と間違いが見つかるものだね。
見つけた間違いを今のうちに直しておこう。他に間違えているところはないかな。
他の班がどんなことを記事にしているか，読むのが楽しみだな。
他のクラスの友達や先生，地域の人にも読んでもらいたいな。

T　次回は，これまで班で協力して作ってきた新聞の交流会をします。みんながどんな新聞を作ったのか，楽しみですね。

新聞を作ろう
第10時（10/10）

本時の目標　作成した新聞を読み合って，意見を伝え合い，単元を通した自他の成長を捉えることができる。

板書例

3 〈新聞を読んでの感想〉
- 文字の大きさや色づかいの工夫
- 見出しが短くて分かりやすい
- 図や表にまとめていて分かりやすい
- 調べ方…インタビュー・アンケート
  本・インターネット・写真

※児童の発言を板書する。

⇦ 正しいじょうほうを集める・伝える

※○班の新聞を印刷したものを掲示する。

※△班の新聞を印刷したものを掲示する。

4 〈単元を通した成長〉
- 正しいじょうほうを集める努力
- 事実を読み手に伝える工夫
- 文章表現の工夫
- 図・表・写真の工夫
- はんできょう力…計画・取材・すいこう
- 友達のよさに気づけた

※児童の発言を板書する。

POINT　班で作成した新聞は，印刷して紙ベースで共有することができる。また，感想を書く用紙については，付箋など簡易な

1 それぞれの班で作った新聞を読み合って，感想を伝え合おう。

T　いよいよ今日は，出来上がった新聞の交流会を行います。いろいろな班の新聞を読んでいきます。交流会は次のように行います。

新聞交流会（パターン 1）
① 他の班の新聞を読んで，質問や感想を伝える。
② 付箋（コメントシート）に新聞のよいところを書いて，班の人に渡す。
③ 次の班の新聞を読みに行く。
※読み歩く班と残る班に別れて，①～③を繰り返す。

新聞交流会（パターン 2）
① 班同士で作成した新聞を交換して，班のメンバーで他の班の新聞を読む。
② 相手の班と，よかったところや質問，意見を伝え合う。
③ 次の班と作成した新聞を交換する
※①～③を繰り返す。

実態に合わせて様々な形態の交流会が想定される。

2 それぞれの班を回って，新聞を読んで，感想シートに記入して渡そう。

T　他の班の新聞を読んだら，新聞を書いた班の友達に，どんなことを伝えたいですか。

友達の新聞で工夫できていたところを見つけて伝えたいです。
分からないところや，どう考えているのか興味があるところは質問したいです。
記事を読んで思ったことや，自分なりに考えたことを伝えてみたいです。
やっぱりよかったところを伝えたいです。やってよかったと思えるから。

T　他の班の友達が書いた新聞のいいところが，たくさん見つかるといいですね。では，いろいろな班の新聞を読みに行ってみましょう。

準備物	・作成した新聞（データ・印刷） ・感想シート（用紙，付箋など） ・振り返りシート

ICT	情報共有ソフトを使って新聞を共有したり，アンケート機能を使って感想を共有したりすると，効率よく学び合える。

新聞を作ろう

(め) 作った新聞を読み合って意見を交流し、
自他の成長をふり返ろう

1 〈作った新聞を読み合おう〉
① 他のはんの新聞を読んで
しつ問や感想を伝える
② ふせんに新聞のよいところを書いてわたす
③ 次のはんの新聞を読みに行く
★ ①〜③くり返し

2 〈感想を伝えるとき〉
① よいところを見つけて伝えよう
② 分からないことはどんどんきこう
③ 記事に対するあなたの考えを伝えてみよう

ものでもよい。相手の記事のよさや工夫に目を向けられるように声かけをする。

3 それぞれの班の新聞を読んで，よかったところや意見を班で話し合おう。

T　今読んでいる班の新聞を読み終わったら，自分の席に座りましょう。では，それぞれの班の新聞を読んでみて，よかったところや意見を班で話し合いましょう。

ちゃんとインタビューやアンケートをして，正確な情報を集めていたのが伝わってきたよ。
取材して記事にまとめたことから，自分なりに考えたことも書かれていてよかったね。
図や表にまとめていて，分かりやすいように工夫していたね。
新聞やレポートを書くときに，友達のよかったところをいかしたいな。

T　他の班の友達の表現のいいところが，たくさん見つかったようですね。

4 単元を通した自分や友達の成長を振り返ろう。

T　単元を通して，班で協力して新聞作りをしてきた中での，自分や友達の成長を振り返って，振り返りシートにまとめましょう。

班で協力して取材をして，情報を整理して，正しく事実を伝える新聞を作れたよ。
やっぱり友達に伝わりやすい文章表現の工夫って難しいな。次はレベルアップしたい。
計画から記事の推敲まで，班で協力できたよ。いろいろと助けてくれてありがとう。
〇〇さんが図や表を使って分かりやすい記事を書いていたから，次にいかしたいな。

自他の成長できた部分に目を向けることで，充実感と次への活力を得ることができる。

カンジーはかせの都道府県の旅 2

全授業時間 2 時間

◎ 指導目標 ◎

・第 4 学年までに配当されている漢字を読むとともに，漸次書き，文や文章の中で使うことができる。

◎ 指導にあたって ◎

① 教材について

「カンジーはかせと都道府県の旅 1」に続く，西日本編です。今回も，前回と同じようにカンジーはかせと都道府県をめぐる旅という設定となっています。カンジーはかせと共に，都道府県の漢字を学びながら，都道府県に興味をもち，調べ学習をします。都道府県の漢字を使って無理なく楽しみながら文作りができる教材です。

② 個別最適な学び・協働的な学びのために

1 度目の旅で，児童はこの教材の学び方を知っています。都道府県に関する知らないことを，興味をもってどんどん調べていくことで，知識も増え，より深まっていくことでしょう。4 年生では，社会科でも都道府県の名前を覚えたり，都道府県のことを調べて知ったりする学習をします。ここでは，社会科の学習とも連動して，自分の住む都道府県だけでなく，他に何があるのかということに興味をもたせて楽しく活動させたいものです。

児童は，自分の知ったことを文や文章にして，友達に「この都道府県には，こんなものがあるんだよ」と話したり聞いたり，対話を楽しむことでしょう。

◎ 評価規準 ◎

知識 及び 技能	第４学年までに配当されている漢字を読むとともに，漸次書き，文や文章の中で使っている。
主体的に学習に取り組む態度	進んで第４学年までに配当されている漢字を読むとともに，漸次書き，学習課題に沿って，都道府県名を使った文を作ろうとしている。

◎ 学習指導計画　　全２時間 ◎

次	時	学習活動	指導上の留意点
1	1	・カンジーはかせと，どんな旅行をしたいか考える。	・都道府県に，どんなものがあるか興味をもたせる。 ・「カンジー博士と都道府県の旅１」より，調べることの幅を広げさせたい。
	2	・「都道府県の旅」というテーマで，線が引いてある23の都道府県名を使った文を考え，書く。 ・カンジーはかせと，どんな旅行に行くのか発表する。 ・都道府県名に用いられる漢字を使った言葉を，漢字辞典で探し，発表する。	・都道府県の漢字を間違わずに使って書くことを意識させる。 ・既習の漢字辞典の使い方を思い出させる。

カンジーはかせの都道府県の旅２

第１時（1/2）

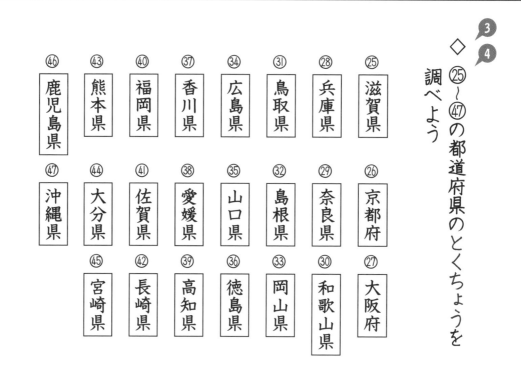

本時の目標　漢字で記された都道府県を読み，その都道府県について地図帳などを使って調べ，発表することができる。

板書例

3 4

◇ ㉕～㊼の都道府県のとくちょうを調べよう

㉕ 滋賀県　㉖ 京都府　㉗ 大阪府
㉘ 兵庫県　㉙ 奈良県　㉚ 和歌山県
㉛ 鳥取県　㉜ 島根県　㉝ 岡山県
㉞ 広島県　㉟ 山口県　㊱ 徳島県
㊲ 香川県　㊳ 愛媛県　㊴ 高知県
㊵ 福岡県　㊶ 佐賀県　㊷ 長崎県
㊸ 熊本県　㊹ 大分県　㊺ 宮崎県
㊻ 鹿児島県　㊼ 沖縄県

POINT　まずは㉕～㊼の都道府県にどのようなものがあるかを調べ，興味をもたせたい。ただし，漢字学習のためなので，深入り

1 都道府県に興味をもち，教科書の 23 都道府県の文を読もう。

教科書 P100 の都道府県の地図を黒板に掲示する。

T　カンジーはかせの都道府県の旅の２回目，西日本編です。どんな都道府県に行ったことがありますか。

ぼくは，奈良に大仏を見に行ったことがあります。

わたしは，大阪の USJ に行ったことがあります。

どんな都道府県に行ったことがあるか，出し合わせる。経験交流から，都道府県の漢字を読んだり書いたりすることへ，興味をもたせていく。

教科書 P100，101 を開かせる。

T　日本全国をめぐるカンジーはかせの都道府県の旅を追って，㉕～㊼の文を読みましょう。

教師の後に続いて，㉕～㊼までの文を読ませながら，その都道府県の漢字を板書する。（または，漢字カード QR を貼る）

2 カンジーはかせとどんな旅行に行きたいか考えよう。

T　23 の各都道府県の特産物や特徴などが書かれた文ですね。他にも，こんなところがあります。

教科書を読んだ後，文に書かれている以外の各都道府県の特徴を写真やスライドなどで紹介する。

T　これらの都道府県を，カンジーはかせと３か所めぐるとするなら，どの都道府県へ行きますか。隣の人と話してみましょう。

ぼくは，大阪にたこ焼きを食べに行きたいなあ。

宮崎県の「チキン南蛮」って何だろう。

阿波踊りってダンス？全然知らないなあ。楽しいのかな。

教科書の㉕～㊼の文を見ながら，自分が行きたい場所を隣の人と気軽に話し合わせる。グループ交流でもよい。

準備物
・教科書P100の日本地図（黒板掲示用）
・都道府県漢字カード QR
・都道府県の特徴を示す資料や画像
・地図帳（各自）・ワークシート QR

ICT
マップ機能を活用して選んだ都道府県を調べると，観光スポットや名物などの写真も掲載されており，参考にすることができる。

カンジーはかせの都道府県の旅２

㋱ カンジーはかせと、どんな旅行をするか考えよう

1 2 ◇カンジーはかせと行きたい都道府県を考えてみよう

☆㉕～㊼の中から　三つえらぶ

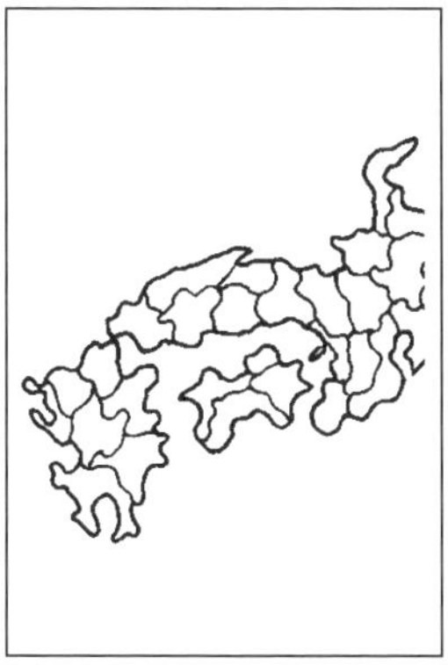

※教科書 P100 の日本地図を掲示する。

しすぎないようにする。

3 地図帳を使って，都道府県の特徴を調べよう。

地図帳を使って都道府県により興味をもたせる。

T　地図帳には，分かりやすく都道府県の特徴（特産品や特産物）が載っていましたね。今回も地図帳から見つけたことをワークシートに記録しましょう。まず，１人で調べて見つけたことを書きましょう。

C　２回目だから，１回目よりたくさん書きたいな。

T　調べたことをグループで発表しましょう。

兵庫県は，淡路島の玉ねぎも有名みたいだよ。タコもある。
和歌山県はみかんも有名だって。愛媛県と一緒だね。
岡山県は，桃って書いてある。きび団子も有名だ。
高知県には「坂本龍馬像」って書いてある。桂浜だって。行ってみたいな。

㉕～㊼の都道府県をグループで振り分けて，それぞれ詳しく調べさせてもよい。

4 調べたことを発表しよう。

T　グループで調べたことを発表してください。

グループで調べたことを，発表し合って共有させる。黒板に書くスペースを開放していてもよい。

T　共有したことは，ワークシートに赤色でつけ足しておきましょう。

T　次回は，前回のカンジーはかせと同じように，どんな場所をめぐるのか，旅行プランを立てます。今日知った特徴と都道府県を使って，文を書きます。

ぼくは，おばあちゃんの家がある九州をまわる旅にしよう。
わたしは，どこに行くか，もう少ししっかり考えてみるよ。

次回の見通しをもたせる。
家庭学習で自主的に調べてきたいという意欲を大切にして，家でつけ足ししてきてもよいことにする。

カンジーはかせの都道府県の旅２

第２時（2/2）

本時の目標　都道府県の漢字を使って文を作り，カンジーはかせとどんな旅に出かけるか発表できる。また，都道府県の漢字を使った言葉を，漢字辞典で見つけることができる。

板書例

〈例文〉
まずは、福岡県に行って博多（はかた）ラーメンを食べます。そして、大分県に行って温泉（せん）に入ります。最（さい）後に、熊本県でくまモンに会いに行きます。

3 ◇ 考えたことを交流しよう
・自由に旅行する（動き回ろう）
・おたがいのノートを持って
・出会ったら、どんな旅行か読み合う
・ひと言コメント

4 ◇ 都道府県の漢字を使った言葉を漢字辞典でさがそう
京**都**…都会　都市　都道府県
香川…線香花火　香水
沖**縄**…しめ縄　縄とび

※児童の発言を板書する。

POINT　文を作り紹介し合って，都道府県の漢字を楽しく学ばせる。都道府県の特徴を短い文に書き表す活動から，より興味を

1　都道府県の読み方を確かめ，調べたことを出し合おう。

T　前回の都道府県の漢字を覚えていますか。㉕から順に読んでいきましょう。

㉕滋賀県の琵琶湖は，日本一大きい湖だ。
㉖京都府には，古い町なみがのこっている。

教科書 P100 の日本地図を黒板に掲示する。
教科書 P100，101 の㉕～㊼の都道府県の読み方を確かめながら文を読ませる。隣どうしで確かめ合わせてもよい。

T　これで，47 都道府県を読めるようになりましたね。
T　㉕～㊼の都道府県について，家で他にも調べてきたことがあれば発表してください。
C　広島県の「厳島神社」は世界遺産です。
C　鹿児島県は黒豚が有名だと，お父さんが言っていました。

グループや全体で発表し合わせる。

2　自分が行きたい都道府県の文を書こう。

T　カンジーはかせとめぐりたい都道府県を使って，どんな旅行をするか文に書きましょう。３つの行きたいところをつなげて書きましょう。（例文を紹介する）

まずは、福岡県に行って博多ラーメンを食べます。そして、大分県に行って温泉に入ります。最後に、熊本県でくまモンに会いに行きます。

T　主語や述語，つなぎ言葉に気をつけて書きましょう。
C　ぼくは，四国をめぐるグルメ旅にしよう。
C　わたしは，観光地をめぐる旅がいいな。
T　テーマを考えると，文を作りやすいですよ。文が書けたら，先生のところへ見せにきてください。

文を見せにきた児童のノートを見て，その場で丸をつける。丸つけした児童には，他の都道府県の文も作らせる。

準備物
・教科書P100の日本地図（黒板掲示用）
・ワークシート（第1時で作成したもの）
・都道府県漢字カード QR
・漢字辞典

ICT
スライド機能を活用して白地図データに選んだ都道府県を記入し，写真・動画も含めたスライドを作って全体共有すると，友達に伝わりやすい発表になる。

カンジーはかせの都道府県の旅 2

(め) カンジーはかせと、どんな旅行をするか発表しよう

1

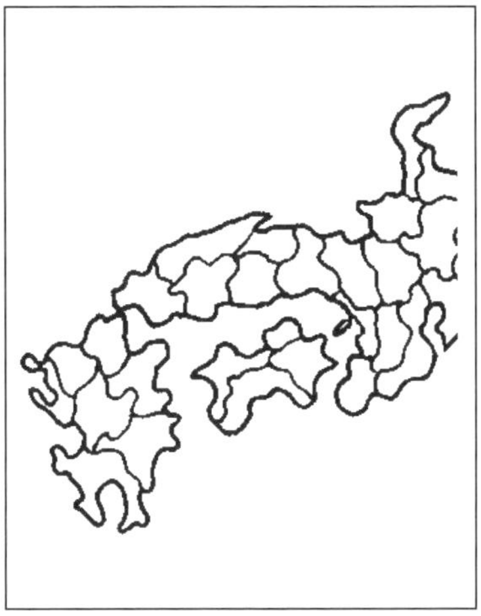

※教科書 P100 の日本地図を掲示する。

2

◇どんな旅行をしたいか文に書こう

☆三つの都道府県を使って

もたせたい。旅行の計画は，目玉は何かを意識して考えさせると，児童一人一人のよさが表れる。

3 作った文を発表し，交流しよう。

T　㉕～㊼の都道府県の旅行プランを発表しましょう。

C　わたしは，沖縄県のきれいな海で３日間泳ぎます。そのあと，飛行機で関西空港に行って，大阪府から和歌山県へ移動します。そして，和歌山県の白浜でまた泳ぎます。

C　泳ぐのが大好きな，いいプランだね。

グループや全体で発表し合わせる。少し発表し合ったら，みんなで書いたものを自由に立ち歩いて見せ合わせる。見たら，ノートに一言コメントを入れて交流させる。

岡山県は，マスカットだけじゃなくて，桃の産地でもあるんだね。
鹿児島の種子島には，ロケットを飛ばす施設があるんだ。知らなかった。

多くの交流を通して，各都道府県への興味をもたせたい。教師も赤で丸や線を入れながら，各グループを見て回る。

4 都道府県の漢字を使った言葉を漢字辞典で探そう。

T　都道府県名に用いられる漢字を使った言葉を，漢字辞典で探してみましょう。

T　見つけた言葉は，ノートに書き出しましょう。

しばらく時間を取って，見つけた言葉を書かせ，その後，グループや全体で話し合い，交流させる。

季節の言葉　2

夏の楽しみ

全授業時間 2 時間

◎ 指導目標 ◎

・様子や行動を表す語句の量を増し，文章の中で使い，語彙を豊かにすることができる。
・相手や目的を意識して，経験したことや想像したことなどから書くことを選び，集めた材料を比較したり分類したりして，伝えたいことを明確にすることができる。

◎ 指導にあたって ◎

①　教材について

「きせつの言葉 1」の「春の楽しみ」に続き，「行事」を窓口にして言葉を広げていく学習です。七夕やお盆など昔から続いてきた夏の行事と，それに関わる言葉を知り合います。なお，行事の時期ややり方は，時代や地域によって変わるものですが，その行事に込められた意味や願いは受け継がれているといえるでしょう。また，行事は，その地域に住む人々にとって，そのときどきの楽しみでもありました。

教科書では，夏の行事や風習として，衣替え，蛍狩り，七夕，盆踊りが紹介されています。また，それらの行事を詠んだ俳句も出ています。まずは，教科書の挿絵や俳句を手がかりにして，行事とそれに関わる言葉を考え，見つけ出します。「衣替え」など，なじみのない言葉や俳句については説明します。また，全国的に行われている行事とともに，それぞれの地方，地域に伝わる伝統的な行事もあります。夏には，農業やお盆に関わる子どもの行事もあります。「夏祭り」などの地域の行事と，それに関わる言葉に目を向けさせ知り合わせます。そのことを通して，自分が育った地域の自然や風土，人々のくらしや願いにも気づかせます。

②　個別最適な学び・協働的な学びのために

夏の行事に関わる言葉を知った後，その言葉を一つ選んで行事の様子を表した俳句を作ります。「盆踊り」の「浴衣」などの言葉は，季語として使えます。

地域には，子どもが主役になれる地蔵盆などの行事もあります。児童のくらしが読み取れるような，具体的な事実，体験を詠むよう助言します。また，作った俳句はみんなで読み，その行事の様子と捉え方を知り合います。そして，「いいな」と思ったところを感想として伝えます。作品を読み合うことも対話です。友達の目を通した行事の捉え方にも学ぶことができます。なお，俳句はうまく作れていなくても，体験に基づいたことを，季語を入れて作れていれば評価します。

◎ 評価規準 ◎

知識 及び 技能	様子や行動を表す語句の量を増し，文章の中で使い，語彙を豊かにしている。
思考力，判断力，表現力等	「書くこと」において，相手や目的を意識して，経験したことや想像したことなどから書くことを選び，集めた材料を比較したり分類したりして，伝えたいことを明確にしている。
主体的に学習に取り組む態度	積極的に夏の行事やその様子などを表す語句の量を増し，学習の見通しをもって，夏の行事の様子を俳句で表現しようとしている。

◎ 学習指導計画　全 2 時間 ◎

次	時	学習活動	指導上の留意点
1	1・2	・「夏の楽しみ」として，行事やその様子を表す言葉を考えて書き出し，話し合う。 ・その地域に伝わる行事や祭りについても話し合う。	・教科書の挿絵や俳句などを手がかりにして，行事の言葉を見つけさせる。 ・自分が参加したことや，見た体験も出し合わせ，知り合わせるとともに，広げさせるようにする。
		・夏の行事に関わる言葉を使って，その行事の様子を表した俳句を作る。 ・作った俳句を発表し，感想を述べ合う。	・俳句作りは，難しく捉えさせないで，まずは，楽しく作らせるようにする。 ・俳句を読み，夏の行事の様子がよく分かるところや言葉を見つけ合わせる。

夏の楽しみ

第 1,2 時（1, 2/2）

本時の目標　夏の行事や様子に関わる言葉を集め，知ることができる。夏の行事の様子を表した俳句を作ることができる。

板書例

②
夏の行事の言葉を
考えて　見つけよう
書いて　知り合おう

六月
○ころもがえ（夏服）
○夏至（げし）
○ほたるがり（うちわ、虫かご、川）

七月
○七夕　天の川　ひこ星　おりひめ
ささかざり　たんざく（ねがいごと）

八月
○ぼんおどり　やぐら　ゆかた　じんべえ
おぼん　送り火

③
◎「こんなことをした」お話
・○○神社のぎおんさんに行った
・おぼんの送り火をたいた
・大文字を見た

※児童の発言を板書する。

（第２時）④
㋱ 俳句を書いて読み合おう
※1

※1 第２時の板書は略。俳句を書いた用紙を貼る。

POINT　夏の行事の言葉も，児童の実体験と合わせて話をさせる。俳句作りは，まずは楽しませる。想像したことでなく，見たもの

1（第１時）「夏といえば…」を話し合い，めあてを捉えよう。

教科書はまだ閉じたままで尋ねる。

T　夏です。「夏」といえば，どんなことやどんな言葉が頭に浮かんできますか。

C　「夏休み」です。「海」と「プール」が楽しみです。

C　「七夕」「夜店」「セミ」「アサガオ」です。

T　では，春の「ひな祭り」のような，夏の行事で思いつくものは，ないでしょうか。

「祇園祭」（京都，他）が楽しみです。山鉾もいっぱい通ります。

七夕のときは，願い事を書いて，笹飾りを作ります。

他にも仙台七夕など，知られた行事も多い。

T　今日は，このような夏の行事や，その様子を表す言葉には，どんなものがあるのかを考えます。

2 教科書を見て，夏の行事の言葉を書き出そう。

T　教科書にも，夏の行事とそれに関係した言葉が出ています。どんな行事があるのでしょう。

C　衣替え，蛍狩り，七夕，盆踊り，それに夏至です。

衣替えや夏至，蛍狩りについては，説明も加える。

T　では，ここに出ている行事と，それに関係する言葉を書き出しましょう。その他にその行事で知っている言葉も書いてつけ足しましょう。

「蛍狩り」には「うちわ」と「虫かご」を持って行く。それに「山田川」へ蛍を見に行ったとき…。

自分の体験も思い出させながら，言葉を書かせる。

T　見つけた言葉を発表しましょう。

言葉を音読し，児童の発言でつけ加えていく。

T　俳句もあります。読んでみましょう。

音読させ，意味や情景を解説する。また，理科でも七夕の「彦星」など，夏の星について学習している。

準備物	・教科書に出てくる言葉の画像など ・画像 QR ・俳句用の短冊形の用紙（児童数） （黒板に貼り出す）

ICT	スライド機能を活用して俳句を書き，そのときの写真や挿絵なども入れるようにすると，児童が作った俳句を集めて，俳句集を制作することができる。

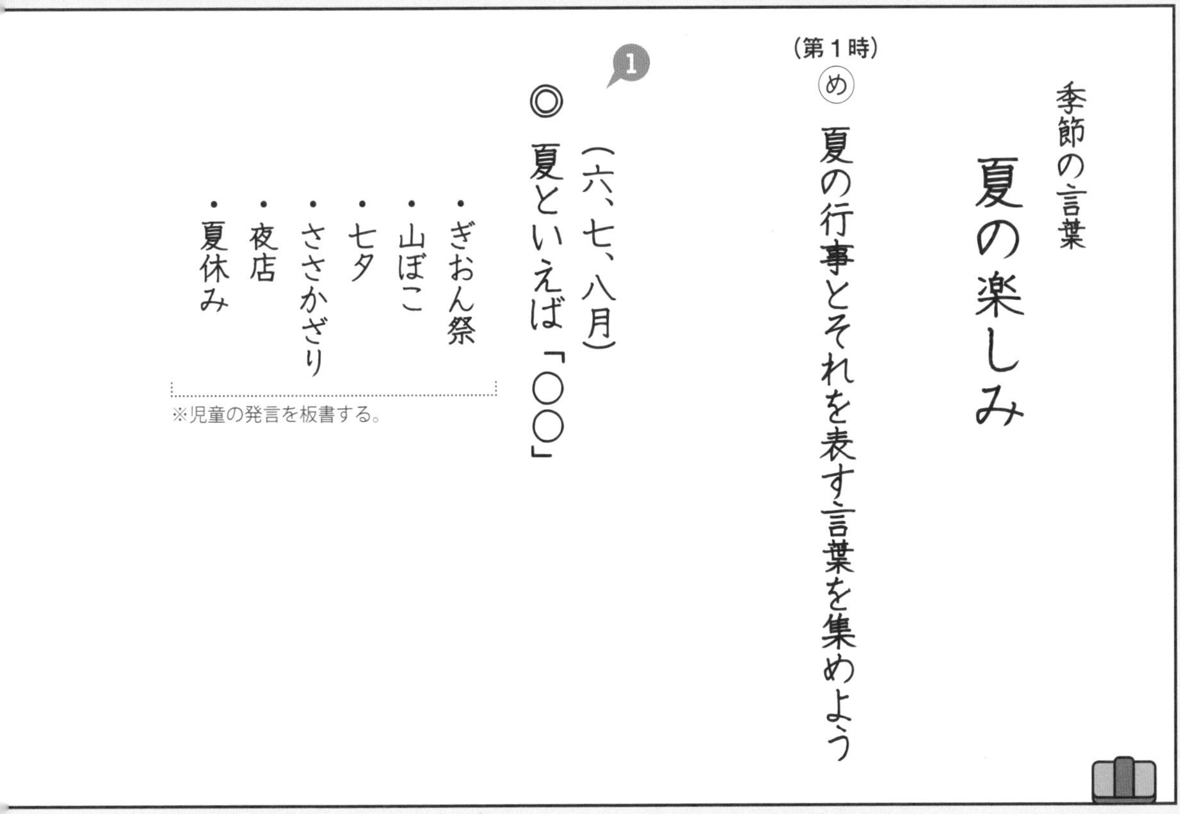

聞いたことをもとに作らせる。

3 地域の行事やそれに関わる言葉も考え，教え合おう。

T　わたしたちの住んでいる地域に伝わる行事もあります。それに関係した言葉も考えて，書き出してみましょう。隣の人と相談してもいいですよ。

T　発表しましょう。自分が見たことやしたことも，教え合いましょう。

８月の「お盆」です。家で15日に「送り火」をたいて，ご先祖さまを送ります。

夏には，農事や先祖供養に関わる行事も多い。（「愛宕祭」「大文字」，地方によって「虫送り」など）

T　はじめて聞いた，という行事はありましたか。

C　ちょうちんがいっぱい灯る「地蔵盆」って，はじめて知りました。行ってみたいです。

C　「蛍狩り」に行って，本物の蛍を見てみたいです。

（第２時）

4 行事の言葉を入れて，夏の行事を表す俳句を作り，読み合おう。

T　夏の行事と，それに関係した言葉が多く見つかりました。その言葉を１つ使って，行事の様子を表した俳句を作ります。

俳句の音数と季語を確かめ，教科書の句を音読させる。

T　このような俳句を作って読み合いましょう。

しばらく俳句を作る時間を取り，個別指導する。

T　発表してください。聞いたあと，感想も発表しましょう。

祇園祭の宵宮の様子が，よく分かります。
わたしの俳句は「山鉾を　見上げた先に　お月さま」です。
影も踊っているところが楽しそうで，いいです。
「盆踊り　手と足の影　踊ってる」

教師からも一言，句のよいところや言葉をほめる。

T　知らなかった行事や言葉も知り合うことができました。夏休みには，そんな行事に行くのもいいですね。

QRコンテンツ（画像） 第1, 2時 QR

QRコンテンツ（画像） 第1, 2時 [QR]

本は友達

本のポップや帯を作ろう / 神様の階段

全授業時間５時間

◎ 指導目標 ◎

・幅広く読書に親しみ，読書が，必要な知識や情報を得ることに役立つことに気づくことができる。
・文章を読んで感じたことや考えたことを共有し，一人一人の感じ方などに違いがあることに気づくことができる。

◎ 指導にあたって ◎

① 教材について

「本のポップや帯を作ろう」という呼びかけです。読んだ本の紹介では，感想を書いて発表するというのが普通ですが，ここでは本のポップや帯を書くという形をとります。その本のよさを知ってもらうための効果的なコピーや紹介の文章を考え，簡潔に表現し読み合います。そして，このポップや帯作りに向けて，まず本の読み方について考え，実際に読みたい本を選んで読むことも行います。

児童が読む本は，物語や小説の類が多くなりがちですが，読む本の領域を広げることも大切です。その点，教科書には，物語以外のジャンルの本が紹介されています。ここでは『神様の階段』というノンフィクションをみんなで読みますが，ノンフィクションは，書かれていることが事実だけに，物語とは違ったおもしろさや感動があり，読書の幅も広がるでしょう。

そして，この『神様の階段』から見えてくるのは，自然と人間との豊かな共生の姿です。その象徴ともいえるのが，米を作るという営みと標題の『神様の階段』である棚田です。一方，このような豊かな自然や人々のくらしを知ることは，それを鏡として，わたしたちのくらしのあり方や考え方を振り返ることにもなり，考えを深めてくれます。「事実を知り，そこから考える」，そこに，このような事実物語＝ノンフィクションを読む価値があるといえます。また，ポップや帯とは何かについても，この『神様の階段』を１つの材料として理解を図ります。

② 個別最適な学び・協働的な学びのために

『神様の階段』の舞台は，インドネシアです。ですから，この本を読むと日本以外の国の人々のくらしぶりや考え方にも目が向きます。このように，読書は個別の活動でありながら，世界ともつながる広がりをもった学びといえます。また，同じ本を読んでも，受ける感動は人により異なります。そして，それを交流することにより，視野を広げてくれる協働的な学びとなります。ただ，読む上ではインドネシアという国の位置や文化など，ある程度の地理や社会に関わる知識も必要です。その点に難しさもありますが，発展的な調べ学習につなぐこともできます。

それから，読んだ本のよさを，ポップや帯で表現する際，「自分はこの本の（話の）どこに心を動かされたのか」という感動がないと，「読んでみたい」と思わせるポップや帯にはなりにくいものです。ですから，このような表現活動でも，まずは個別の読みの深さ（内容の理解）が関わってきます。

なお「本の読み方について考える」活動も，そのままでは具体性に欠けるので，この『神様の階段』を読みながら「読み方」を１つの方法として使っていくとよいでしょう。

◎ 評価規準 ◎

知識 及び 技能	幅広く読書に親しみ，読書が，必要な知識や情報を得ることに役立つことに気づいている。
思考力，判断力，表現力等	「読むこと」において，文章を読んで感じたことや考えたことを共有し，一人一人の感じ方などに違いがあることに気づいている。
主体的に学習に取り組む態度	積極的に読書に親しみ，学習の見通しをもって，本をポップや帯で紹介しようとしている。

◎ 学習指導計画　　全５時間 ◎

<table>
<tr><th>次</th><th>時</th><th>学習活動</th><th>指導上の留意点</th></tr>
<tr><td>1</td><td>1</td><td>・本のポップや帯を見た経験を話し合う。
・読んだ本を紹介し合い，学習課題を設定する。
・本の読み方について，話し合う。</td><td>・学習課題は「友達に読んでほしいと思う本のポップや帯を作ろう」とし，見通しをもたせる。
・本を読むときの，３つの留意点を押さえる。</td></tr>
<tr><td rowspan="3">2</td><td>2</td><td>・ポップや帯を作ることに向けて，各自が読みたい本を選ぶ。
・『神様の階段』を読み通し，話の舞台と筆者が伝えていることなど，大まかな内容を捉える。</td><td>・教科書に紹介されている６冊も参考にして，興味関心をもたせる。
・インドネシアやバリ島の位置，気候など，どこの話なのかを，地図も用いて説明しておく。</td></tr>
<tr><td colspan="3">★　ここに，児童各自が選んだ本をそれぞれが読んでいく期間を設ける。児童は『神様の階段』の学習と並行して，自分が選んだ本を読み進める。</td></tr>
<tr><td>3</td><td>・『神様の階段』を，８つのまとまりに分けて読む。
・筆者はバリ島の自然や人々のどんなところに目を向けているのかを考えながら読み進める。</td><td>・手で植える田植え，牛を使った農耕，神をまつり豊作を願い，棚田を作るバリ島の人たちの姿と美しい棚田の風景を読み取らせる。</td></tr>
<tr><td rowspan="2">3</td><td rowspan="2">4・5</td><td>・『神様の階段』を読み返し，心に残ったところを話し合い，教科書の例を見て書く文言を考える。
・各自が読んだ本の帯，またはポップを考え，書く。</td><td>・ポップや帯に書く内容（３点）を確かめておく。
・読んだ本の印象に残った文言を振り返り，見出しに当たるキャッチコピーを考えさせる。</td></tr>
<tr><td>・読んだ本について，書いたポップや帯を見せ合い，その本のよさを紹介し合う。
・学習を振り返り，「読書に親しむために」を読む。</td><td>・それぞれが読んだ本のよさを，帯やポップの形で知り合わせ，読書への興味をもたせる。
・できたこと，よかったことを中心に話し合わせる。</td></tr>
</table>

◇『神様の階段』に限らず，米作りをよく知らない児童は，「どうして『階段状の』棚田を作るの？（作らなければならないのか）」という疑問をもちます。読み進める前提として，棚田を作るわけを説明しておくことも必要でしょう。

◇計画表の★印のところは，第２時の学習を受けて児童がそれぞれ選んだ本を読む時間であり，その期間としています。指導計画の中で一斉に一定の時間を設けるのは難しいので，「朝の読書」や「読書」の時間等も活用し，読み進めるようにします。なお、教科書に紹介されている本は、回し読みもできるよう図書館にも複数冊備えておくとよいでしょう。

◇第３時は，ゆとりをもって進めるなら，２時間扱いにするとよいでしょう。

本のポップや帯を作ろう
第1時（1/5）

本時の目標 本のポップや帯の，内容や役割を知り，「友達に読んでほしいと思う本について，そのよさが伝わるポップや帯を作る」という学習課題と学習の見通しが分かる。

板書例

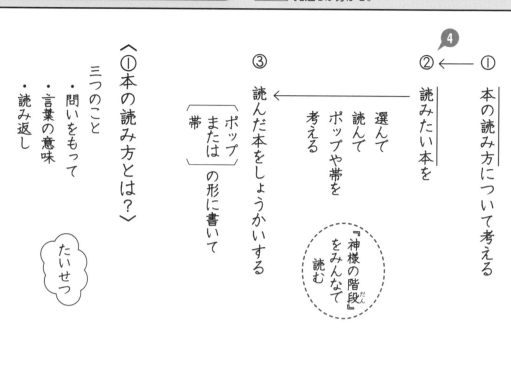

① 本の読み方について考える

4 ② ← ①

② 読みたい本を
選んで
読んで
ポップや帯を
考える

『神様の階段』をみんなで読む

③ 読んだ本をしょうかいする
〔ポップ または 帯〕の形に書いて

〈①本の読み方とは？〉
三つのこと
・問いをもって
・言葉の意味
・読み返し

たいせつ

POINT 「本のポップや帯を作る」という学びのゴールをまず示し，そのゴールに向けてどのように学習を進めるのかを，児童と

1 本の帯と何か，実物を見て話し合おう。

本の帯とは何かを，実物を見せて分からせる。

T　これは，今，本屋さんで並んでいる新しい児童向けの本です。（課題図書など，新刊本を図書館から借りておいて，見せる）表紙のカバーがあって，その下の方に，また紙が巻いてあります。これは，「帯（おび）」というものです。読んでみましょう。

見本として見せる本には '23 年度課題図書『化石のよぶ声が聞こえる』『給食室のいちにち』『中村哲物語』などがある。

T　（読んだ後）どんなことが書いてあるといえますか。

本の中身の短い紹介だと思います。読むと，どんなことが書いてある本なのかが，大体分かります。

「続きは？」と思って読みたくなるような文です。

T　このように，本の帯とは，「これは，どんな本なのか，何が書かれているのか」を簡単に紹介して，読む人に「読んでみようかな」と思ってもらうためのもの（役割）といえます。

2 ポップや帯を見た経験を話し合おう。

T　このような「本の帯」を見たことがありますか。

はい，この前買った『○○』の本にもついていました。でも，「帯」の文はあまり読みませんでした。

T　本屋さんでは，本を紹介したり宣伝したりする「ポップ」というものもあります。

ポップについても，できれば実物や画像を見せて「どんなものか」理解を図る。しかし，書店で見るポップは，そのとき評判の大人向けの書物のものが多く，それも多くはない。児童対象の本のポップはあまり見かけない。また書店そのものも少なくなり，本のポップを見たことがなく知らない児童も多い。

T　このように，ポップや本の帯は，「この本を読んでほしい」「ここがおすすめ」という気持ちから生まれたものです。だから，それを書く人は，ポップや帯を見た（読んだ）人が「読んでみたいな」と思える文や言葉を考えて書いているのですね。

準備物	・帯のついている本（2，3冊） ・ポップの見本（作っておいてもよい） ・教科書P107「本の帯の写真」（黒板掲示用）

ICT	帯のついた書籍や店頭にあるポップを写真撮影しておくと，実例として提示でき，児童はこれらのイメージをもち，学習意欲を高めることができる。

本のポップや帯を作ろう

1 本の帯とは？

☆本のしょうかい＝短い文で

・どんな話か（いつ・どこ）

・ここがいいよ　おすすめ

読んでみたいなと思えるように

※教科書 P107「本の帯の写真」を掲示する。

2 ポップも

3 〈これからすること〉＝課題（か）

友達に読んでほしいと思う本について
そのよさが伝わる
ポップや帯を作ろう

⇐

め どのように進めるのか
学習計画をたしかめよう

確認する。そして，学びに見通しをもたせるようにする。

3 お気に入りの本を，紹介し合おう。学習課題を聞き，学習計画を確かめよう。

T　みなさんにも，読んでよかった，すすめたいな，と思う本はあるでしょう。少し紹介し合いましょう。

わたしは『だれも知らない小さな国』がおもしろかったです。お話は，コロボックルという…。
『ズッコケ３人組』です。この３人とは…。

T　では，教科書を開けましょう。『本は友達』です。

C　『本のポップや帯を作ろう』と書いてある。

T　ここでは「友達に読んでほしいと思う本について，そのよさが伝わるポップや帯を作ろう」という勉強をします。（教科書を読み，学習課題を伝える）

T　そのために，どんなことをするのか，「見通しをもとう」を読んで，①②③の３つの学習を確かめておきましょう。

①②③の順に学習を進めること（学習計画）を確かめる。

4 ３つの学習を確かめ，１つ目の「本の読み方」について話し合おう。

T　②の「本を読む」ところでは，みんなで『神様の階段』というお話も読みます。③の「本の紹介」では，本のポップや帯の文を考えて，紹介し合うのです。

T　学習の道すじは分かったでしょうか。

C　はい。でも，1つ目の「本の読み方」って何だろう，何をするのかな，と思いました。

T　「本の読み方」については，読むときにすること，大切なことが３つ書かれています。読んでみましょう。

問いをもちながら読む。
分からな言葉に気をつける。
ところどころ読み返す。

T　そうです。「本の読み方」とは，本を読むときにしておくとよいことです。　みなさんはどうですか。

C　はい，分からない言葉を調べたことがあります。

読書経験も交え，「本の読み方」の３点について話し合わせる。

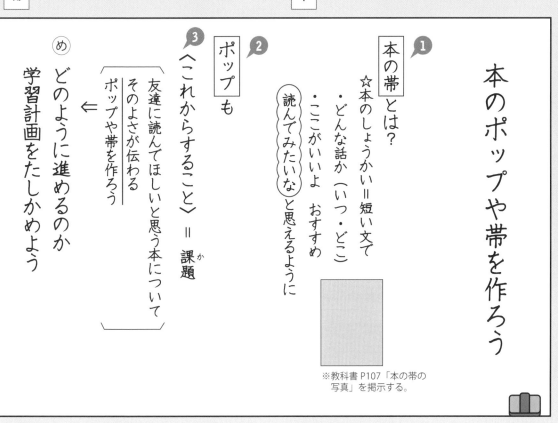

本のポップや帯を作ろう／神様の階段

第2時（2/5）

本時の目標　ポップや帯を作ることに向けて，読む本を選ぼうとすることができる。また，『神様の階段』を読み通し，お話の舞台とそこで人々が米作りをしてくらしていることが分かる。

板書例

◇ 読む本を選ぼう

ぼくは、
わたしは、

を読もう

ポップ、帯へ

3
◇ みんなで
『神様の階段』を読む

今森光彦　文・写真

〈場所は？〉
インドネシア
バリ島
〈何が？〉
アグン山＝神
たな田
米作り
おそなえ

※東南アジア地方の掛け地図を掲示する。

4
☆「読み方」も使って「問い」
「言葉」

POINT　ポップや帯を作るには，まず何を読むのか本選びが大切になる。その点を児童任せにして「何でもよい」では児童も困る。

1 どんな本を読めばよいのか，本の案内を見よう。

T　ポップや帯を作ることに向けて，前の時間に話し合った「本の読み方」も取り入れながら，本を読みます。では，どんな本を読めばよいのか「案内」を見てみましょう。（P106「この本，読もう」を見る）

T　６冊の本の紹介も参考にし，読む本を考えていくといいですね。紹介文を読んでみましょう。

『神様の階段』をはじめ，事実をもとにして書かれたノンフィクションもある。教師の解説でも補いながら，大まかな内容を知り合わせ，読むことへの意欲，関心を高めさせる。

T　（本を見せて）みなさん，アフガニスタンという国を知っていますか。その国の子どもたちに，日本の子どもたちが使っていたランドセルが贈られているのです。どうして？　何のために？また，アフガニスタンの子どもたちや学校とはどんな様子でしょう。そのことが写真とともに書かれているのが、この『ランドセルは海を越えて』の本です。

C　なぜ，贈っているのかなあ？　読んでみたいな。

2 これから読む本を考えよう。

T　『ローラとわたし』の本がこれです。

T　『神様の階段』の本がこれです。（少し中も見せて）このように，きれいな写真を見ながら読む本です。

教科書で紹介されている６冊については，できれば実物の本を見せながら紹介できるとよい。（学校でもそろえておきたい）また，『神様の階段』はみんなで読むことも，後で伝える。児童が家から持ってきた本や，借りてきている「おすすめ」の本もあれば，ここで紹介し合えるとよい。

【読む本を選ばせるために】
読む本は，何でもよいというわけにはいかない。そのため，ここで読ませたい本は，教科書に出ている本の他，いわゆる「課題図書」なども参考にしていくつか選んでおく。できれば，教師自身も読んでおく方がよい。そのため，図書館にもできれば複数冊そろえておき，みんなが手に取れるようにしておきたい。それでも冊数が限られてくるので「本を読む週間」などとして一定の読書期間を設け，その間にみんながどれかの本が読める，というやり方も１つの方法になる。

T　これらの本の中から，１人ずつが読む本を決めて読んでいきます。

準備物	・教科書P106の6冊の本，他に読ませたい本，（あれば）児童からの「推薦本」 ・東南アジア地方の掛け地図（場所確認用）

ICT	読書感想文の課題図書や教科書掲載の書籍など，おすすめの本を写真撮影し，画像をモニターに投影して提示すると，児童が書籍を選ぶ際の参考になる。

本のポップや帯を作ろう

㋱ 読んでみたい本を選んでみよう

1 2 〈この本、読もう〉

『ローラとわたし』
『ランドセルは海を越(こ)えて』
『手で食べる？』
『消えた時間割(わり)』
『それでも、海へ』
『神様の階段』（インドネシアの話）
⬇みんなで読む

〈そのほか〉
『○○○○○』
『△△△△△』

※児童から挙がった書名を書く。

教科書も参考に，教師の側でいくつかの候補を決めておき，紹介する形がよいだろう。

3 『神様の階段』をみんなで読もう。お話の舞台について，確かめ合おう。

T　みんなで同じお話も読みます。教科書にも載っている『神様の階段』がそれです。インドネシアという国の，バリ島でくらす人々の様子がよく分かるお話です。

T　まず，「近づいてみよう。」までのはじめの14行を読みましょう。どこでのお話でしょうか。

14行をまず教師が範読し，その後，児童と教師で斉読する。

お話の場所は，インドネシアのバリ島でした。

T　教科書の地図でその場所を押さえましょう。大きい地図でも，確かめましょう。（掛け地図を見せる）

C　日本からずーっと南の国です。たくさん島がある。

T　写真も出ています。何という山の写真ですか。

C　「アグン山」という神様の住むところみたいです。

C　島でいちばん高い山とも書いてありました。

T　この山の写真や，次のきれいな田んぼの写真も，この文を書いた今森光彦さんが撮影したものです。

4 全文を読み通そう。

「本の読み方」の「3つのこと」を，ここで使わせる。

T　ここまで読んで，何か「問い」をもちましたか。

C　題の『神様の階段』は何のことかな，と思いました。

T　また，「分からない言葉」もありましたか。言葉は自分で考えたり辞書で調べたりできますね。

T　では，どんなお話か，終わりまで先生が読みます。

まず教師が読み聞かせ，何が書かれているのかをつかませる。

T　バリ島の人々は，何をしてくらしているのか，分かりましたか。（ここでは，断片的な答えでよい）

田んぼで，お米を作っていました。だから，田植えや稲刈り，牛を使った「しろかき」もしています。

みんなで，棚田も作っています。神様にお供えもしています。

T　『神様の階段』って何のことか分かりましたか。

C　写真にもあった，たくさんの「棚田」のことです。

T　では，みんなで読んでみましょう。

全文を斉読する。時間に応じて初めの感想を交流させる。

神様の階段

第3時（3/5）

本時の目標
『神様の階段』を読み通し，①から⑧までのまとまりごとに書かれている筆者の見た「バリ島の米作り」の様子と，土地や神に感謝する人々の姿を読み取る。

板書例

③
④ あざやかな色の服やズボン
⑤ 牛を使った「しろかき」
牛のふんも土作りに
⑥ 夜明けのアグン山とたな田の
美しい風景（ぜっ景）
④
⑦ 神様をまねく
⑧ 新しいたな田を作る人々
アグン山に近づくたな田
＝
神様の階段

〈米作りとたな田〉

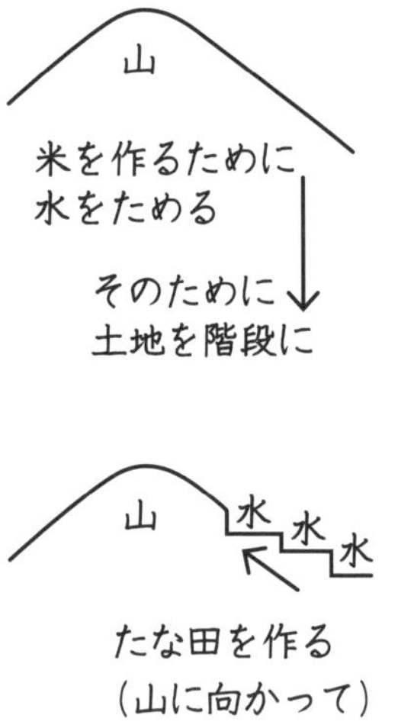

※簡単な絵を描いて，たな田を作るわけを説明しておく。

POINT　バリ島を訪れた筆者は，バリ島の「何に目を」向け，「何に心を」ひかれているのかを，読み取りの視点として読み進める。

1　『神様の階段』の，①のまとまりを読み，何が書かれているのかを話し合おう。

T　『神様の階段』を，初めから読んでいきます。バリ島の人々のくらしのどんなことが書かれているのか，筆者が見たものは何かを見ていきましょう。

T　『神様の階段』は，8つのまとまりで書かれています。読みながら番号をつけていきましょう。

まとまりごとに1行アキになっているので分かりやすい。

T　まず，1つ目のまとまりは「あの山にもっと近づいてみよう。」までです。①として音読しましょう。

T　初めに「ここは，インドネシアのバリ島。」とあります。だから，筆者は今バリ島に来ています。このバリ島について分かったことはどんなことですか。

バリ島は，暑い熱帯の島です。

美しい田んぼが多くある島です。筆者（今森さん）もそれを見に来ています。アグン山という神様の山があります。

①では，バリ島に来た目的と，特徴的な気候，自然，風景が語られている。「神聖」など語句はその都度説明する。

2　②③のまとまりを読み，筆者が見たもの，捉えたものは何かを読み取ろう。

T　「朝，山に向かって…」からは，②のまとまりです。まず音読しましょう。（斉読，または指名読み）

T　ここで，筆者が見たもの，捉えたものは何でしたか。文に線を引きましょう。（線を引いて発表）

C　「水をふくんだ土のにおい」を感じています。

C　段々になった田んぼ，棚田です。『神様の階段』？

C　小さなため池とそこにすむ虫や魚も見つけました。

C　小さな川（用水路？）やあぜ道，野の花もです。

T　田んぼとその近くにあるものがよく分かりますね。

T　続けて③「小高い…」からを読んで，そこで見たもの捉えたものは何か，線を引いて発表しましょう。

C　田んぼでは「手で」田植えをしていることです。

C　でも，隣の田んぼで稲刈りや脱穀をしていることです。日本とは違っていることに驚いています。

日本とは違った米作りなので，児童には分かりにくい。田植えと収穫が同時にできるわけなども，教師が説明で補う。

①，②，③…に小さな題（見出し）をつけていってもよい。

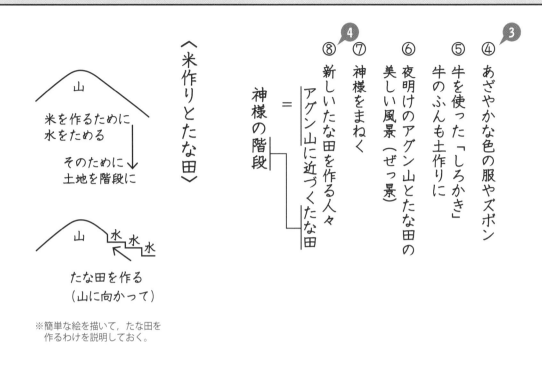

準備物	・教科書の写真や（あれば）棚田などの画像

ICT	棚田などの写真データを準備し，必要に応じてモニターに投影して提示すると，児童の知識を補い，情景を思い浮かべながら読む助けになる。

神様の階段（だん）

今森光彦（いまもりみつひこ）　文・写真

＝ぼくが、この島を…
　　　　　バリ島

㋱　筆者がバリ島で見たものは何かを
たしかめながら読み進めよう

見たものは？
何を？

〈８つのまとまり〉

❶ ①　バリ島とは？
暑い熱帯
美しい田んぼ
アグン山　＝　神の住む山

❷ ②　広がるたな田
ため池　小川（用水路）⇓　田へ水を

③　手で植える田植え
となりの田んぼていねかり
だっこく　）米作りをする人々

美しい風景とともに，米作りを続けてきた人々の姿，自然と神とを敬う生き方を捉えさせる。

3　④⑤⑥を読み，筆者の見たものを，⑦を読み，神を招く人々の姿を，読み取ろう。

T　続けて④，⑤，⑥のまとまりも読み進めましょう。筆者が目を向けたものに線を引きましょう。（音読）

これまでと同様に筆者が目を向けたもの，心ひかれたものを文から読み取らせる。そこに筆者の考えも見て取れる。筆者が見た次のようなことを読み取り，発表し話し合わせる。

④人々が身につけている美しい農作業着＝労働への考え方
⑤牛を使った「しろかき」，牛の糞もいかす米作り＝有機農業
⑥夜明けのアグン山と，棚田やあぜ道が作り出す景色＝絶景

T　次に⑦を読み，見たものは何か，線を引きましょう。
T　筆者の見たものは何でしたか。

デウィ・スリという神様を招く場所（サンガパクワン）を作っている女の人です。

そこに花などお供え物を持って行く人もいます。

T　どうして神様をまつり，お供えをするのですか。
C　神様に来てもらうと豊作になるからです。

バリ島の，手での田植え，牛による耕作，田の神をまつること，何段もの棚田。筆者はこれらを1960年代以前の日本の農村風景と重ねて見ているようである。

4　⑦⑧を読み，『神様の階段』とは神の山に続く棚田であることを読み取ろう。

T　⑦の終わりを読むと，『神様の階段』とは何なのかが分かります。田んぼの向こうに何があるのですか。
C　アグン山，神様の住む山，そこに続いています。
C　その神様の山に向かって，棚田が階段のように何段も続いているので，その棚田が『神様の階段』です。
T　そこをみんなで読み，確かめましょう。

「人々にとって，田んぼは，神様の…」から後を斉読する。

T　⑧を読んで書かれていることを発表しましょう。

棚田って，昔から人が作ってきたものだと分かります。そして，棚田はアグン山に近づくように（上へと）作られてきたみたいです。

人々は，森と土地に感謝していることです。

新しい棚田を作っているのを見たことです。

T　このようにして『神様の階段』である棚田でお米を作ることは，神様の住む森に近づくことだとして，続けられてきたのですね。

自然や神を敬い，棚田を開いてきた人々の姿がここにある。斜面での米作りでは，棚田の形になる理由も説明しておく。

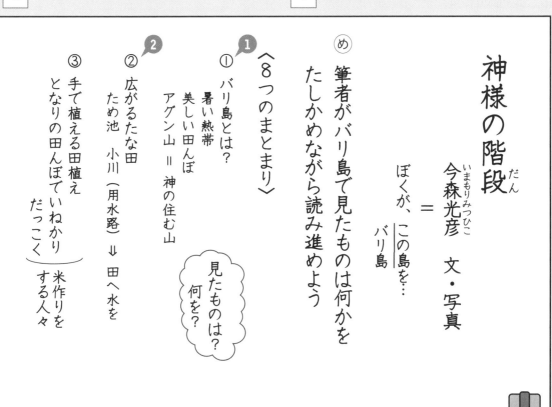

本のポップや帯を作ろう

第 4,5 時（4,5/5）

本時の目標　読んだ本のよさを紹介するための文言を，ポップや帯の形にして書くことができる。また，書いたポップや帯を読み合い，交流することができる。

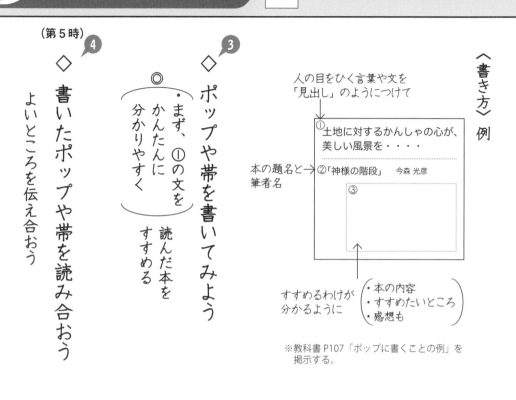

板書例

〈書き方〉例

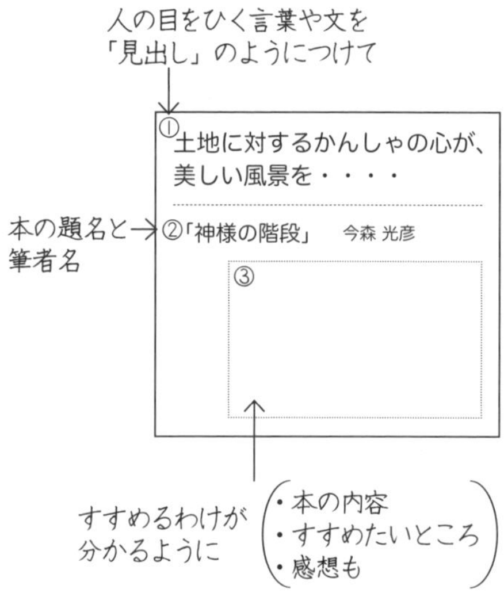

※教科書 P107「ポップに書くことの例」を掲示する。

3 ◇ポップや帯を書いてみよう

◎
・まず、①の文を
かんたんに
分かりやすく

読んだ本を
すすめる

（第５時）

4 ◇書いたポップや帯を読み合おう

よいところを伝え合おう

POINT　第４時の中心はポップや帯を書くことなので，書く時間を確保する。また，それを書くために「自分は，何を伝えたいのか」を

1 （第４時）『神様の階段』を読み直し，すすめたいところを話し合おう。

T　『神様の階段』を読んで，心に残ったことや考えさせられたことがあった人は，手を挙げましょう。

C　何段もの田んぼが広がる風景や，アグン山を撮った写真がとても美しいと思いました。

C　棚田で米を作ることが，こんな美しい風景『神様の階段』を作っていることにびっくりしました。

C　日本にもこんな棚田が残っていると思います。

T　この本を他の人にも読んでほしいと思いましたか。

印象に残ったところ，すすめたいところを話し合わせる。

C　この美しい写真も見てほしいと思いました。

T　すすめたい理由は何でしょうか。また，人にすすめるなら，どんなところをすすめますか。

機械がなくても，田植えとか，脱穀とか，人々が米を作っている。その様子が分かるところです。

なんとなくみんな楽しそうなところです。

田んぼを作り，小川を作り，牛を飼い，神様をまつるところがとてもいいです。

2 『神様の階段』をすすめるためのポップや帯の内容について話し合おう。

T　本を読んでもらうために，こんなものを作る（紹介する）方法がありましたね。（ポップ，帯を見せる）

T　この『神様の階段』のポップ，または，帯を作るとすれば，何を書けばよいでしょうか。その本のよさが分かり「読もうかな」と思ってもらえることです。

C　バリ島には何段もの美しい田んぼがあることを書くといいかな？

T　教科書にその例が出ています。何を書いているのでしょうか。見てみましょう。（教科書 P107 の例を見せる）

C　いちばん上に大きな字で「土地に対するかんしゃの心が，美しい風景を…」（①）とあります。この本でいちばん筆者が言いたかったことだと思います。見出しかな。

C　真ん中に本の題名と筆者名(②)が書いてあります。

C　いちばん下（③）に，少し詳しく本の中身が書いてあります。バリ島での話ということも分かります。

T　このように，本屋でさっと読めるように３つのことを書いて『神様の階段』を紹介しているのですね。

準備物
・（あれば）本のポップや帯
（実例として見せ，紹介する。）
・教科書P107「ポップに書くことの例」
（黒板掲示用）

ICT
スライド機能や文書作成機能を活用してポップや帯の下書きを書くと，字体や描画のイメージを組み立てやすく，文章の推敲もしやすくなる。

本のポップや帯を作ろう

（第４時）

め　ポップや帯に書くことを考え作ってみよう

1　『神様の階段』を読んで

心にのこったところ
すすめたいところ　は？

・美しいたな田（階段）の写真
・米作りをする人々のすがた
・神様とともに

2　ポップや帯に

この本のよさがパッと見て分かるように
「読んでみたいな」と思えるように

はっきりさせられるように，児童の思いを聞き，助言もするとよい。

3 それぞれが読んだ本のよさを伝えるためのポップ，または，帯を書こう。

T　この『神様の階段』のポップの例で，パッと目に入ったのはどこですか。

やっぱり，いちばん上にある①の「土地に対するかんしゃの心が…」という大きな文字の「見出し」（キャッチコピー）です。

この本を読んだ人が，いちばん心に残ったことを短い文にしたのが①のキャッチコピーだと思います。

T　すすめたい本のポップや帯を書くときも，この①のような文や言葉を，まず選んだり考えたりしましょう。そして②や③も書くようにします。

T　では，それぞれ読んできた本のポップや帯の言葉を考えて書いてみましょう。まず①の文から…。

書いている文言を見て回り，個別にほめたり指導したりする。

基本的に，それぞれが読んでいいなと思った本の帯を作らせる。しかし，児童に応じて『神様の階段』の帯を作らせるのもよい。ただし例とは同じでない文言を考えさせるようにする。

4 （第５時）書いたポップや帯を読み合おう。学習を振り返ろう。

T　書き上げたポップや帯は，見せ合ったり読み合ったりしましょう。（交流し，読んだ本を知り合わせる）

わたしは，『ランドセルは海を越えて』を読みました。紹介します。（と，作った帯を見せて読む）

大きな見出し（キャッチコピー）は，「校舎のない学校でも真剣に学ぶアフガニスタンの子どもたち」が，いいと思いました。

作ったポップや帯の紹介では，グループでの回し読みや，みんなの前で発表する，など様々なやり方がある。また，朝の会などの時間も活用できる。最後には掲示板等に全員の作品を展示して読み合えるようにする。

T　本を読み，ポップや帯を作る学習をして，できたこと，よかったことを振り返りましょう。

C　『神様の階段』を読んで，きれいなバリ島の棚田と人々のことがよく分かりました。

教科書P107下の「読書に親しむために」も読んでおく。

詩を味わおう

忘れもの / ぼくは川

全授業時間 2 時間

◎ 指導目標 ◎

・詩全体の構成や内容の大体を意識しながら音読することができる。
・詩を読んで理解したことに基づいて，感想や考えをもつことができる。

◎ 指導にあたって ◎

① 教材について

2つの詩を読み，描かれている情景と心情を読み取ります。『忘れもの』（高田敏子）は，夏休みが終わり，新しい季節を迎えたときの気持ちが描かれています。過ぎ去った夏休みに，「キミ」と呼びかけるちょっとさびしい「ぼく（話者）」の思いには，児童も共感するでしょう。『ぼくは川』（阪田寛夫）の川は，まるで生き物のようです。川は，ぼくと重なり，「川であるぼく」が前へ前へと流れゆく姿が，躍動感のある言葉づかいで表現されています。音読を重ねることにより，その息づかいが伝わってきます。テーマや表現は異なる2つの詩ですが，受けた印象や考えたことを，自分の体験や思いとも重ねて伝え合います。

また，2つの詩では，表現上の技法（修辞）も効果的に使われています。夏休みを「キミ」と呼びかける擬人，また，比喩や倒置，体言止めなどです。このような技法についても目を向けさせ，「ここでは，こういう表現方法が使われている」ことに気づかせます。そのような技法の効果は，読み方を考え音読を通して体感できるとよいでしょう。

② 個別最適な学び・協働的な学びのために

対話には，共通の理解が必要です。『忘れもの』では，前半の2連が新しい季節を迎えたこと，後半の2連では，過ぎた季節への思いが語られていることを，まず読み取ります。また，『ぼくは川』は，ぼくが川になっている擬人であり，ぼくは川に同化した形で「あたらしい日へ…」の思いが表現されていることを，まず共有します。そして，「くねって　うねって　ほとばしり…」などの言葉から，その情景を頭に描きながら声に出して読み，音読にも表現するのがよいでしょう。音読を聞き合うのも対話の一つの形です。児童それぞれのくらしにより，「いいなあ」と詩に共感するところも様々です。その違いは主体性の表れでもあり，それを伝え合うようにします。

◎ 評価規準 ◎

知識 及び 技能	詩全体の構成や内容の大体を意識しながら音読している。
思考力，判断力，表現力等	「読むこと」において，詩を読んで理解したことに基づいて，感想や考えをもっている。
主体的に学習に取り組む態度	進んで二つの詩を読んで理解したことに基づいて感想をもち，学習課題に沿って，詩から受けた印象を伝え合おうとしている。

◎ 学習指導計画　全 2 時間 ◎

次	時	学習活動	指導上の留意点
1	1	・『忘れもの』の詩を読み，今のぼくのいる位置（とき，場所）や心を向けていることを読み取る。 ・表現方法として，擬人や倒置など，詩に使われている技法やその効果について話し合う。 ・詩の世界を思い浮かべて音読する。	・「ぼく」は語り手であり，「キミ」が行ってしまった夏休みであることに気づかせる。『忘れもの』と書かれている意味も考えさせる。 ・いろいろなやり方で，音読させる。 ・心ひかれたところを語り合わせる。
	2	・『ぼくは川』を音読し，言葉から川の流れる姿を想像させる。 ・『ぼくは川』とはどういうことか，話し合う。 ・「いいなあ」と思ったところなど，感想を話し合う。	・音読を通して，詩の言葉の響きを捉えさせる。 ・ぼくが川と重なり，流れゆく姿が書かれていることに気づかせる。 ・擬人や繰り返しなどの，表現方法があることに気づかせる。

◇ 学習の時期も，詩の内容に合わせるとよいでしょう。夏休み明け（2 学期当初）に取り上げると効果的です。

キミ！　夏休みよ
もう一度　もどって・・・・・・
忘れもの
第1時（1/2）

本時の目標　新しい季節を迎えた「ぼく」の気持ちを読み取り，表現の工夫をいかして音読することができる。

板書例

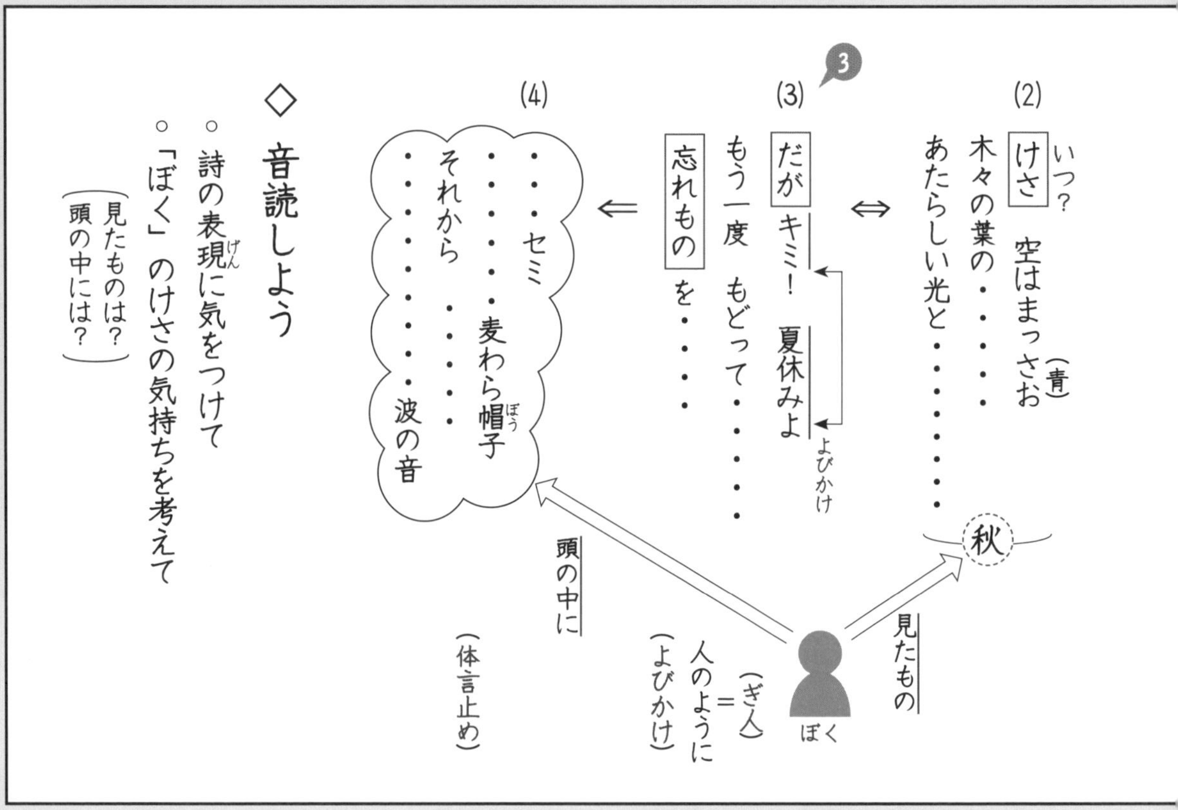

木々の葉の・・・・・

・・・・・麦わら帽子

POINT　新しい季節を迎えた新鮮な気持ちと，夏を惜しむ思いの２つが表現されていることに気づかせ，音読にもいかさせる。

1　詩『忘れもの』を，音読しよう。

T　夏休みが終わり，２学期が始まりました。今，どんな気持ちでしょう。そんな気持ちが分かる詩があります。題は『忘れもの』です。

T　まず，先生が読みます。どんな忘れものを誰がしたのでしょうね。

夏休みの宿題かな？

おもしろい題。

まずは，教師がゆっくりと範読し，聞かせる。

T　次は，１人で２回（３回）読みましょう。

斉読などいろいろな形で読み，４つの連を確かめさせる。

C　忘れものをしたのはぼくではなく，夏休みみたい。

T　「ぼく」は今，どこにいて何を見ているのでしょう。また，頭の中にあるのは，どんなことでしょうか。

2　詩の世界は，いつのことを書いているのか，考えよう。

T　この詩に書かれているのは，いつのことですか。２連目の「けさ」とは，いつのことでしょうか。

C　夏休みが終わったときです。

T　それは，どの文や言葉から分かりますか。１連目では，どうでしょうか。

３行目にも「『サヨナラ』のかわりに」とあるから，夏休みはサヨナラした。
２行目に「夏休みはいってしまった」とあるから，もう夏休みが終わっています。

T　２連目ではどうでしょうか。

C　「空はまっさお」は，きっと秋の空だと思います。

C　「あたらしい光」も，もう夏ではないという光かな。

T　１，２連を音読しましょう。（音読）

T　この日，「ぼくの見たもの」は何でしたか。

C　真っ青な空，木々の葉，新しい光，秋の感じかな。

秋に一歩，踏み出した日であることを話し合わせる。

準備物
・音読CD（教師が範読するのでもよい）
・画像 QR

ICT
音読して読み方の工夫について語っている姿を動画撮影し，共有機能を活用して全体共有すると，児童がそれぞれどのように読んでいるか見合うことができる。

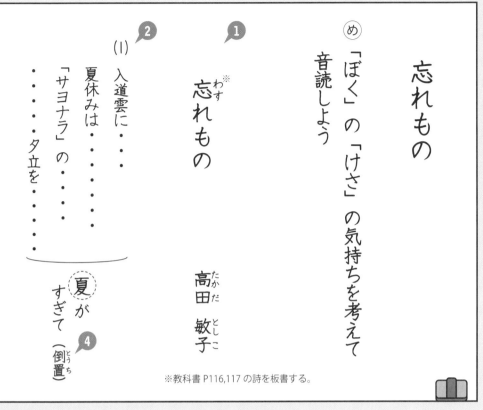

忘れもの

め 「ぼく」の「けさ」の気持ちを考えて
音読しよう

1
忘れもの（わす※）
高田（たかだ）敏子（としこ）

2
(1)
入道雲に・・・・
夏休みは・・・・・・・・
「サヨナラ」の・・・・・
・・・・・夕立を・・・・・

夏が
すぎて
4 （倒置（とうち））

※教科書 P116,117 の詩を板書する。

随所に音読を取り入れる。

3 誰が，どんな忘れものをしたのか考え，話し合おう。

T　3，4 連目に書かれていることも見たものですか。
C　見たものではなく，今，思っていることです。
C　「だが」と，今度は夏休みを振り返っています。夏休みに言いたいことかな，「忘れものをとりに」と。
「だが」にも，夏を惜しむ気持ちが出ている。
T　忘れものをしたのは誰で，何を忘れたのですか。

T　4 連目が「忘れもの」です。セミとかを「忘れもの」と言っていることから分かること（気持ち）は何でしょう。
C　「まだ夏は残っているよ」という気持ちかな。
「セミ」などを「ぼくの頭の中」と考える児童もいる。
T　ぼくの今の気持ちを考えて，音読しましょう。

4 表現方法について話し合い，思ったことを伝え合おう。

T　「だがキミ！」のキミとは，夏休みのことでした。「キミ」と呼びかけると，どんな感じがしましたか。

「夏休み」を友達みたいに思っている。仲良しだね。
「忘れものをとりにさ」も，夏休みに呼びかけているようで，友達のように思えます。

T　夏休みを人のように書いているのですね。他にも，人間に例えて書いているところはありませんか。
C　「…あいさつをかわしている」も，そうです。
表現の工夫として「擬人」という言葉を教えてもよい。「倒置」「体言止め」にも触れ，気づかせる。（板書）
T　詩の工夫をいかすよう，読み方を考えて音読しましょう。（音読）そして，詩を読んで思い浮かんだこと，考えたことを発表しましょう。（書かせて発表）
T　ぼくの気持ちが，いちばん出ているところはどこでしょうか。
何人かに発表させて交流，音読で終わる。

ぼくは川
第2時（2/2）

本時の目標 生き物のように，前へ前へと流れゆく「ぼくは川」の姿を読み取り，表現の工夫もいかして音読できる。

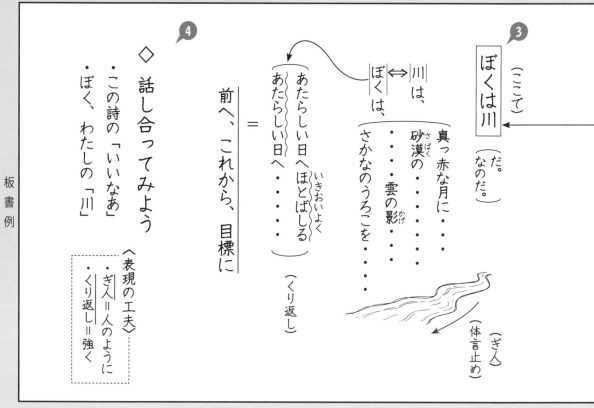

板書例

3
ぼくは川（ここで）
（だ。なのだ。）

真っ赤な月に・・・・
砂漠（さばく）の・・・・・・・
・・・・雲の影（かげ）・・・・
さかなのうろこを・・・・

川は、⇔ぼくは、

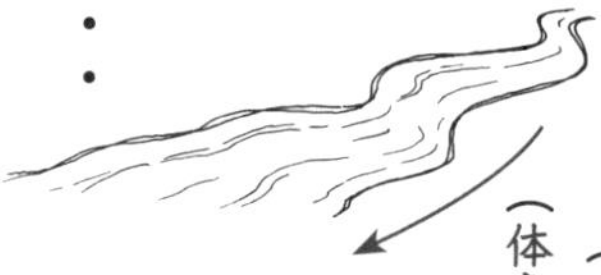

（ぎ人）
（体言止め）

あたらしい日へほとばしる（いきおいよく）
あたらしい日へ・・・・・
（くり返し）

＝
前へ、これから、目標に

4
◇話し合ってみよう
・この詩の「いいなあ」
・ぼく、わたしの「川」

〈表現の工夫〉
・ぎ人＝人のように
・くり返し＝強く

POINT 「背をのばし」「くねって」などの言葉と擬人からも「ぼくは川」の生命をイメージさせる。繰り返しや動詞が続く表現

1 詩『ぼくは川』を，音読しよう。

T　『ぼくは川』という詩を読みます。
C　「ぼくは川のようだ」ということかな。
T　どんな川なのでしょうか。先生が読みます。川を想像してください。（範読）

ぼくが川になっているみたいでした。
「背をのばし」など，人間みたいな川。生きているように思えました。

T　次は，1人で2回（または3回）読みましょう。
T　2つに分けられます。前半と，「ぼくは川」からの後半です。グループでも交代して読みましょう。
T　読んで，思ったこと（感想）を発表しましょう。
C　『ぼくは川』って，「ぼく」も川のように進んでいる，ということだと思いました。
T　この川の姿を思い浮かべて音読しましょう。

2 詩の前半の，川の姿を読み，話し合おう。

T　はじめの「じわじわひろがり」「背をのばし」ているのは，（主語は）「何が」なのですか。

「川」です。「じわじわひろがって」いるのは川です。
「ぼく」のことかもしれない。

T　「背をのばす」ってどんな様子なのでしょうか。
C　まっすぐな川ができて，それがのびていく感じです。
T　この川が流れる様子や姿，また流れるところは？
C　「土と砂とをうるおして」は砂漠を流れるみたい。
C　「…うねって　ほとばしり」と，勢いよいです。
C　「…もうとまらない」，すごく大きな川になって。
「うるおす」などの言葉は説明し，みんなで斉読させる。
T　どんな川や流れるところが頭に浮かんできますか。
C　乾いた土地を流れ始めた川です。テレビで見たことがあります。

準備物　・音読CD（教師が範読するのでもよい）

ICT　第1時と同じ要領でICTを活用すると，ポートフォリオ評価として児童の読み方の変容を捉えることができ，児童自身も成果と課題を見出すことができる。

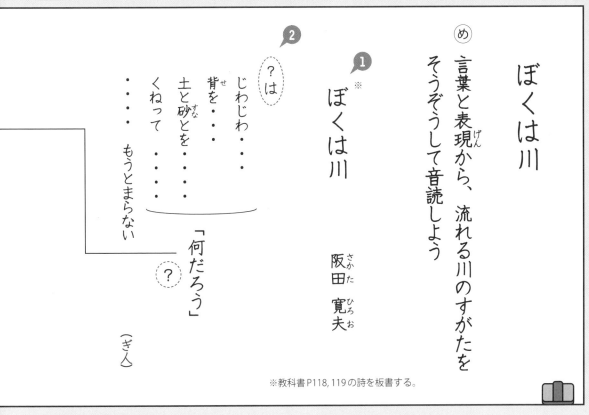

ぼくは川

め　言葉と表現（げん）から、流れる川のすがたを
そうぞうして音読しよう

1　※ぼくは川
阪田（さかた）寛夫（ひろお）

2　？は
じわじわ・・・
背（せ）を・・・
土と砂（すな）とを・・・・・
くねって・・・・
・・・・　もうとまらない

「何だろう」？

（ぎ人）

※教科書P118, 119の詩を板書する。

にも気づかせ音読を工夫させる。

3 表現の特徴を考え，話し合おう。

T　途中の6行目の「ぼくは川」という言葉のところから音読しましょう。後半はどんな川なのでしょうか。
C　生きていて，前に進んでいる，そんな川です。
T　この川が，生き物のように思えるのは，どの言葉からですか。その言葉に線を引きましょう。

「のたうったり」は，苦しそうな感じ。

「ひろがり」「背をのばし」「うるおして」「くねって」「もうとまらない」もそうかな。

T　『ぼくは川』とは，どんなことだと思いますか。
C　「ぼく」も，この川のように前に進んでいることだと思います。勢いよく進みたいぼくの気持ちを，川に例えています。

「川をぼくに」「ぼくを川に」の2つが出るだろう。2者が重なり「擬人」の表現であることを伝える。

T　ぼくは川だ，という気持ちで音読しましょう。

4 「いいなあ」と思ったところについて書き，伝え合おう。

大地を潤し，砂漠に乾き（渇き），魚を育み，勢いよく流れゆく川のイメージを話し合わせる。

T　「川のぼく」の気持ちがいちばん強く出ている，と思うところに線を引きましょう。どこでしょうか。

「あたらしい日へほとばしる」のところです。言葉も，2回繰り返しています。

明日（未来）に進んでいく気持ちです。

T　「ほとばしる」って，分かりますか。
T　繰り返しによって，気持ちが強く出ているのです。

擬人，比喩，繰り返しが使われていること，また，長い2（3）文で書かれていることにも気づかせる。

T　川になった気持ちで，みんなで音読しましょう。

児童それぞれの，今の「川」を話し合わせるのもよい。

T　『忘れもの』と『ぼくは川』，読んで「いいな」と思ったところを書いて，発表しましょう。

対話の練習

あなたなら，どう言う

全授業時間３時間

◎ 指導目標 ◎

・考えとそれを支える理由との関係について理解することができる。
・目的を確認して話し合い，互いの意見の共通点や相違点に着目して，考えをまとめることができる。
・言葉には，考えたことや思ったことを表す働きがあることに気づくことができる。

◎ 指導にあたって ◎

① 教材について

家庭の中でよくあるシチュエーションで，自分ならどう言うか考える教材です。登場人物は姉と弟です。自分は姉の立場で，これから友達が家に遊びにくる状況です。弟が「片付けの途中」との言い分で部屋中をおもちゃで散らかしている場合，姉は弟に対してどう言うでしょう。２人がお互いに納得して，したいことができるようにするには，姉がどのように伝えたらよいかを考えます。

自分が言ってしまいそうなことを，自分が言われた場合にどう思うか，ロールプレイで立場を入れ替えて考えさせます。「相手も自分も気持ちよく，片付けが行えるには―」を考えることによって，これまでもっていた自分の視点とは違う考えが生まれることが期待できる教材です。

② 個別最適な学び・協働的な学びのために

自分ならこう言う，友達ならこう言う，ということをロールプレイで体験させます。自分が姉や弟の役，そして，周りから見ている役と，立場を変えることによって，様々な視点が生まれるでしょう。グループ対話で，お互いに考えたことを出し合わせ，より広い視野をもたせます。

ロールプレイでは，「自分が言われたらどうか」「相手に言ったら，相手はどういう思いをすると思うか」という視点で，主体的に取り組ませます。相手のことをより考えた言葉かけや言葉遣いにつなげることができるでしょう。この学びから，普段の生活での言葉遣いや友達関係にもよい影響が出ることも期待できるでしょう。

◎ 評価規準 ◎

知識 及び 技能	・言葉には，考えたことや思ったことを表す働きがあることに気づいている。 ・考えとそれを支える理由との関係について理解している。
思考力，判断力，表現力等	「話すこと・聞くこと」において，目的を確認して話し合い，互いの意見の共通点や相違点に着目して，考えをまとめている。
主体的に学習に取り組む態度	積極的に，互いの意見の共通点や相違点に着目して考えをまとめ，学習課題に沿って，異なる立場に立って話し合いをしようとしている。

◎ 学習指導計画　全 3 時間 ◎

次	時	学習活動	指導上の留意点
1	1	・教科書 P120 の状況を捉え，グループで役割を決めて，それぞれの立場でやり取りをする。 - 互いが納得する方法を考える。 - 役割を交代してやり取りを積み重ねることで，それぞれの立場での思いを理解する。	・白熱しすぎないよう，言葉遣いに注意させる。 ・やり取りを重ねるごとに，「自分も相手も気持ちよくなるやり取り」に改善していかせるようにする。
	2	・それぞれの立場の人が，やり取りのときに，なぜそのような言い方をしたのかを話し合い，よりよい対話の方法を考える。	・話し方や，態度に目を向けさせる。 ・検討したことを，ロールプレイにいかせるようにする。
	3	・自分とは違う立場になって考えることのよさについて考える。 ・学習を振り返る。	・相手のことを考えた言葉かけができているかどうか，机間指導でチェックする。 ・はじめと比べて変わったことを振り返らせ，自分の都合でものを話すのではなく，相手のことを考えた言葉かけを意識させる。

あなたなら，どう言う

第1時（1/3）

本時の目標　役割を決めて，互いの立場を考えることができる。

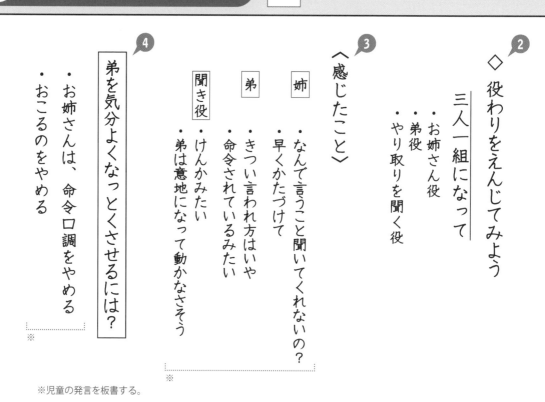

板書例

2
◇役わりをえんじてみよう

三人一組になって
・お姉さん役
・弟役
・やり取りを聞く役

3
〈感じたこと〉

姉
・なんで言うこと聞いてくれないの？
・早くかたづけて

弟
・きつい言われ方はいや
・命令されているみたい

聞き役
・けんかみたい
・弟は意地になって動かなさそう

※

4
弟を気分よくなっとくさせるには？
・お姉さんは、命令口調をやめる
・おこるのをやめる

※

※児童の発言を板書する。

POINT　役割演技を通して，対話をしながら，考えを深めさせていく。

1 絵を見て，どういう状況か読み取ろう。

教科書を開かずに，挿絵を掲示して見せる。

T　これは，お姉さんと弟のきょうだいの絵で，お姉さんは家に帰ってきたところです。

T　絵を見て，どういう状況か考えてみましょう。

お姉さんは，なんか怒っている？

部屋がおもちゃだらけだから，そのことかな。

教科書 P120 を開かせ，状況を確認させる。

T　あとで，みんなにこのお姉さんや弟になって演技をしてもらいます。どんな話をしているか考えましょう。

「お姉さんは，表情から，どんなことを言っていると思うか」「男の子は，お姉さんに何か言われたときに，どう言い返していると思うか」などと問いかけながら，意見を出し合わせる。

2 状況を把握して，演じてみよう。

T　3人組になりましょう。1人がお姉さん，1人が弟になって演じます。もう1人は，やり取りを見る人です。

しばらく時間を取り，2人で演じさせてみる。1回だけでなく，役を入れ替えて内容の違うパターンもさせる。

T　はじめは，お姉さんの「ただいま」，弟の「おかえりなさい」のやり取りがあり，お姉さんが，部屋が散らかっている様子を見たところから，自分の想像する演技をしてみてください。

今から，友達来るんだけれど，片付けてくれない？

今，片付けようとしているところなんだよ！

友達が遊びに来るんだから，ちゃんと片付けなさいよ！早くして!!

分かったけど，そんなきつい言い方するんだったら，お母さんに言うからね！

準備物	・教科書P120の挿絵（黒板掲示用）

ICT	デジタル教科書を活用して挿絵をモニターに拡大投影すると，登場人物のおかれている状況や部屋の様子を捉えながら，姉と弟の思いに迫りやすくなる。

(め) あなたなら、どう言う

役わりを決めて、たがいの立場で
考えよう

1

※教科書 P120 の挿絵を
掲示する

お姉さん
これから友達が遊びに来るので、
部屋をきれいにしたい

弟
たなをそうじするために、
おもちゃや本を出していた

3 演じて（見て）感じたことを話し，気分よく片付けられない理由を考えよう。

T　2人で演じてみて，また，やり取りを見ていてどうでしたか。

C　実際にけんかをしているみたいで，あんまりいい感じはしませんでした。

C　お姉さんは，いらついているのだろうな，と思います。弟は，せっかく片付けようとしていたのに，注意されて嫌な気分です。ぼくもこんな経験があります。

T　どうして，弟は気分よく片付けできないのでしょう。

はじめから命令口調になっているので，弟は気分よくないのだと思います。

問題点を出し合わせる。

4 役割演技をもう一度して，うまくいかない問題点を整理しよう。

T　では，問題点を整理して，どのような方法で問題が解決できそうか，もう一度演じてみながら考えていきましょう。

よいと考える言い方をいろいろ試させる。

お姉さんが怒って言わないようにしないといけない。
弟はどう言えば，お姉ちゃんを怒らせずに言えるかな。
命にかかわることや人を傷つけることじゃないから，そんなに怒らなくてもいいかもね。

問題点を解決するにはどうすればよいか，再度演じた中から考えたことを簡単に出し合わせる。

T　次回は，お姉さんがなぜそんな言い方をしているのか，弟がどうして，そんな口調になるのかを考えていきます。弟を納得させる方法を考えてみましょう。

あなたなら，どう言う

第2時（2/3）

本時の目標　よりよい対話の方法を考えることができる。

板書例

②
どのように話せば、弟はなっとくいくのだろう？

・たのむように
・「手伝おうか？」
・「いっしょにかたづけようか？」
※

〈対話とは〉
○　言葉のキャッチボール
×　言葉のドッジボール
（一方的、自分だけが勝つ）

③
◇言い方をかえて、やり取りしてみよう

④
（よかった点）
・気持ちよく言えた
・命令口調じゃない
・たのめた
※

（悪かった点）
・まだわざとらしい
・自然ではない
・本音ではない
※

POINT　言い方によって人の感じ方が変わるという気づきから，前時の役割演技のときと比べて，言い方を少しでも改善できるよう

1　前時のお姉さんと弟のやり取りがうまくいかなかった理由を考えよう。

前時に演技したことを思い出させる。前回から時間的に空きがある場合は，実際に演技をさせてもよい。

T　お姉さん役の人が，片付けをしなさいと強く言っている人が多かったですね。このままでは，お互い気持ちよくありません。では，お姉さんは，なぜそのような言い方をしたのでしょうか。

お姉さんも，自分の都合だけでものを言ったから，弟は腹を立てたと思います。

お姉さんは，焦っていたのもあって，つい口調が強くなってしまっています。

弟のやっていることが，マイペース過ぎて，お姉さんはイライラしたのかもしれません。協力的じゃないから。

T　強い口調や押しつけの言葉で，頼まれごとをされると，人は気持ちよく動けるものでしょうか。
C　絶対に無理です。
C　けんかになります。

2　お姉さんはどのように話せばよいのかを考えてみよう。

T　では，もう一度実際に演技をする時間を取ります。まず，言葉遣いや態度を前回と同様にやってみましょう。やってみたら，改善できそうなところをグループで相談してみましょう。

はじめの言い方を変えたらどうかな。

まず弟にどうしたの？と聞いてみるのもいいかもしれないね。

手伝う，って言葉もいいかもしれないね。2人でやれば，いちばん早く片付くんだから。

はじめから威圧的だと，弟もお姉さんもいい気分にはなれない。弟に何をどのように言うとよいか，お姉さんの頼み方について意見を出し合わせる。

T　お姉さんからの「言葉のドッジボール」ではなく，2人の「言葉のキャッチボール」になるような対話を目指しましょう。

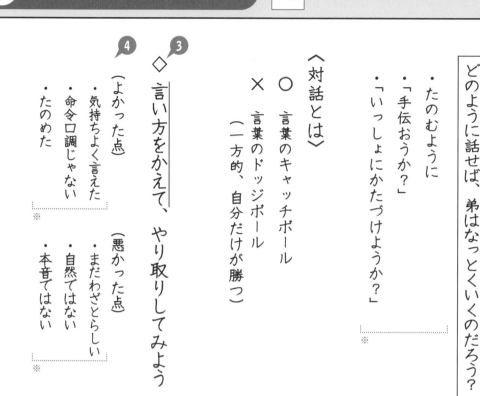

準備物

ICT　アンケート機能を活用すると，「強い口調やきつい言葉で頼まれたら素直に動けるか」を○か×で，瞬時に集計結果としてグラフや数値で表示し視覚化できる。

あなたなら、どう言う

め　お姉さんと弟のよりよい話し方を考えよう

1 前回うまくいかなかったのは

・お姉さんの命令口調
・表情がこわい
・声もこわい
・自分のことばっかり言う

※

強い口調やきつい言葉でたのまれたら、動ける？

○…0人
×…35人

※児童の発言を板書する。

意識させたい。

3 話し合ったことを実際に演じて，どのような気分になるか試してみよう。

T　では，話し合いで，改善できそうだと考えたところを取り入れながら，演技をしてみましょう。

C　出だしを命令口調から，「どうしたの？」に変えてやってみよう。

C　姉が「手伝おうか」と言うと，弟はどう感じるかな。怒った表情や口調ではなく，優しい感じで話してみると弟はどんなふうに感じるかやってみよう。

どうしたの？結構散らかっているみたいだけど。

うん，今，片付けをしようとしているんだ。

そうなんだ。（笑顔で）だったら一緒に片付け手伝おうか？

ありがとう！助かるよ！

1回演じたら，グループで話し合って改善点を出し合わせ，感想を言わせる。役割を変えながら，どうすればよりよい言葉かけや態度になるか考えさせる。

4 演技を振り返り，よかった点や悪かった点を発表しよう。

T　改善して演じてみて，どうでしたか。

ちょっと言い方を変えただけで，腹が立たなくなりました。

一緒に片付けようって言われて，嬉しくなりました。

T　聞き役の人はどう思いましたか。

C　前回よりも，なんだかいい雰囲気で片付けが行われそうな感じがしました。

相手も自分も怒らずに，よりよく状況を解決するには，ものの見方や，言い方をちょっと変えるだけで，変わるということに気づかせたい。

場合によっては，お姉さんは弟には腹を立てて命令口調で言ってしまうものだから，そんな態度にならない，などの意見も出るかもしれない。そのときは，自分が弟や聞き役の立場で感じたことを思い出させ，再考させる。

あなたなら，どう言う
第3時（3/3）

本時の目標　自分と違う立場になって考えるよさについて考えることができる。

板書例

3 **自分とはちがう立場になって考えるよさは？**

・相手の立場になることで、分からなかったことに気づくことができる
・自分がいやな言われ方やたいどは、人をきずつけてしまうこともある
※

4 ◇さいごにえんじてみよう

☆はじめとかわったところ
・表情（じょう）　・声
・話し方　・内容（よう）
・相手のことを考えて
・気持ち
※

※児童の発言を板書する。

POINT　演じることにも慣れてきているので，よくなってきたところは，全体にほめて広げていく。

1 前時の役割演技でのやり取りについて振り返ろう。

3回目になり，随分相手の立場になって考えられるようになってきている。

T　お姉さん役のよかった点や，悪かった点はどういうところでしたか。

弟への一言目を「どうしたの？」と，相手のことを聞くようにしたところがよかったです。
悪かった点は，心からそう思えていないところです。

他に，
○　表情も柔らかくして話をしていたところ
△　ちゃんと笑顔ができていないところ　など

T　お姉さんの一言目が大事だという意見が出ました。どんな相手からでも，一言目から怒ったけんか腰の口調でものを言われると，どんな気持ちになりますか。

C　誰だって嫌な気持ちになってしまいます。

2 弟にどう言えば，納得させられるか，演技を見せ合おう。

どのような言葉遣いや，態度，表情，言い方をすれば，相手が気分よく行動してくれるかが分かってきている。今までのおさらいとして，演じさせる。

ただいま。（優しい口調と笑顔で）あら，床いっぱい広げて，何してるの？片付けかなんか？
そう。今，片付けしようとしているんだ。
あら，そうなの。あのね，今からわたしのお友達が遊びにくるんだ。このままだとお友達がびっくりしちゃうから，片付けを手伝おうか？
ありがとう！助かるよ！

ここまでくると，どのグループもお互いが気持ちよく対話するために，どのようなやり取りをすればよいか分かってきている。

時間があれば，各グループで考えたやり取りをみんなの前で発表させて交流し，感想を伝え合ってもよい。

準備物

ICT　グループなどで演じている姿を動画撮影し，共有機能を活用して全体共有すると，学級全体で伝え方の大切な要素に迫っていくことができる。

あなたなら、どう言う

(め) 自分とちがう立場になって考える
よさについて考えよう

1

2

◇どのような言い方や、たいどがよいか
考えよう

・やさしく
・まず、聞いてあげる
・自分の言いたいことは、弟に合わせて言う
・「いっしょに」や「手伝う」がキーワード

※

3 自分と違う立場になって考えるよさを話し合おう。

T　自分と違う立場になって考えるよさとは何だと思いますか。それぞれノートに書きましょう。

相手の立場になってみて，初めて，自分が言われたら嫌だなぁとか，気持ちがよくなるという言葉が分かりました。

考えていることを，まずはノートに書かせる。

T　では，書いたことを発表してください。

C　相手になりきって，「こう思ったり，感じたりするんだ」と，学べました。

C　自分だけの考えでは，なかなか思いつかないと思います。

教科書 P121「たいせつ」を読ませる。

T　自分とは違う立場になって考えることは，大切なことです。相手の考えや望み，受け止め方を想像して，よりよい言い方を見つけましょう。

4 はじめと変わったところを振り返ろう。

最後にもう一度演じさせて，はじめと変わったところを振り返ってノートに書かせ，発表させる。

はじめと比べて，相手に怒らずに言えるようになりました。

自分の弟にも優しくなれる気がします。

誰に対しても，きつい言い方はやめよう，と思いました。

相手がどう言ったら気持ちよいのかを考えて言えるようになりました。

C　まずは，相手の話を聞こう，と思います。

C　相手の話を聞いてからだと，その人が嫌な気持ちにならないように気をつけられるようになりました。

書いたノートを机の上に置き，見せ合いをさせてもよい。また，友達の感想を読んで，コメントを書かせたり，伝え合わせたりしてもよい。

生活の中で読もう

パンフレットを読もう

全授業時間 2 時間

◎ 指導目標 ◎

・目的を意識して，中心となる語や文を見つけることができる。
・読書が，必要な知識や情報を得ることに役立つことに気づくことができる。
・文章を読んで理解したことに基づいて，感想や考えをもつことができる。

◎ 指導にあたって ◎

① 教材について

パンフレットは，取扱説明書などと同じく，くらしの中でもよく目にする実用的な文書です。観光地では，パンフレット片手に町を歩く観光客もよく見かけます。実際，普段本を読まない人でも，必要に迫られてこれらの文書は読むものです。また，書いてあることを正確に読み取れないと，困ることも出てきます。

本単元では，パンフレットを教材にして，作成の目的やそのための特徴的な体裁，文の書き方などを調べます。パンフレットは，物や場所などについて読み手に分かってもらうためのものです。体裁は，歩きながらでも読めるよう，多くて数ページ，片手で持てるサイズです。そして，じっくり読んでもらうよりは，まずは，一目で「そうか」「なるほど」と思ってもらわなくてはなりません。ですから，説明文的な要素もあり，また広報誌的な要素ももち合わせているものです。その上，何より分かりやすさと手軽さが求められる小冊子だといえます。

ここでは，教科書の「清掃工場」の説明用パンフレットを見て（読んで）気づいたことを話し合い，文字の大きさや文の長さの特徴，また絵（イラスト）や写真が多用されていることに気づかせます。つまり，パンフレットの工夫です。また，読み手の目的や必要に応じてどこを読むとよいのかなど，効果的な読み方も考えさせます。

② 個別最適な学び・協働的な学びのために

児童も，工場見学や公共施設を利用した際には，パンフレットをもらっています。地域の観光案内なども手に入ります。教科書で学習したあと，児童が入手したこれらのパンフレットを取り上げると，その工夫や特徴を見つけ合う対話的な学習ができます。それは，発展的で主体的な学習だといえるでしょう。

◎ 評価規準 ◎

知識 及び 技能	読書が，必要な知識や情報を得ることに役立つことに気づいている。
思考力，判断力，表現力等	・「読むこと」において，目的を意識して，中心となる語や文を見つけている。 ・「読むこと」において，文章を読んで理解したことに基づいて，感想や考えをもっている。
主体的に学習に取り組む態度	積極的に目的を意識して中心となる語や文を見つけ，学習課題に沿って，パンフレットの工夫について話し合おうとしている。

◎ 学習指導計画 全 2 時間 ◎

次	時	学習活動	指導上の留意点
1	1	・身の回りにあったパンフレットを紹介し合い，共通する特性を話し合う。	・薄くて読みやすいこと，イラストや写真が多用されていることなど，読みやすいつくり，体裁になっていることに気づかせる。
		・教科書を読み，パンフレットの目的についてまとめる。	・施設など，知ってもらうという目的で作られていることに気づかせる。
		・教科書の「清掃工場」のパンフレットを見て（読んで）気づいたことを書きまとめる。	・「文字の大きさや位置」「イラスト」「文章は？」など，いくつかの観点を示して書かせる。
	2	・前時に書いた「パンフレットを見て（読んで）気づいたこと」を話し合う。	・大きな見出し，イラストと文の併用などの特徴的な書き方，表現に気づかせる。
		・パンフレットの工夫について話し合う。	・子どもにも分かりやすく，というパンフレットの目的に沿った工夫がされていることを話し合わせる。
		・パンフレットの読み方について考え，まとめをする。	・目的に応じて，どこを読めばよいかを考え，話し合わせる。
	（発展）	・地域のパンフレットを見て，その特徴や工夫について考える。	・これまでに学んだパンフレットの見方をいかして考えさせ，話し合わせる。

◇ 社会科や「総合学習」での見学などと関わらせた学習計画で，進めるのもよいでしょう。
◇ 地域の施設や工場，町の観光などのパンフレットも，いくつか準備しておくとよいでしょう。児童に呼びかけておいてもよいでしょう。だだ，多くなりすぎないように注意します。

パンフレットを読もう

第1,2時（1,2/2）

本時の目標　パンフレットの目的に照らして，表現上の特徴や工夫について話し合い，読む上での観点に気づくことができる。

板書例

2 「清掃工場」のパンフレットを見て

①気づいたこと　（③工夫）

1. 文字の大きさ、位置 → ・見出しを大きく上に（問題）→答える
2. 文章で書かれていること → ・とくちょう
3. 絵でしめされていること → ・ごみ処理の流れ
4. 文章と絵との関係 → ・短い文で絵の説明

※1

⇐ ぱっと見て

☆小学生にも分かるように

②知りたいこと

「とくちょう」
「ごみ処理の仕組み」　どこを読めばよいか？

POINT　実物のパンフレットを準備させ，日常よく触れる実用的な文書であることを，まず実感させる。その上で，パンフレットの

1（第1時）パンフレットを紹介し合い，共通する特徴を話し合おう。

パンフレットを手に持ち，見せる。

T　これは，社会科で見学した「○○工場」でもらった案内です。これを見ながら見学しましたね。

T　○○工場のことを，簡単に見やすく説明してあるこのようなものを，「パンフレット」といいます。

C　他でも見ました。「パンフ」ともいいます。

T　では，持ってきているパンフを見せ合いましょう。

C　「観光案内」です。

C　これは「自然センター」。

前もって，持ってくることを呼びかけておく。

T　いろいろなパンフレットがありますね。でも，同じようなところもありそうです。見つけてみましょう。

どれも，薄くて，読むのも簡単です。
イラストとか写真が，大きく載っています。文章は短くて，文も少ないです。

グループで話し合わせてもよい。

2 「清掃工場」のパンフレットを見て，気づいたことを書こう。

T　パンフレットは工場なら工場のことを，また，観光地などのことを分かってもらうために作られた物です。しかも，ぱっと見て簡単に分かるように作られています。

教科書 P122 を音読させ，目的や体裁についてまとめる。

T　教科書 124，125 ページに「清掃工場」の子ども向けパンフレットが出ています。これを見てどんなふうに作られているのか，その特徴を考えて書きましょう。

教科書 P123 上①の 4 つの「視点」を読ませる。

「ゴミ処理の流れ」はイラストと文で大体分かる。難しい言葉もあるけど…。

書く時間を取り，個別指導もする。

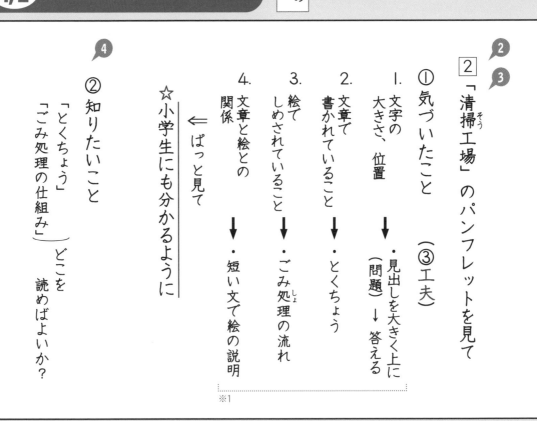

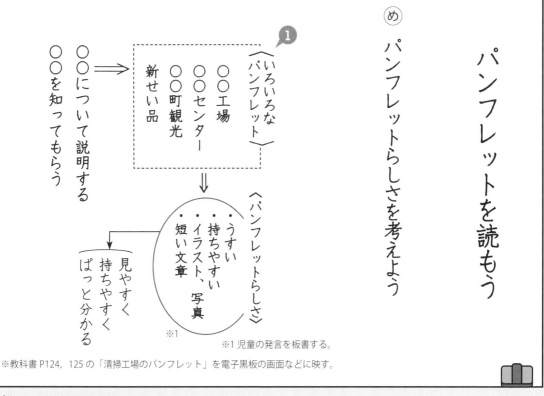

準備物
・パンフレット
（社会科見学などでもらった全員同じものや，他にも，児童にも持ってくるよう，呼びかけておく）
・教科書P124，125のパンフレット

ICT
地域で発見したパンフレットを写真に撮るなどしてデータ化し，児童に配信すると，児童全員が手元でパンフレットにかかれていることを読み取ることができる。

パンフレットを読もう

め　パンフレットらしさを考えよう

1
〈いろいろなパンフレット〉
○○工場
○○センター
○○町観光
新せい品

⇒

〈パンフレットらしさ〉
・うすい
・持ちやすい
・イラスト、写真
・短い文章
※1

→ 見やすく
持ちやすく
ぱっと分かる

○○について説明する
⇒
○○を知ってもらう

※1 児童の発言を板書する。

※教科書 P124，125 の「清掃工場のパンフレット」を電子黒板の画面などに映す。

「分かりやすさ」の要因を考えさせる。

3 （第２時）パンフレットを見て気づいたことや工夫について話し合おう。

T　パンフレットを見て気づいたことを発表しましょう。まず「文字の大きさや位置」はどうですか。
C　「ごみ処理の流れ」とか，「…リサイクルする」とか，見出しが大きな文字で書いてあります。
C　２つ目の「文章で書かれていること」は，どんなことだったでしょうか。
C　「…地球にやさしい！」の説明が書いてあります。
①の他の視点「図（絵）」などについても話し合わせる。
T　今の発表から，このパンフレットでは，「どのような工夫がされていた」といえますか。

はじめの見出しで，「…どのように，ごみを…」と，何の説明なのかが，分かるように書いています。

「ごみ処理の流れ」が，文だけでなくイラストがあるので分かりやすいと思います。

（ここでは，教科書P123の②と③は順序を入れ替えている）

4 パンフレットの読み方について考えよう。

T　このように大きな見出しをつけたり，イラストを使ったりしているのは，何のためでしょうか。
C　小学生が見ても，ぱっと分かるように，です。
C　１日 450 トンのごみ処理をしているなんてびっくり，ごみ処理の大切さがよく分かるように，です。
T　ごみ処理について，「こんなことを知りたい」ということも出てきます。それについてパンフレットのどこを読めばいいのか，考えてみましょう。
C　「特徴」は，環境にやさしいことが（指して）ここに「囲み」で書いてあります。
教科書②の問題を考え，話し合わせる。

【発展】
T　わたしたちの町の「紹介パンフレット」を見て，工夫されているところを見つけてみましょう。

古い町並みの地図と建物がイラストと文で書かれています。

町の特産物も，写真と文で紹介されています。

書くときに使おう

どう直したらいいかな

全授業時間２時間

◎ 指導目標 ◎

・間違いを正したり，相手や目的を意識した表現になっているかを確かめたりして，文や文章を整えることができる。
・主語と述語との関係，修飾と被修飾との関係，指示する語句と接続する語句の役割，段落の役割について理解することができる。
・丁寧な言葉を使うとともに，敬体と常体との違いに注意しながら書くことができる。

◎ 指導にあたって ◎

① 教材について

推敲することは大切なことと知りながら，大半の児童は推敲することを苦手としています。どちらかといえば，多くの児童は思いつきで文章を書きます。書き終わったものを再度読み直し，改善していくことのよさを見出していないからです。推敲することは，自己の作品を俯瞰（ふかん）して捉え，修正改善を加えながらよりよいものに仕上げることです。つまり，推敲することはメタ認知すること（自分の思考や行動を客観的に把握し認識すること）と同様なのです。

この教材では，初めに書いた文章とそれを修正した文章の二つを比較することによって，どこをどのように直したのか，なぜ直したのかを考える学習活動から始まります。児童にとって，他の人の文章を推敲する方が，自分の文章を推敲するより容易です。それは，他者の作品は，客観的に捉えることができるからです。このような経験を通して，児童は，少しずつ推敲することのよさに気づき，自身の学びにつなげていくことでしょう。

② 個別最適な学び・協働的な学びのために

個別最適な学びとしては，個人で文章を修正する活動時間を保障します。この時間が，書いた文章を推敲するよさに気づく場になるからです。その後，それぞれが考える修正箇所を話題として，グループで検討する協働的な学びへと展開します。グループで交流することを通して，読み手に分かりやすく伝えるための工夫や書き方のルールを学ぶことができます。書く活動が苦手な児童にとっても，友達の発言を通じて新たな気づきや発見につながっていきます。自分にはなかった視点を得ることによって，今後の活動の中で文章を推敲し，よりよい文章を書きたいという意欲を高めることにもつながるでしょう。そのためにもこの単元では，学習活動の中になるべく協働的な学びの場面を取り入れる必要があります。

◎ 評価規準 ◎

知識 及び 技能	・主語と述語との関係，修飾と被修飾との関係，指示する語句と接続する語句の役割，段落の役割について理解している。 ・丁寧な言葉を使うとともに，敬体と常体との違いに注意しながら書いている。
思考力，判断力，表現力等	「書くこと」において，間違いを正したり，相手や目的を意識した表現になっているかを確かめたりして，文や文章を整えている。
主体的に学習に取り組む態度	進んで文章の間違いを正したり，相手や目的を意識した表現になっているかを確かめたりして，学習の見通しをもって，文章を推敲しようとしている。

◎ 学習指導計画　全 2 時間 ◎

次	時	学習活動	指導上の留意点
1	1	・文章を書いた後，これまでどのように見直していたかを想起する。 ・推敲の際に気をつけることを，文例を通して押さえる。 ・P126, 127 の卓球クラブの紹介文例を比べて読み，どこをどのように直したのか，なぜそのように直したのかを考えて話し合う。 ・推敲の際には，間違いを直したり，相手や目的に合うように書き換えたりすることを確かめる。	・既習の推敲するときに大切なことと，「たいせつ」で取り上げられている項目を合わせて確認する。 ・ワークシートまたは，PDF 版にマーカーで印をしたり，赤で修正したりしながら考えることができるように配慮する。
	2	・P127 の町の特徴を説明する文例を，1 年生に読んでもらう文章に書き直す。 ・学習を振り返る。 ・「たいせつ」「いかそう」で身につけた力を押さえ，この後の書く活動のときでも活用することを確かめる。	・前時の推敲するときに大切なことを想起してから，学習に入るようにする。 ・国語辞典を活用し，1 年生が分かる言葉に置き換えさせたり，分かりやすく書き直させたりする。

どう直したらいいかな

第1時（1/2）

本時の目標　相手や目的を意識した表現になっているかを確かめ，どこをどのように直したらよいか，なぜ直した方がよいかを考えることができる。

板書例

③

※教科書 P127「見直して，書き直した文章」を掲示する。

④

どこをどのように直したか

・ラリーについてくわしく説明した
↓分かりやすい
・段落を三つに分けた
↓読みやすい
・漢字によみがなをつけている
↓だれでも読める
・「ぜひ、来てください」が入った
↓見学に来てほしいから
（気持ちが伝わる）

※1

※1 児童の発言を板書する。

POINT　まずは，個人でどこを，どのように直したかを考えさせる。その後，友達と交流させることで，児童は，新たに気づいたり，

1　文章を書いた後，これまでどのようなところを見直してきたか振り返ろう。

T　これまで文章を書く活動をしてきましたね。文章を書き終わった後，どのようなところを見直してきましたか。ペアの人と話してみましょう。

ぼくは，よく字を間違えるから，気をつけて見直しているよ。
わたしは，段落が分けてあるかどうかを見直しているよ。他にはどんなことがあるかな。

T　どんなことを話しましたか。出し合いましょう。
C　字の間違いがないかです。
C　段落を分けているかどうかです。
T　今日は，文章のどこをどのように直したらよいかを考えていきましょう。

2　推敲するときのポイントを確かめよう。

何も言わずに「推敲する」と板書して振り返る。

T　「推敲する」とはどういう意味があるでしょうか。辞典で調べましょう。（辞典で調べたら挙手させる）
C　「文章の表現を考えて，何度も直すこと」です。
T　今日は，みなさんに文章を推敲することを学習してもらいます。そのために，推敲するポイントを確認します。127ページの「たいせつ」を読みましょう。

読んで確認し，不足していた部分を板書につけ加える。

T　126ページの「初めに書いた文章」を読みましょう。

各自音読をさせる。読み終わったら，着席させる。

T　この文章を直すとしたら，どこをどのように直しますか。ペアの人と話してみましょう。

少し時間を取って，予想させる。

ぼくだったら，段落を分ける。
文末をそろえたい。

準備物	・教科書P126，127「初めに書いた文章」と「見直して，書き直した文章」（黒板掲示用） ・ワークシート（2つの文章を記載したもの）または，そのデータ　・国語辞典（各自）
ICT	文書作成機能などで「初めに書いた文章」と「書き直した文章」を並べたデータを作って配信すると，推敲前後の文章を読み取り，違いを見つけやすくなる。

どう直したらいいかな

❶ 文章を書いた後に見直すこと

・字のまちがいがないか
・段落（だん）に分けているか

※1

❷
・文末（まつ）の書き方をそろえているか
・読む人が知らない言葉や漢字がないか
・目的に合う文章になっているか

※児童から出た意見の続きに「たいせつ」に書いてあることを追加して板書する。

㋱ どこを、どのように直したらいいかを見つけよう

推敲（すいこう）する…文章の表現（げん）を考えて、何度も直すこと

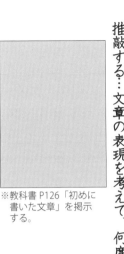

※教科書 P126「初めに書いた文章」を掲示する。

※1 自分の考えを広げたり，深めたりできる。

3 どこをどのように直したのか，なぜそのように直したのかを考えよう。

T　次に，127ページの「見直して，書き直した文章」も一度声に出して読んでみましょう。

T　竹内さんは，どこを，どのように直したでしょうか。直した理由も考えてみましょう。

2つの文章を記載したワークシート（または，タブレットパソコンにデータ）を配布して，どちらかを選択して使うように指示を出す。

まずは，個人で考える時間を確保する。

4 考えたことを話し合おう。

T　どこを，どのように直したでしょうか。直した理由を友達と交流してみましょう。

漢字によみがなが書いてあるよ。誰でも読めるね。
段落を分けると，話がよく分かるね。普段，あまり気にしていなかったよ。
読みやすくするには，読む人のことを考えるといいね。
みんなと話すと見つけやすいね。

T　見つけたことを全体で交流しましょう。
C　ラリーについて詳しく説明しています。
C　段落が3つになって，読みやすくなりました。
C　よみがなをつけていて，3年生でも読みやすいです。
C　「ぜひ来てください」という気持ちが伝わります。

どう直したらいいかな

第2時（2/2）

本時の目標　相手や目的を意識した表現になっているかを確かめ，1年生にも伝わるように，どこを，どのように直せばよいかを考え，文章を整えることができる。

板書例

❸

どこを、どのように直したか

・漁業や漁かく量についてくわしく説明した
→分かりやすい
・段落を二つに分けた
→読みやすい
・漢字によみがなをつけた
→だれでも読める
・文末の書き方をそろえた
・分かりやすい言葉にかえた
→うまくイメージできるようにする

※児童の発言を板書する。

❹

ふりかえろう

Ⓨやれたこと・やれなかったこと
Ⓚ気づいたこと・考えたこと
Ⓣ次、がんばりたいこと

POINT　学習の振り返りをする。現時点での自己の変容を捉えられるようにする。書く活動はすぐには上達しない。うまくいった

1　推敲するときに大切なことを確かめよう。

T　前の時間に確認した，推敲するときに大切なことは，どんなことでしたか。

字の間違いがないようにすることです。
話の内容が変わるときは，段落を分けます。
文末の書き方を揃えることが大切です。
読む人が分かる言葉や漢字を使います。
伝えたいことが伝わるようにします。

T　今日は，次の文章を1年生に読んでもらうとしたら，どこを，どのように直したらいいかを考えます。

ワークシート，データのどちらを使うか児童に選択させる。

T　一度，文章を声に出して読んでみましょう。

2　1年生にも分かる文章にするために，どこを，どのように直すか考えよう。

T　今日は，「どこを，どのように直すと1年生に分かりやすい文章になるかを考え，直してみよう」というめあてで取り組みます。それでは，町の特徴を書いた文章を，1年生に読んでもらう文章に直してみましょう。

個人で文章と向き合い，どこを，どのように直したらいいかを考える時間を確保する。

漁業とか漁かく量とか，1年生には難しいよ。国語辞典で意味を調べて，説明を書き足そう。
海水浴場も1年生には難しいかも。「海に入って泳いだり，遊んだりできるところ」と書いたら分かるかな。

国語辞典の活用を奨励する。

準備物	・教科書P127「町の特徴を書いた文章」(黒板掲示用) ・ワークシート(「町の特徴を書いた文章」を記載したもの または，そのデータ) ・国語辞典(各自)

ICT	文書作成機能などで「町の特徴を書いた文章」のデータを作って配信し，その左横に児童が推敲した文章を作成するようにすると，全体共有もしやすくなる。

どう直したらいいかな

1

推敲(すいこう)するときのポイント

・字のまちがいがないか
・段(だん)落に分けているか
・文末(まつ)の書き方をそろえているか
・読む人が知らない言葉や漢字がないか
・目的に合う文章になっているか

※教科書 P127「町の特徴を書いた文章」を掲示する。

2 (め) どこを、どのように直すと一年生に分かりやすい文章になるかを考え、直してみよう

ことも，そうでないことも受け止め，次につなげられるようにする。

3 どこを，どのように直したのかを話し合おう。

T　1年生に分かるようにするには，どこを，どのように直したらいいか，グループで話し合いましょう。

グループで話し合う際，データに書き込むよう呼びかける。後の全体交流の際，大型テレビに移すと共有しやすくなる。

漁業や漁かく量は，1年生には分からないね。もっと説明が必要だね。

わたしも同じことを思った。だから，国語辞典で調べて，意味を書き足したらいいと思うよ。

「おとずれます」より「来ます」の方がいいかな。

言葉を変えると分かりやすくなるね。

T　どこを，どのように直したらいいですか。
C　分かりにくい言葉は説明を入れました。
C　段落を2つに分けました。
C　漢字は読めないから，よみがなをつけました。
C　難しい言葉は，簡単な言葉に変えるといいです。

4 学習してきたことを振り返ろう。

T　127ページの「たいせつ」と「いかそう」を読みましょう。

2つの項目について学習してきたことを確認する。「いかそう」の部分にも触れ，今後書く活動のときに意識できるように確認する。

T　学習の振り返りをします。振り返りを進めるために，「YKT」(やれたこと・やれなかったこと，気づいたこと・考えたこと，次，頑張りたいこと)という3つのポイントで振り返るという手法を使ってみましょう。
T　書いたことをペアの人と交流しましょう。

あまり読む人のことを考えて書いていなかったから，これからは気をつけたいと思いました。

言葉を詳しく書くと，相手にとって読みやすくなるから，これから意識します。

いろいろな意味をもつ言葉

全授業時間２時間

◎ 指導目標 ◎

・様子や行動を表す語句の量を増し，語彙を豊かにすることができる。
・国語辞典の使い方を理解し使うことができる。

◎ 指導にあたって ◎

① 教材について

日本語には，「相撲をとる（行う）」「帽子をとる（外す）」また，「虫をとる（捕える）」などのように，同じ「とる」でも，いろいろな場面で，またいろいろな意味合いで使われる言葉があります。児童がややこしく思う「人にあう（会う）」「答えがあう（合う）」のような同訓異字も，その一つといえるでしょう。

本単元では，「とる」のように，仮名で書くと同じでも，「いろいろな意味をもつ言葉」（多義語）を取り上げ，意味の違いを考えさせます。児童も「相撲を」や「帽子を」などの文中の言葉から，意味の違いには気づいています。さらに「とる」という言葉を「行う」や「外す」などの他の言葉に言い換えさせたり，その動作をさせたりすることも，効果的な方法です。別の言葉で言い表すことには，難しさもありますが，言葉のもつおもしろさに気づくことにもつながります。

「とる」の他にも，教科書では「でる」「はかる」「なる」「つく」など，児童もよく使う言葉が，問題形式で取り上げられています。その際，国語辞典を引くと，このような言葉の意味や使い方の違いが分かることにも気づかせます。

② 個別最適な学び・協働的な学びのために

国語辞典は有効なツールとなります。ただ「言葉を引いて調べる」だけでなく，辞典で引いた言葉の「意味」の中から，文意に沿った意味を選び出すという一段上の使い方への助走とします。これは，文意を正しく読み取るという読解力をつけていく上でも大切なことです。そして，読解力は国語科に限らず，主体的で深い学びを進めていく上で，基本となる力です。ここでも，国語辞典を傍らに置かせ，児童自身の手で言葉の意味の多様さに触れさせます。これをきっかけに，辞書を引くことが習慣化できると，なおよいでしょう。また，問題作りや，川崎洋の詩にならって言葉遊びの詩を作る活動では，友達との対話的な学習ができます。

◎ 評価規準 ◎

知識 及び 技能	・様子や行動を表す語句の量を増し，語彙を豊かにしている。 ・国語辞典の使い方を理解し使っている。
主体的に学習に取り組む態度	進んで様子や行動を表す語句の量を増し，学習の見通しをもって，言葉遊びの詩を作ろうとしている。

◎ 学習指導計画　全 2 時間 ◎

次	時	学習活動	指導上の留意点
1	1	・「とる」の詩を読み，同じ「とる」でもいろいろな意味があることを話し合う。 ・問題1で「とる」の他にも「でる」などいろいろな意味をもつ言葉があることを話し合う。	・「とる」を他の言葉に言い換えたり，動作化したりして意味の違いに気づかせる。 ・問題を解く形で共通する言葉を考えさせる。また，国語辞典でも調べさせる。
	2	・いろいろな意味の「あがる」を考えて文に書き，発表し合う。 ・「ひく」「かける」を使った文を考え，「とる」のような詩を作り，発表し合う。	・教科書の問題2を考える。 ・他にも，「たてる」「みる」などを取り上げ，意味や使い方の違いに気づかせる。 ・教科書の絵も参考にさせて，「…かぜをひく」など，詩の文を作らせる。

◇「国語辞典」の使い方は，3 年生で学習しています。
◇ 国語辞典は，図書館から借り出しておくなど，クラスで同じものを使わせるとよいでしょう。

〈参考〉

川崎洋の詩「とる」の一部分が教科書に載っています。詩の中には次のようなものもあります。

それぞれ何をとるのか，続きの・・・を考えさせてみるのもおもしろいでしょう。

・かんごしさん・・・とる　・お花見の・・・とる　・コーラスの・・・とる

・たんじょう日・・・とる　・リリリリリ・・・とる

いろいろな意味をもつ言葉

第1時（1/2）

本時の目標　「とる」のように，仮名では同じ言葉でも，使い方によって意味が異なる言葉があることに気づく。

板書例

〈ほかに〉

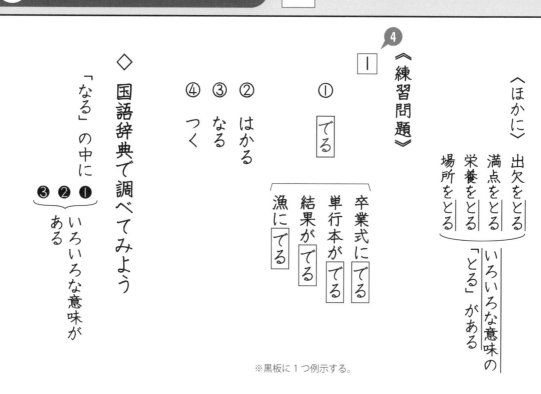

出欠をとる
満点をとる
栄養をとる
場所をとる
いろいろな意味の「とる」がある

4

《練習問題》

一

① でる

卒業式にでる
単行本がでる
結果がでる
漁にでる

② はかる

③ なる

④ つく

◇国語辞典で調べてみよう

「なる」の中に ❶❷❸ いろいろな意味がある

※黒板に１つ例示する。

POINT 意味の説明や言い換えは，言葉の力が必要で難しい。まずは，同じ言葉でも「違う意味で使われているな」ということに

1 詩を読み，いろいろな「とる」があることを話し合おう。

T　みなさんは，音が同じでも，意味が違う言葉に出会ったことはありますか。

T　おもしろい詩があります。「とる」という詩です。先生が読みます。一体，何をとるのでしょうね。

まず，教師が範読して聞かせる。その後，教科書を開けて何回か斉読や一人読みをさせる。「はっけよい」と「すもうとる」を分けて読ませるなど，多様な読み方で。

T　「とる」はとるでも，いろいろな「とる」が出てきました。では，「相撲をとる」の「とる」と，「帽子をとる」の「とる」は,「同じ」といってよいでしょうか。

同じ「とる」でも，意味が違うように思います。「帽子をとる」の「とる」は，脱ぐことだから。

T　同じ「とる」でも，意味が違うようですね。今日はこの「とる」のような言葉について考えましょう。

教科書 P128「問いをもとう」から下段３行目までを，みんなで読ませる。

2 「とる」のいろいろな意味を考え，他の言葉に言い換えてみよう。

T　「相撲をとる」の「とる」と,「帽子をとる」の「とる」は，同じ「とる」でも意味が違うようです。

C　はい，することが違います。相撲は組み合いますが,「帽子をとる」の「とる」は，脱ぐことです。

T　この「とる」を他の言葉に言い換えると，意味が分かりやすくなりそうですね。では,「相撲を…」なら，どんな言葉に言い換えられますか。

「相撲をする」かな。

「行う」とか「やる」でもいいと思います。

T　では,「帽子をとる」や「出前をとる」の「とる」も，他の言葉に言い換えてみましょう。

C　帽子は,「脱ぐ」とか「手で，外す」とかです。

C　出前は,「持ってきてもらう（こさせる)」です。

ノートに書かせた後，発表させてもよい。他の「とる」も同様に言い換えさせる。（板書参照）

準備物	・国語辞典

ICT	文書作成機能で練習問題を作成してデータを配信すると，児童は考えを記入することができ，共有機能を使って全体共有して対話的に学び合うこともできる。

いろいろな意味をもつ言葉

㋱ 言葉の意味と使い方を考えよう

❶ とる 何を？　　❷ 意味のちがい

・はっけよい すもう（を）とる　（行う・する）
・ぼうし（を）とる　（はずす・ぬぐ）
・でまえ（を）とる　（持ってこさせる）
・ごみをとる　（手でとりのぞく）
・しゃしん（を）とる　（写す・記ろくする）

❷ ◇「とる」を言いかえてみよう

❸ ◇「とる」をやってみよう（動作）

気づかせ，興味をもたせる。

3 「とる」のような，いろいろな意味をもつ言葉を考えよう。

T　動作（その動き）をしてみても，「とる」の意味の違いがよく分かります。やってみましょう。

「相撲をとる」「帽子をとる」など，動作化させてみる。
教科書 P128 下段最後の 5 行を読み，説明しながらまとめる。

T　「とる」は，他にも使い方があります。「出欠をとる」「満点をとる」など，全部「とる」です。（問題①の例題）

T　「とる」のようにいろいろな意味をもつ言葉は，他にもあります。129 ページ上の 4 つの問題を考えて，そんな言葉を見つけてみましょう。まず，①は…。

「卒業式に□」「結果が□」何だろうな。
「漁に□」共通するのは，「でる」かな。

「副大臣」「交流を（図る）」など難しい言葉も出ているので，まずは教師の音読と説明が必要。また，②の「はかる」も，計る，測る，量るなど意味の違いは難しい。

4 国語辞典を見てみよう。

「卒業式に出る」というふうに，文として書かせるのもよい方法である。「出る」の使い方が身につく。

T　まず，①から確かめましょう。

C　「卒業式に出る」「単行本が出る」「結果が出る」

C　どれも，「出る」が入ります。

②③④の問題もみんなで確かめ合わせ，文を音読させる。

T　このような同じ言葉でも，いろいろな意味をもち，その違いが書かれているものがあります。国語辞典です。これを見ると意味の違いや使い方が分かるのです。ためしに③の「なる」を調べてみましょう。

いろんな「なる」があるなあ。
漢字も違うみたいです。

「なる」以外の言葉でもよい。読むのは難しいところもあるので，多くの意味があることに気づけばよい。

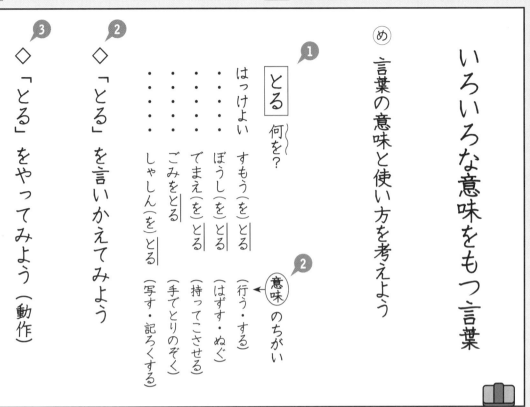

いろいろな意味をもつ言葉
第2時（2/2）

本時の目標 国語辞典を活用して「いろいろな意味をもつ言葉」を使った問題を作ったり，詩を作ったりすることができる。

板書例

たてる
○ぼうをたてる
○音をたてる
○家をたてる
※

みる
○テレビをみる
○味をみる
○様子をみる
※

3（同じ言葉を使った詩を作る）

ひく
コンコンコン　かぜをひく
ポロンポロン　ギターひく
よいしょよいしょ　つなをひく
※

かける
見えるかな　めがねかける
帰ったら　服をかける
もしもしと　電話をかける
※

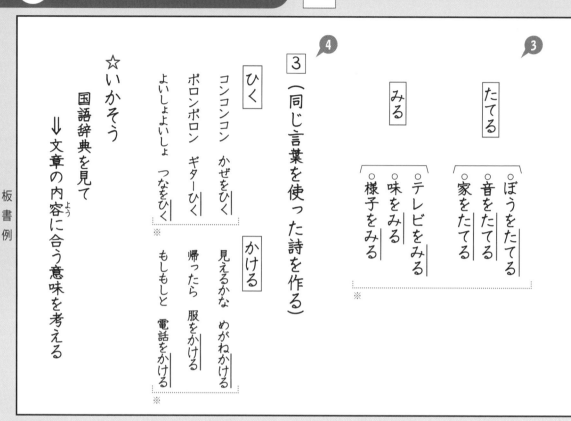

☆いかそう
国語辞典を見て
⇓文章の内容に合う意味を考える

POINT まず，児童自身が考え，書く時間を確保する。その上でグループでの交流や発表につなぐ。文作りや詩作りを，まずは

1 いろいろな「あがる」のつく文を考えよう。

T　前の時間は，「街灯がつく」「もちをつく」の「つく」のように，同じ読み方でもいろいろな意味の「つく」があることを勉強しました。

T　今日は，「つく」のような言葉なら，「何を（が）」つくのか，いろいろな「つく」を考えます。

教科書 P129 下段2の問題を，みんなで読ませる。まず，思いつくもの（文）を書かせる。

T　1つ目は「あがる」です。「何が」「あがる」のかを考えて，1のような文をノートに書きましょう。

成績が「あがる」。

緊張するときの「あがる」もあるよ。

教科書では「問題作り」となっているが，多様な意味と使い方があることが分かればよいので，まずは「あがる」を使った文を作らせる。

2 国語辞典で「あがる」を引き，使い方を調べて書こう。

T　いろいろな意味の「あがる」がありましたね。他にも見つけたいとき，参考になるのが，この「国語辞典」です。「あがる」を引いてみましょう。

いっぱい，「あがる」がある。
文も載っています。「風呂からあがる」も，「雨があがる」もあります。

国語辞典では，①②…などの番号で，意味ごとに分類され，それぞれの例文も載せられている。

T　国語辞典を見て，思いついた文も2つ（3つ）書いておきましょう。

T　では，どんな「あがる」があったのか，発表しましょう。

はじめなので，全体での発表で交流するとよい。

準備物	・国語辞典 （できるだけ，同じ辞典の方が話し合いもしやすい）

ICT	文書作成機能で練習問題を作成してデータを配信すると，児童は考えを記入することができ，教員は児童がどう理解しているのか見取ることができる。

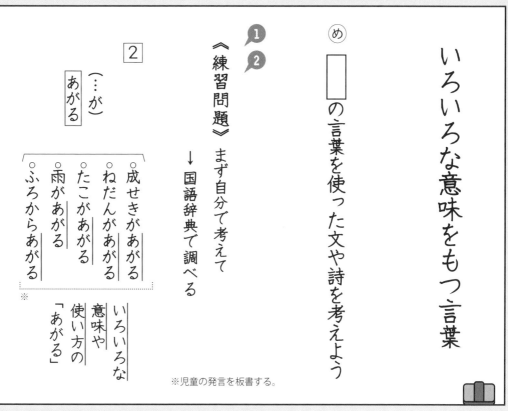

いろいろな意味をもつ言葉

(め) □の言葉を使った文や詩を考えよう

1 2

《練習問題》まず自分で考えて

↓国語辞典で調べる

2

（…が）

あがる

- ○成せきがあがる
- ○ねだんがあがる
- ○たこがあがる
- ○雨があがる
- ○ふろからあがる

※

いろいろな意味や使い方の「あがる」

※児童の発言を板書する。

楽しませるようにする。

3 いろいろな意味，使い方の「たてる」「みる」を考えて書こう。

T　次は，いろいろな「たてる」「みる」を考えて，文にして書きます。まず自分で，そして国語辞典でも調べてみましょう。はじめは「たてる」です。

思いついたのは，「旗をたてる」。
「棒をたてる」もあるかな。
国語辞典で調べると，「音をたてる」「計画をたてる」もある。
「家をたてる」いろいろあるなあ。

文の数は4つか5つなどと決め，時間も区切る。
今度は，グループ内での発表交流としてもよい。あとで各グループから1文ずつ，全体発表させる。
「みる」についても同様に進める。

T　調べた「みる」について，発表しましょう。
C　「テレビをみる」「味をみる」があります。
C　「様子をみる」「やってみる」もだと思います。

4 同じ言葉を使った言葉遊びの詩を作ろう。

T　今度は「はっけよい　すもうとる」のような，同じ言葉を使った詩を作りましょう。
T　1つ目は「ひく」です。教科書の絵を見て，みんなで作ってみましょう。（教科書P129下段③の問題）
T　1つ目の絵を見て，文を考えましょう。

できました。「コンコンコン　風邪をひく」です。
「ごほん，ごほん（と）風邪をひく」
「熱が出た　風邪をひく」

T　考えた詩を書いておきましょう。
T　次はギターの絵ですね。文を考えて書きましょう。
C　「ポロンポロン　ギターひく」
同様に綱引きの絵で，文を考えて書かせる。
T　次は「かける」です。絵を見て文を作りましょう。
書いたあと発表し合わせ，教師がいくつかを板書する。
P129下段「いかそう」を読ませ，まとめをする。

ローマ字を使いこなそう

全授業時間 2 時間

◎ 指導目標 ◎

・日常使われている簡単な単語について，ローマ字で書くことができる。

◎ 指導にあたって ◎

① 教材について

この教材では，2 つあるローマ字の書き方が時と場合によって使い分けられていることを学ぶことができます。

ローマ字には，2 つの書き方があります。1 つは，母音と子音を規則的に組み合わせた，50 音図に基づいた「訓令式」，もう 1 つは，英語の発音を正確に示そうとした「ヘボン式」です。小学校で主に学習するのは「訓令式」の方です。児童にとって，50 音図に基づく「訓令式」の方が理解しやすいからです。

近年，インバウンドの増加の影響もあり，駅名の表示や方面及び方向を示す案内標識などでは，ヘボン式ローマ字だけではなく，英語表記に変更する動きが見られます。例えば「淀川（Yodogawa Riv.）」や「温泉町（Onsen Town）」といったものです。これらは，日本に観光や仕事でやってくる外国人の人々に伝わりやすいようにするために使い分けているのです。児童は，ローマ字や英語がどんなところで使われているのか，どんな言葉が多いのかを学ぶことによって，身の回りの工夫を知ることができます。

② 個別最適な学び・協働的な学びのために

個別最適な学びとしては，ローマ字表の活用とタイピング入力です。ローマ字が苦手な児童は，積極的にローマ字表を活用してよいことを保障します。また，タブレットパソコンを活用することで，ローマ字入力の練習をすることができます。ローマ字入力が最も必要となるのは，パソコンのタイピング入力です。これからの時代を生きる児童にとって，タイピングの技術は必須となるでしょう。インターネットには，さまざまなローマ字入力サイトがあります。それらを活用して，ローマ字に慣れ親しませるとよいでしょう。

協働的な学びとしては，互いに 2 つのローマ字表記のしかたを教え合ったり，2 つのローマ字表記の使い分け，ローマ字表記と英語表記の使い分けの理由を話し合ったりすることです。学び合うことを通して，本単元の目標に迫ることができます。

◎ 評価規準 ◎

知識 及び 技能	日常使われている簡単な単語について，ローマ字で書いている。
主体的に学習に取り組む態度	積極的にローマ字の表記を考え，これまでの学習をいかして，ローマ字を書こうとしている。

◎ 学習指導計画　全 2 時間 ◎

次	時	学習活動	指導上の留意点
1	1	・ローマ字の使われ方を知る。 ・「問いをもとう」を基に，ローマ字で書かれている言葉にはどのようなものがあるのかを，日常生活を振り返って確かめる。 ・ローマ字で表記する際，2 つの書き方（訓令式，ヘボン式）があることを知る。	・日常に見られる写真を用意し，その写真からローマ字の 2 つの書き方があることに気づかせるように働きかける。 ・ローマ字表を見ながら書いてよいこととする。
	2	・例示された言葉をローマ字で書いたり，場面によってどの書き方を選ぶかを考えたりする。 ・日本語のローマ字表記と英語は，違うことを知る。 ・「いかそう」を確かめる。 ・学習を振り返る。	・ローマ字の表記に難しさを感じている児童は，ローマ字表を見てもよいこととする。 ・英語で表現する補助として，タブレットパソコンを活用して表記するよう促す。

ローマ字を使いこなそう

第1時（1/2）

本時の目標

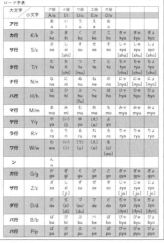

ローマ字には2つの書き方（訓令式とヘボン式）があることを知り，2つの書き方で表すことができる。

板書例

ローマ字を使いこなそう

㋱ ローマ字の２つの書き方を知ろう

❶ ローマ字が身の回りで使われているところ

・駅　・道路　・かん板

→人が多く利用するところ

❷

※教科書 P131 道路案内標識のイラストを掲示する。

ローマ字表

大文字／小文字		ア段 A/a	イ段 I/i	ウ段 U/u	エ段 E/e	オ段 O/o			
ア行		あ a	い i	う u	え e	お o			
カ行	K/k	か ka	き ki	く ku	け ke	こ ko	きゃ kya	きゅ kyu	きょ kyo
サ行	S/s	さ sa	し si [shi]	す su	せ se	そ so	しゃ sya [sha]	しゅ syu [shu]	しょ syo [sho]
タ行	T/t	た ta	ち ti [chi]	つ tu [tsu]	て te	と to	ちゃ tya [cha]	ちゅ tyu [chu]	ちょ tyo [cho]
ナ行	N/n	な na	に ni	ぬ nu	ね ne	の no	にゃ [nya]	にゅ [nyu]	にょ [nyo]
ハ行	H/h	は ha	ひ hi	ふ hu [fu]	へ he	ほ ho	ひゃ hya	ひゅ hyu	ひょ hyo
マ行	M/m	ま ma	み mi	む mu	め me	も mo	みゃ mya	みゅ myu	みょ myo
ヤ行	Y/y	や ya	(い) (i)	ゆ yu	(え) (e)	よ yo			
ラ行	R/r	ら ra	り ri	る ru	れ re	ろ ro	りゃ rya	りゅ ryu	りょ ryo
ワ行	W/w	わ wa	(い) (i)	(う) (u)	(え) (e)	を (o) [wo]			
ン		ん n							
ガ行	G/g	が ga	ぎ gi	ぐ gu	げ ge	ご go	ぎゃ gya	ぎゅ gyu	ぎょ gyo
ザ行	Z/z	ざ za	じ zi [ji]	ず zu	ぜ ze	ぞ zo	じゃ zya [ja]	じゅ zya [ju]	じょ zyo [jo]
ダ行	D/d	だ da	ぢ (zi) [di]	づ (zu) [du]	で de	ど do	ぢゃ zya [dya]	ぢゅ zyu [dyu]	ぢょ zyo [dyo]
バ行	B/b	ば ba	び bi	ぶ bu	べ be	ぼ bo	びゃ bya	びゅ byu	びょ byo
パ行	P/p	ぱ pa	ぴ pi	ぷ pu	ぺ pe	ぽ po	ぴゃ pya	ぴゅ pyu	ぴょ pyo

※教科書 P143 のローマ字表（または，QR コンテンツの資料）を掲示する。

Higashihiroshima ⇔ Higasihirosima

POINT 展開２の活動のように，自然な流れで，児童に「?」を抱かせる学習展開をねらう。そうすることで，児童はローマ字の

1 どんなところで，どんな言葉に，ローマ字が使われているか想起しよう。

T　3年生で学習したローマ字を，わたしたちの身近なところで見かけますね。ローマ字は，どんなところで，どんな言葉に使われていますか。隣の人と相談しましょう。

駅のホームにある駅名が書いた看板にローマ字があったよ。

わたしは，買い物に行くとき，道路の表示にローマ字を見つけたわ。

T　相談したことを発表しましょう。

C　駅名を書いた看板です。

C　道路の行き先表示です。

C　多くの人が見るところに使われています。

2 1枚の写真を手がかりにして，ローマ字の２つの書き方を見つけよう。

教科書の道路案内標識のイラストを掲示する。

T　教科書の道路案内標識のイラストに書かれているローマ字を読んでみましょう。（音読させる）

C　いちばん上は，「Okayama（おかやま）」です。

C　真ん中は，「Fukuyama（ふくやま）」です。

C　いちばん下は，「Higashihiroshima（ひがしひろしま）」かな？

C　「し」は，「si」と書くと3年生で習いました。

C　「shi」と書いてもいいのかな？

T　よく気づきましたね。実は，どちらの書き方もローマ字です。ローマ字には，２つの書き方があります。

教科書 P143 のローマ字表で確認させる。

教科書のイラストの代わりに，身近な駅や道路の看板や案内標識などの写真を使ってもよい。

準備物	・教科書P131のイラスト（黒板掲示用）または，身近な駅や道路の看板や案内標識などの写真 ・教科書P143のローマ字表 または，黒板掲示用資料 QR

ICT	ローマ字の学習は，実生活ではキーボードのタイピングにつながるため，文書作成機能などを使って文章を作成しながら自然と覚えていくのが有効である。

3 〈ローマ字の２つの書き方〉

た行

ta ti tu te to

chi tsu

し	si	shi
じ	zi	ji
しゃ	sya	sha
じゃ	zya	ja

4 合唱（がっしょう）

gassyô gasshô

塩気（しおけ）

sioke shioke

治水（ちすい）

tisui chisui

印刷（いんさつ）

insatu insatsu

熱中（ねっちゅう）

nettyû necchû

２つの書き方に関心をもって学ぶようになる。

3 ローマ字の２つの書き方について，確かめよう。

T 143ページの表を見て，２つの書き方があるところを見つけましょう。隣の人と探しましょう。

タ行のところに「chi」と「tsu」の書き方があるよ。
サ行やザ行の「し」や「じ」も２つあるね。知らなかった。

T 見つけたことを発表しましょう。

タ行の「chi」「tsu」のところです。
「si」を「shi」，「zi」を「ji」と書くことができます。
「sya」を「sha」，「zya」を「ja」と書くこともできます。

T a，i，u，e，oの前に同じアルファベットが来る書き方は50音図を，［ ］の書き方は英語の発音を参考にして考えられています。

4 ローマ字の２つの書き方で書こう。

T ２つの書き方について，少し分かってきましたか。では，次の５つの言葉を２つのローマ字の書き方で書いてみましょう。（P130 1に取り組ませる）

読み方と意味を全員で確かめた後，ローマ字表を見ながら，個人で取り組む時間を確保する。

T グループの友達と，２つのローマ字の書き方について話し合いましょう。

「合唱」が分からないよ。どうやって書けばいいの。
みんなはどんなふうに書いたのかな？教えて。
「gassyô」と「gasshô」と書くよ。
ぼくは，「塩気」を「sioke」と「shioke」と書いたよ。

ローマ字を使いこなそう
第2時（2/2）

本時の目標　ローマ字の2つの書き方を，どのような場面で使い分けたらよいかを考えることができる。

板書例

ローマ字を使いこなそう

❷ ㋱ どんなときに２つの書き方を使い分けたらよいかを考えよう

❶

ローマ字の２つの書き方

栃木
Totigi　Tochigi

千葉
Tiba　Chiba

広島
Hirosima　Hiroshima

徳島
Tokusima　Tokushima

○ コンピュータに文字を入力するとき
・日本語の読み方をもとにした方
→日本語で入力するから

○ 外国語活動で，外国人の先生に，自分の名前を書いてわたすとき
・英語をもとにした方
→外国の人に分かりやすいから

POINT 児童が，これはどうか，あれはどうかと理由を考える時間は，相手の気持ちを考える思いやりの心を育てる絶好の機会

1 ローマ字の２つの書き方を復習しよう。

T　ローマ字には２つの書き方がありましたね。ローマ字の２つの書き方で書いてみましょう。

４年生の都道府県の学習と関連させて，都道府県の名称をローマ字表記させる。

T　グループの友達と書き方について確かめましょう。

栃木は「Totigi」と「Tochigi」の２つの書き方になるね

「ち」「つ」や「し」「じ」とかが２つの書き方になっていたね。

広島は「Hirosima」と「Hiroshima」で「し」の部分が２つの書き方になるね。

千葉は「Tiba」と「Chiba」だよ。うまく書けるようになってきたよ。

T　前で，２つのローマ字を書ける人は手を挙げましょう。

児童にローマ字を板書させる。

2 どちらの書き方の方がよいか，理由を考えよう。

T　なぜ，このように２つの書き方があるのでしょうか。（少し時間をおいて）今から，次の２つの場面で，どちらを使ってローマ字を書けばよいかを考えましょう。また，その理由も考えてみましょう。

○コンピュータに文字を入力するとき

日本語を入力するから，50音図のほうかな。

どっちでもよさそうだけど。

分かりやすいのは，50音図だね，きっと。

○外国語活動で，外国人の先生に名前を書いて渡すとき

外国人の先生のことを考えないとね。

こっちは間違いなく英語の発音の方だね。

50音図の方だと，外国人には伝わらないよ。

準備物	・（必要であれば）タブレットパソコン

ICT	道路標識に書かれている地名などを写真で撮影してモニターを通して提示すると，生活にローマ字がいかされていることに気づき，学習意欲も高められる。

③ ローマ字と英語

日本語		英語
ひらがな，カタカナ，漢字	ローマ字表記	
はな，ハナ，花	hana	flower
まち，マチ，町	mati　[machi]	town
はし，ハシ，橋	hasi　[hashi]	bridge

④ ふりかえろう

Ⓨやれたこと・やれなかったこと

Ⓚ気づいたこと・考えたこと

Ⓣ次，がんばりたいこと

である。他者を思いやる視点をこの時間にも育てることを意識するとよい。

3 ローマ字表記と英語の使い分けについて考えよう。

T　ローマ字の使い分けについて，みんなで考えましたね。では，ローマ字と英語ではどうでしょうか。「花」の場合，日本語では「はな」や「ハナ」，ローマ字で「hana」と表します。英語では「flower」と表します。どのように使い分けるとよいでしょうか。

英語で表せば，外国の人には伝わりやすいかな。

ローマ字はアルファベットを使っているけど，日本語を書き表しているんだね。

ローマ字は読み方を伝えたいときに使うといいね。

日本語を知らない人には，ローマ字では意味が伝わらないね。

タブレットパソコンを使って，他にも「町」や「橋」などの言葉について，ローマ字や英語でどう表現するのかを調べる活動を取り入れてもよい。

T　どんなことを意識していくとよいでしょうか。

グループで話し合ったことを全体で交流する。

4 学習したことを振り返ろう。

T　130ページの「いかそう」を読みましょう。

「いかそう」の部分にも触れ，今後ローマ字を使うときに意識できるように確認させる。

T　学習の振り返りをします。振り返りを進めるために，「YKT」（やれたこと・やれなかったこと，気づいたこと・考えたこと，次，頑張りたいこと）という3つのポイントで振り返るという手法を使ってみましょう。

T　書いたことを隣の人と交流しましょう。

どんなときにローマ字のどちらを使えばいいのか分かったよ。今までは何も考えていなかったことが分かりました。

相手のことを考えて使い分けるって大事だなあと思いました。やさしさだね。

漢字の広場 3

全授業時間 2 時間

◎ 指導目標 ◎

・第 3 学年までに配当されている漢字を書き，文や文章の中で使うことができる。
・接続する語句の役割について理解することができる。
・間違いを正したり，相手や目的を意識した表現になっているかを確かめたりして，文や文章を整えることができる。

◎ 指導にあたって ◎

① 教材について

前学年の配当漢字を与えられた条件で使うことで漢字の力をつけようとする教材です。「漢字の広場 3」では，日本の昔話「おむすびころりん」と「浦島太郎」を題材に紙芝居のように物語の書く場面が提示されています。絵を見て，提示された漢字を文章化し，お話を完成させようというものです。文の中で既習漢字を使いこなす力を身につけるようにします。

また，ここでは，接続語を使ってお話をつないで書くという課題も提示されています。合わせて，お話をスムーズにつなげる文章作りのために，指示語も指導しています。ただし，この単元のねらいは前学年の配当漢字の復習です。このねらいを忘れずに，あまり高度な要求にならないように気をつけたいところです。

② 個別最適な学び・協働的な学びのために

「おむすびころりん」と「浦島太郎」の話は，誰もが知っている話です。ストーリーが分かった上での文章作りですから，安心して取り組めるでしょう。提示された漢字と，文をつなぐ接続語や指示語の組み合わせは，使う人によって変わってきます。場面が変わるところでどのような接続語がふさわしいか，指示語を文中で使用した方がよいか，まず自分で考え検討します。それから，友達と文を読み合うことで，文の作り方や使用している接続語や指示語の違いにも気づくことができます。考えたお話を友達と楽しみながら交流し，友達の作った文章のよさや自作の文章のよさにそれぞれ気づき合わせます。

◎ 評価規準 ◎

知識 及び 技能	・第3学年までに配当されている漢字を書き，文や文章の中で使っている。 ・接続する語句の役割について理解している。
思考力，判断力，表現力等	「書くこと」において，間違いを正したり，相手や目的を意識した表現になっているかを確かめたりして，文や文章を整えている。
主体的に学習に取り組む態度	進んで第3学年までに配当されている漢字を書き，これまでの学習をいかして，文を書こうとしている。

◎ 学習指導計画　全2時間 ◎

次	時	学習活動	指導上の留意点
1	1	・教科書 P132 を見て，3年生で習った漢字の読み方を確かめる。 ・絵を見て，それぞれの場面を確かめ，文を考える。 ・接続語や指示語を確認し，その言葉を使って文を作る練習をする。	・接続語，指示語については，実際に文の中で使わせながら，使い方を確かめさせる。
	2	・絵を見ながら，提示された言葉を使って「おむすびころりん」と「浦島太郎」の話を完成させる。 ・書いた文の主述のつながりや句読点が適切かどうかを確かめ，間違いを直すなど推敲する。 ・書いた文を友達と読み合い，交流する。	・どちらかの話を選んで書かせる。量も多いので，早くできた児童には，文例を提示させ，書く要領をつかませる。

漢字の広場３
第１時（1/2）

本時の目標　提示されている漢字を正しく読み書きでき，接続語や指示語を使って文を作ることができる。

板書例

・むかしむかし、あるところに、おじいさんがいました。おじいさんがおむすびを食べようとしたら、手がすべって落としてしまいました。

・そこで、おじいさんは転がるおむすびをあわてて追いかけました。

※１

③
〈つなぎ言葉〉

☆言葉と言葉、文と文、段落（だん）と段落をつなぐ

そして、それから、だから、さらに
ところが、しかし、けれども
ところで、また、さらに、さて、やがて

〈こそあど言葉〉

☆何かを指す

もの … この、その、あの、どの
これ、それ、あれ、どれ
場所 … ここ、そこ、あそこ、どこ
方向 … こちら、そちら、あちら、どちら　など

④

・その玉手箱をあけると、うらしまたろうはおじいさんになってしまいました。

※１

※１児童の作った文を板書する。

POINT　復習のための取り組みである。接続語等を使った文については，作文が苦手な児童には難しい場合は，友達が考えた文を

1　３年生の漢字を声に出して読み，書いてみよう。

T　この絵の話を知っていますか。この話にも，漢字が載っていますね。

「浦島太郎」と「おむすびころりん」です。
大体どんな話か分かります。

T　指をさす漢字を読んでいきましょう。
C　「はじまり」「おとす」「おう」…。

まずは，読めるかどうか確かめる。読むのは，何度か練習させれば，たいていは読めるようになる。
それから，一度漢字を隠し，教師の指示した言葉をノートに書かせる。「幸福」「乗る」「玉手箱」といった間違いやすい言葉に絞るとよい。すべて同じ時間だけ取っていては，進まない。テンポよく進めていく。

2　絵の中の漢字を見て，昔話の場面を文にして書いてみよう。

１コマ目を取り上げ，絵にある漢字を使った文を考えさせる。ここでは，文作りの流れを確認すればよい。

T　では，「おむすびころりん」の１コマ目の絵をお話にするなら，どんな文になるでしょう。１コマに載っている漢字を使ってノートに書いてみましょう。
C　「始まり」と「落とす」と「追う」は使いますか。
T　「始まり」と「落とす」はなるべく使いましょう。「追う」は，２コマ目にも入っているので，使っても使わなくてもかまいません。
T　隣の人と相談しながら書いてもいいですよ。

準備物	・漢字カード QR ・教科書の挿絵 または，黒板掲示用イラスト QR

ICT	漢字カードを1つずつ分けてデータ化し，黒板掲示用イラストデータと共に配信すると，児童はイラスト上に漢字カードを移動して場面ごとに整理できる。

漢字の広場3

め 三年生で習った漢字をふく習して、昔話の絵の場面をお話にしてみよう

1

うらしまたろう　おむすびころりん

2

◇絵を見て、文にしてみよう

※教科書の挿絵（または，QR コンテンツのイラスト）を掲示し，イラストの上に QR コンテンツの漢字カードを貼る。
※イラストは 12 枚に切り離せるようにしておく。
※児童が文作りで使用した漢字カードは板書の左へ移動させる。

写させればよい。

3 つなぎ言葉を使って，文にしてみよう。

T　1コマ目が書けましたね。次に，2コマ目へいくときに,「つなぎ言葉」や「こそあど言葉」を使うと，文が作りやすくなります。「つなぎ言葉」は，「そして」「しかし」のように，言葉と言葉，文と文，段落と段落をつなぐときに使います。他にどんなものがありますか。
C　だから，そこで，それから，けれども，また…。
T　では，グループで2コマ目の文を考え，1コマ目と2コマ目の文をつなぐのにどんな「つなぎ言葉」を使えばよいか話し合いましょう。

2文目は，「おじいさんはあわてて転がるおむすびを追いかけました。」でいいかな。
じゃあ，「そこで」を使って，「そこで，おじいさんはあわてて…」

班によって2コマ目の文が変わるので，様々なつなぎ言葉が出てくる。どんなつなぎ言葉がふさわしいか，グループで話し合わせる。グループで考えた文は，全体で交流させる。

4 指示語・接続語を使った文を出し合い，書く練習をしよう。

T　他の場面でも,「つなぎ言葉」や「こそあど言葉」を使って，文を作る練習をしましょう。

すると，おじいさんは，おむすびといっしょに，暗くて深いあなに落ちていきました。
その玉手箱をあけると，浦島太郎は，おじいさんになってしまいました。

ここでは,「つなぎ言葉」と「こそあど言葉」が使いやすい場面を取り上げ，文章を考えさせ，書かせる。ここで作った文は，次時に，昔話を完成させるときにそのまま使ってもよいだろう。文を出し合わせて，感覚的に「つなぎ言葉」と「こそあど言葉」をつかませる。

1コマごとの文を考えてから，つなぎ言葉を考えてもよいし，その順が逆でもよい。考えやすい方で文作りをさせる。書くのが苦手な児童は，友達の作った文から選んで書いてもよしとする。

漢字の広場３
第２時（2/2）

本時の目標　指定された言葉や漢字を使って，文を書くことができる。

板書例

・うらしまたろうのお話の始まりです。むかしむかし、ある海岸で、かめが悪い子どもたちにいじめられていました。

・そこへ、うらしまたろうがやってきて、「おい、かめをいじめるのは、やめろ。」と言って、かめを助けました。

・すると、かめはお礼にうらしまたろうをこうらに乗せて、りゅうぐうじょうへ向かいました。

・そこに着くと、うらしまたろうはおいしいりょう理をたべて、美しいおとひめ様のおどりを見て楽しくすごしました。

・しかし、うらしまたろうは、家に帰ることにして、さいごにおとひめ様から玉手箱を受け取りました

・そして、ぜったいに開けないとやくそくした玉手箱を開けてしまったうらしまたろうは、おじいさんになってしまいました。（終わり）

※児童の作った文を板書する。

◇自分の書いた文章を、声に出して読み直そう

・漢字
・「、」や「。」
・つなぎ言葉、こそあど言葉

POINT　昔話を完成するだけでも難しい児童がいるかもしれない。それでも使っている漢字が正しく書けているかは確認する。

1 教科書に載っている漢字を読もう。

T　どちらのお話にするか決める前に，それぞれの漢字を読みます。もう大丈夫でしょうか。

少し心配だなぁ。
全部読める。

年に６回ある漢字の広場で，復習の方法をある程度決めておくとよい。

○指をさした漢字を全員で読む。（3回）
○２人組になり，１人が順に指で押さえていき，１人が読んでいく。時間があれば，ばらばらに指をさして読む。
○隣の人に問題を出してもらう。言われた漢字をノートに書く。３～５問出題し，答え合わせもする。

はじめに多少時間はかかるかもしれないが，確実な復習であり，以降の取り組みはより早くできるだろう。

2 どちらかの昔話を選び，文章を作って書いていこう。

T　お話をどちらか選びましょう。選んだら，絵に①から⑥まで番号をつけて，文を作っていきましょう。ノートにお話の題名と場面の番号も書きましょう。

本来ならば，どちらもの文を作らせたいところだが，時間的に難しいので，どちらか１つを選ぶようにさせる。その分，他の友達の物語を読んだり，聞いたりと，漢字に関わる活動をきちんとさせるようにする。

T　選んだお話の①～⑥まで，「つなぎ言葉」や「こそあど言葉」を使って，物語を完成させましょう。

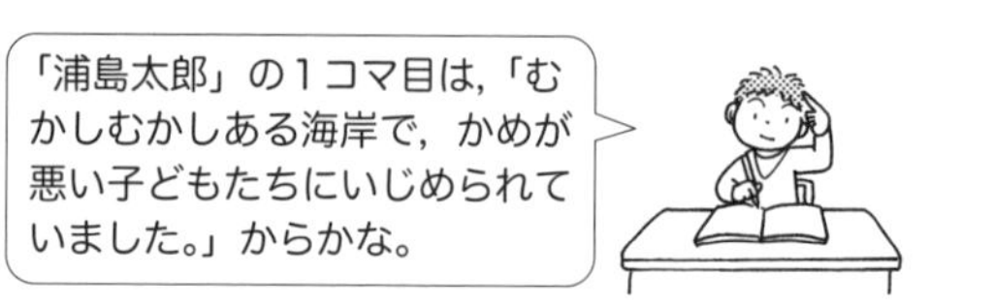
「浦島太郎」の１コマ目は，「むかしむかしある海岸で，かめが悪い子どもたちにいじめられていました。」からかな。

T　絵の中の言葉をたくさん使いましょう。使った言葉は，○をつけておくと，使ったかどうか後で分かります。

一番のねらいである漢字の復習から外れないようにする。

準備物	・漢字カード QR ・教科書の挿絵 または，黒板掲示用イラスト QR

ICT	文書作成機能を使って文章を作るようにすると，推敲もしやすく，共有機能を使った全体共有もしやすくなり，対話的によりよい文章表現につなげられる。

漢字の広場3

め 三年生での漢字や、つなぎ言葉、こそあど言葉を使って、お話をかんせいさせよう

1

2

うらしまたろう　おむすびころりん

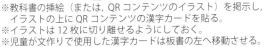

※教科書の挿絵（または，QR コンテンツのイラスト）を掲示し，イラストの上に QR コンテンツの漢字カードを貼る。
※イラストは 12 枚に切り離せるようにしておく。
※児童が文作りで使用した漢字カードは板書の左へ移動させる。

3

4

◇ ①～⑥の場面をつないで、お話をかんせいさせよう

3 お話をつないで昔話を完成させ，書いた文を読み直そう。

T　書き終わったら，自分で声に出して読み返しましょう。次のポイントに気をつけて，チェックしてみましょう。

- 漢字の間違いはないか
- 点や丸が抜けていないか
- 文は分かりやすいか
- 「つなぎ言葉」や「こそあど言葉」の意味が通じるか

まずは，自分で教科書に載っている漢字を見て，間違いがないか確かめさせる。その後，隣の人に見てもらう。支援が必要な児童には，教師が机間指導で書いてみせてあげるのもよい。

書いている言葉を黙読するだけでは，「抜け」があることにもなかなか気づかない。声に出して，読み返しをさせることがポイントである。

4 完成した昔話を読み合おう。

T　では，完成させたお話を発表しましょう。

発表するということは，児童にとって，とても刺激になる。見直しにも一層力が入るだろう。全員に順番に発表させることは，クラスの実態によって難しい場合もあるだろう。柔軟に考え，グループどうしで発表をさせたり，ノートを見せ合わせたりしながら，読み合いをさせればよい。

浦島太郎のお話の始まりです。むかしむかしある海岸で，亀が…。そこへ，浦島太郎がやってきて…。すると…。

上手に文がつながっているね。

T　友達の発表を聞いて，よかったところを言いましょう。

C　森本さんの文は，つなぎ言葉が上手でした。

C　中井さんは，教科書の漢字を全部使っていました。

著者紹介（敬称略）

【著　者】

中村 幸成　元奈良教育大学附属小学校主幹教諭

南山 拓也　西宮市立南甲子園小学校教諭

安野 雄一　関西大学初等部教諭

*2024 年 3 月現在

【特別映像・特別寄稿】

菊池 省三　教育実践研究家

岡 篤　元神戸市公立小学校教諭

旧版『喜楽研の DVD つき授業シリーズ　新版　全授業の板書例と展開がわかる DVD からすぐ使える～菊池 省三・岡 篤の授業実践の特別映像つき～　まるごと授業国語 4 年（上）』（2020 年刊）

【著　者】（五十音順）

岡 篤

岡崎 陽介

菊池 省三

中村 幸成

【撮影協力】

（菊地 省三　特別映像）　有限会社オフィスハル

（岡 篤　特別映像）　井本 彰

河野 修三

喜楽研の QR コードつき授業シリーズ

改訂新版

板書と授業展開がよくわかる

まるごと授業　国語　4 年（上）

2024 年 3 月 15 日　　第 1 刷発行

著　　　者：中村 幸成　南山 拓也　安野 雄一
寄稿文著者：菊池 省三　岡 篤
イ ラ ス ト：山口 亜耶
企画・編集：原田 善造（他 10 名）
編　　　集：わかる喜び学ぶ楽しさを創造する教育研究所　川瀬 佳世

発　行　者：岸本 なおこ
発　行　所：喜楽研（わかる喜び学ぶ楽しさを創造する教育研究所）
〒 604-0854 京都府京都市中京区二条通東洞院西入仁王門町 26-1
TEL　075-213-7701　FAX　075-213-7706
HP　https://www.kirakuken.co.jp
印　　　刷：創栄図書印刷株式会社

ISBN : 978-4-86277-462-0　　Printed in Japan